Didier Boudineau et Nicole Catona

Manager avec la PNL

Éditions d'Organisation

Sommaire

Introduction ... 13
Qu'est ce que la programmation neuro-linguistique ? ... 13
Manager avec la PNL ... 16
Éthique et PNL ... 18
De la validité scientifique de la PNL ... 18
Du danger de manipulation avec la PNL ... 20
Du caractère sectaire de la PNL ... 21
Éthique et entreprises ... 22
Une question de méthode ... 23
Le choix d'un échantillon représentatif ... 23
La segmentation des problématiques ... 24
Une sélection d'exemples de problématiques d'entreprise ... 25

Première partie
Une panoplie d'outils PNL pour manager

Chapitre 1
À chacun sa carte du monde ... 29
Comment percevons-nous le monde ? ... 29
Nos critères de sélection ... 33
Croyances et subjectivité ... 39
Comprendre et se faire comprendre ... 42
Cas n° 1 : la gestion de projet à l'étranger ... 46
Cas n° 2 : la gestion des cadres en retour d'expatriation ... 48
Cas n° 3 : les problèmes relationnels au sein d'une organisation multinationale ... 50

Chapitre 2
L'échelle de Dilts ou comment repérer les niveaux logiques de fonctionnement ... 55
L'environnement ... 58
Les comportements ... 58
Les stratégies et compétences ... 58
Les critères et valeurs ... 59
L'identité ... 59
Que faire de ces niveaux logiques de fonctionnement et de changement ? ... 61

Chapitre 3
Définir les bonnes frontières 63
Et si on parlait du manager ? 63
La confiance en soi 65
L'estime de soi 66
Le sentiment d'être un processus 68
La pensée non polaire 70
Les bonnes frontières 71
Comment reconnaître que l'on a une bonne estime de soi 74
Cas n° 4 : l'histoire du patron fusionnel 76
Cas n° 5 : le cas du patron fou ou qui pourrait être jugé comme tel ! 78
Cas n° 6 : les différences culturelles 81

Chapitre 4
Se servir de ses émotions 85
Utiliser ses émotions 88
Exprimer ses émotions 90
Anticiper ses émotions 92
Remplacer ses émotions 93

Chapitre 5
Établir le rapport avec les autres 95
Le regard 99
La synchronisation 101
Les aspects verbaux 102
La reformulation 103
Trier sur l'autre 103
Matching/Mis-matching 104
Cas n° 7 : la gestion d'une équipe de ventes au sein d'une start-up 108

Chapitre 6
Le métamodèle 111
Langage et informations 111
Les omissions 112
Les noms et les verbes non spécifiques 113
Les généralisations 114
Les causes-effets 115
La lecture de pensée 116
Exercice pratique de l'usage du métamodèle 118

Chapitre 7

La stratégie d'objectif 121

L'état présent 121

L'état désiré 123

La formulation positive d'un objectif 125

Un objectif sous contrôle de celui qui le réalise 128

La traduction concrète de l'objectif 131

Les autres critères d'un objectif PNL 132

Les étapes 132

Les alternatives 133

L'écologie 134

Cas n° 8 : les problèmes que rencontre un manager de transition 139

Cas n° 9 : le licenciement d'un collaborateur 141

Chapitre 8

La stratégie d'exploration d'une situation problématique avec la méthode SCORE 143

S comme symptômes 145

C comme causes 146

O comme objectifs 148

R comme ressources 149

E comme effets 149

Exercice sur le modèle SCORE 150

Cas n° 10 : le cas des fusions d'entreprises 151

Cas n° 11 : la gestion de crise 156

Chapitre 9

La prise en compte des critères ou besoins dans la négociation 159

La prise de conscience du besoin 159

La définition du cadre du problème concerné 161

L'expression, puis la reconnaissance des besoins dans le processus de négociation 162

La recherche d'une juste équivalence 162

Les ressources indispensables à la négociation 163

Cas n° 12 : le droit de désobéissance d'un cadre dirigeant 167

Cas n° 13 : rôle et responsabilité de l'encadrement 168

Deuxième partie
À chaque problématique, le bon outil PNL

Chapitre 10
Gérer les problématiques individuelles au quotidien ... 175
Les problèmes relationnels ... 175
Améliorer les relations avec son supérieur hiérarchique ou avec un subordonné ... 175
Garder son rôle de leader ou respecter sa structure hiérarchique ... 176
Faire comprendre à un collaborateur que son manque d'hygiène indispose ses collègues ... 177
Garder ses distances émotionnelles dans des relations interpersonnelles fortes ... 178
Mettre son personnel en confiance afin de lui permettre de dire ce qu'il pense ... 179
Refuser l'embauche d'un pistonné imposé par son supérieur hiérarchique ou un actionnaire ... 179
Annoncer un licenciement ... 180
Réagir à une injustice qui nous concerne ... 181
Réagir à une injustice concernant l'un de ses collaborateurs ... 183
Gérer le relationnel au cours des premiers jours de sa prise de fonction ... 184
Faire accepter des idées nouvelles, convaincre d'un changement nécessaire ... 184
Acquérir de la confiance en soi ... 185
Créer du respect mutuel ... 185
Gérer un supérieur impossible, voire à demi-fou ... 186
Soutenir le moral de collaborateurs cyclothymiques ... 187
Trouver la juste attitude à adopter si l'on surprend son président en flagrant délit de mensonge vis-à-vis d'un actionnaire ou d'un collaborateur ... 187
Comment réagir lorsque son supérieur ordonne une action contraire à l'éthique ou à la déontologie de la profession ... 188
Les tâches et résultats ... 189
Fixation des objectifs individuels ... 189
Faire adopter ou décider par les autres ses propres choix stratégiques ... 190
Justifier du refus d'une augmentation ou d'une gratification de fin d'année ... 191
Garder un collaborateur sous-payé ... 191
Bien mener un entretien d'embauche ... 192
Évaluer les résultats d'un collaborateur ... 193
Rendre positif des reproches à faire à un collaborateur ... 195
Remettre en cause un objectif pourtant négocié et accepté par les deux parties ... 196

Justifier une sanction positive ou négative sans perdre le pouvoir ni la considération du collaborateur concerné 196
Hiérarchiser des objectifs 197
Retenir une personne qui donne sa démission 198
Motiver un collaborateur qui a plus de droits que de devoirs, améliorer sa motivation au quotidien 199
Concilier motivation individuelle, d'équipe et d'entreprise dans un même système d'intéressement 200
Gérer son temps 200
Assumer un deuil professionnel 201
Discuter les choix de son supérieur sans qu'il le prenne comme une critique personnelle 203

Chapitre 11
Gérer les problématiques de groupe au quotidien 205
Les problèmes relationnels 205
Gérer le relationnel dans une équipe pluri-ethnique ou pluri-culturelle 205
Optimiser les relations avec les syndicats, constituer une relation de confiance et un dialogue constructif avec les représentants du personnel ou les représentants syndicaux 207
Défendre les intérêts des actionnaires auprès des représentants du personnel ou des délégués syndicaux 207
Détecter les meneurs dans un groupe 208
Annoncer et gérer son départ face à ses équipes 209
Obtenir l'adhésion d'équipes nouvellement constituées ou hostiles 211
Gérer des collaborateurs qui respectent des décisions collectives en surface pour les détourner in fine 212
Améliorer son aisance pour s'exprimer en public 213
Donner de la reconnaissance à ses collaborateurs 215
Faire accepter des personnalités souvent opposées au sein d'un comité de direction 215
Expliquer le quotidien à des actionnaires qui ne le vivent pas 216
Changer des têtes au sein d'une équipe 216
Les tâches et résultats 217
Améliorer les performances d'une équipe 217
Déterminer et fixer les objectifs d'une équipe 218
Mener une négociation syndicale 219
Faire accepter des systèmes de contrôle par une équipe de vendeurs 219
Dynamiser la discussion d'un comité de direction passif 220
Gérer une équipe où la motivation n'est pas uniforme et où toute concession peut choquer les éléments les plus engagés 220

Faire accepter une mesure du type « travailler plus et gagner moins » 222
Gérer le temps face à un conflit et lors d'une négociation 222
Obtenir un effort supplémentaire d'une équipe de ventes 223
Mettre en place des procédures sans que les cadres les plus entreprenants se sentent démotivés 223
Faire collaborer des individus à un projet sans aucune contrepartie financière 224
Faire prendre conscience à des collaborateurs salariés ayant une expérience professionnelle unique qu'ils bénéficient d'une situation privilégiée 224

Chapitre 12
Gérer les problématiques individuelles en situation de crise 227
Les problèmes relationnels 227
Gérer un conflit avec l'actionnaire sur un différent stratégique 227
Réagir à une prise à parti en public 227
Gérer les relations avec un subordonné ou un supérieur hiérarchique dans un conflit ouvert ou larvé 228
Réagir à des lettres insultantes ou à des tracts syndicaux diffamatoires 230
Réagir à des dénonciations faites par les représentants du personnel 231
Faire adopter des décisions qui ne sont pas les siennes 231
S'opposer à une décision qui ne convient pas 233
Exprimer ses ressentis sans casser la relation 234
Se mettre dans la logique de l'actionnaire afin d'obtenir de lui un accord correspondant à ses propres choix 235
Réagir à des accusations de racisme, de harcèlement ou de discrimination à l'embauche 235
Réagir face à un gros client qui annonce son intention de changer de fournisseur 235
Réagir face à un journaliste qui veut faire un article sur les défauts d'un produit ayant entraîné un accident 236
Réagir face à un cadre qui sort de ses gonds pour une remontrance jugée bénigne par son patron 237
Les tâches et résultats 237
Améliorer les performances d'un vendeur 237
Imposer à un vendeur performant de nouvelles règles sans risquer de le perdre 238
Initier et mettre en œuvre une politique du changement, faire accepter un plan de changement en cas de crise à l'un de ses collaborateurs 240
« Sauver sa tête » lors de l'arrivée d'un nouvel actionnaire 241
Faire le bilan des capacités d'un collaborateur en cas d'échec 242
Annoncer le licenciement d'un collaborateur à une équipe 242

Négocier les conditions de départ d'un collaborateur ... 243
Réagir à un DG qui veut corriger (à la hausse) les résultats estimés de fin année ... 243

Chapitre 13
Gérer les problématiques de groupe en situation de crise ... 245
Les problèmes relationnels ... 245
Sortir d'une grève ... 245
Fédérer une équipe en période de plan social ... 246
Éviter en cas de fusion l'impression que la culture de l'absorbant s'impose à l'absorbé ... 247
Gérer un désaccord profond, une crise face à une équipe ... 248
Créer des sous-groupes de pouvoir pour infléchir une position de force lors d'un conflit ... 249
Réagir face à une décision que l'on n'approuve pas ... 250
Réagir face à une association de consommateurs qui veut boycotter les produits de l'entreprise ... 251
Identifier les signes précurseurs de violence dans un conflit ... 251
Les tâches et résultats ... 252
Accepter des propositions syndicales sans paraître dépendant ... 252
Mobiliser une équipe quand la survie de la société dépend de ses résultats ... 253
Estimer le bien-fondé des revendications liées à une grève ... 253
Trouver la vraie raison d'un conflit ... 254
Motiver une équipe sans l'alarmer en cas de situation économique difficile ou dans le cadre de la gestion des menaces ... 254
Arbitrer le conflit entre deux équipes s'accusant mutuellement d'avoir enfreint les règles de l'entreprise ... 255

Conclusion ... 257

Corrigé de l'exercice ... 259
Corrigé de l'exercice pratique de l'usage du métamodèle de la page 118 ... 259

Bibliographie ... 263

Index des problématiques ... 265

Index courant ... 267

Introduction

Qu'est ce que la programmation neuro-linguistique ?

Lorsque, dans les années soixante-dix, les Américains John Grinder, docteur en mathématique et en psychologie, et Richard Bandler, professeur de linguistique, ont décidé de travailler sur ce qui faisait la qualité relationnelle et la force de conviction des personnes les plus en vue aux États-Unis comme Milton. H. Erickson, Virginia Satir, etc., ils pensaient déjà qu'au-delà des mots, et donc du contenu d'un échange, une structure sous-jacente, indépendante de ceux-ci, pouvait être mise à jour. Ils ont alors élaboré, à partir d'observations filmées et enregistrées sur cassettes audio, un modèle qui est une véritable grammaire de la communication : la programmation neuro-linguistique ou PNL. En procédant par analogie métaphorique, ils ont comparé le fonctionnement du cerveau à celui d'un ordinateur (c'était alors l'essor du numérique et le développement de la Silicon Valley). Le terme de « programmation » y trouve son origine. En effet, notre cerveau sait fabriquer de vrais programmes mentaux en s'appuyant sur nos différentes façons de penser, nos différents comportements, face à de multiples situations, et notamment en terme d'inter-relations avec nos semblables. Nos différents programmes, et plus encore la façon dont nous organisons notre vie mentale, tournent grâce aux neurones de notre système cérébral et grâce à l'ensemble de notre système neurologique. D'où le préfixe « neuro ». Enfin « linguistique » provient de ce que notre activité cérébrale s'exprime grâce au langage, verbal ou non verbal. C'est à travers les mots, les phrases et leur structure linguistique qu'une grande partie de l'information peut être communiquée sur cette activité.

Parmi les principaux chercheurs à l'origine de la PNL, Robert Dilts apportera une contribution majeure à ses nouveaux développements dans des domaines aussi variés que l'éducation, le management, la thérapie ou la santé. Assistant de Grinder et de Bandler à ses débuts, il en est un des cofondateurs, traitant de l'épistémologie et des relations entre la PNL et la neurophysiologie, travaillant à sa systématisation théorique et à son développement systémique. Il développera de très nombreuses techniques thérapeutiques couramment utilisées de nos jours. Auteur de nombreux livres de référence dans ces différents domaines, son approche visionnaire est reconnue mondialement.

La PNL s'intéresse aux processus mis en jeu dans la gestion des informations provenant du monde qui nous entoure, dans leur intégration, leur stockage et leur restitution. Elle nous permet de comprendre comment s'élaborent et se déroulent nos réactions dans nos relations à l'autre, proposant une grille d'observation pour mieux appréhender nos propres perceptions et celles de ceux avec qui nous entrons en communication.

Grâce aux très nombreuses observations et aux multiples cas qu'ils ont étudiés, John Grinder et Richard Bandler ont réussi à élaborer un modèle cohérent des processus psychiques permettant de rendre accessibles et utilisables des schémas qui rendent compte de la façon dont un homme pense, ressent, apprend, se comporte, se motive et réussit à changer ou à atteindre les objectifs qu'il s'est fixés. Ce modèle concerne la structure de l'expérience subjective. Il va permettre à chacun de connaître beaucoup plus finement sa façon de structurer ses expériences et de les utiliser pour agir, penser, apprendre, ressentir. La PNL concerne le « comment » d'une situation. Si un individu comprend comment il construit son expérience subjective et donc le « comment il répond », il sera, face à une situation donnée, en position de choisir dans un large éventail et ne sera plus prisonnier d'automatismes à répétition. Pour parvenir à la connaissance de ses programmes internes, il lui faudra au préalable avoir décodé ses expériences – récentes ou passées – pour déceler ses aptitudes, ses compétences et ses capacités à s'adapter et à réagir à une situation donnée. La réappropriation de ses compétences permet la mise à disposition d'une véritable « boîte à outils » dans laquelle il est possible de choisir le plus approprié pour résoudre un problème donné.

Le choix du bon outil requiert la pratique et la répétition d'exercices. Celles-ci s'appuient sur l'observation de ses propres attitudes et de celles des autres. Grâce à un regard autre sur ce qu'est un être humain à travers son fonctionnement psychique, cette nouvelle compréhension permettra l'épanouissement de soi en optimisant son adaptabilité, ses performances et des comportements satisfaisants dans la communication avec l'autre... Un vrai chemin de vie !

Une autre conséquence très utile de ce décodage, et qui représente la grande force de la PNL, réside dans ce qu'on appelle la modélisation. Elle est un processus à travers lequel il y a partage, transfert d'idées. Prenons un exemple qui nous est familier : pour écrire quelque chose dans un français lisible et compréhensible, voire séduisant, si un texte nous semble présenter ces qualités, il serait ennuyeux et inintéressant de le retranscrire en utilisant les mêmes phrases, les mêmes mots (le contenu). Mais en étudiant la structure sous-jacente à ce contenu (la grammaire, la ponctuation...), nous pouvons reproduire ce style qui nous plaît, sans pour autant le « singer » puisque celui-ci sera habillé de nos propres mots, idées et intentions. Il en est de même de nos comportements et de nos compétences : nous pouvons comprendre quelle « grammaire » une autre personne met non seulement dans sa communication performante mais aussi dans un comportement qui nous intéresse ou une compétence particulière. Nous pouvons décoder un ou plusieurs paramètres qui appartiennent au « comment » cette personne fait pour faire ce qu'elle fait ou au comment elle communique. Il est alors possible de le reproduire et d'acquérir soi-même ces capacités. C'est ainsi d'ailleurs que se font de nombreux apprentissages : l'élève découvre comment fait le maître et le maître doit pouvoir expliquer finement « comment » il fait. C'est la compréhension des processus sous-jacents au comportement qui permet alors à l'élève de s'approprier pleinement le geste, par exemple, et non la répétition désincarnée du mouvement. Là réside la différence entre donner à quelqu'un le fruit de sa récolte au jardin et lui apprendre comment jardiner. Celui ou celle qui aura étudié les différents outils de la PNL, ce qui lui donne les moyens de comprendre et de conduire sa relation à l'autre d'une façon verbale ou non verbale, aura la possibilité d'augmenter considérablement son influence sur la personne avec laquelle il entre en relation.

Pouvoir et influence sont des mots générateurs de suspicion : la plupart des relations, professionnelles ou non, tant qu'elles ne sont pas devenues matures, relèvent d'une « lutte » de pouvoir. Le jeu consiste souvent, alors, à ne pas se laisser influencer par l'autre. Or il est sain que tout un chacun ressente cette capacité d'influencer l'autre, les autres et le monde auquel il appartient. Lorsqu'un individu se sent dépossédé de cette possibilité d'influencer, d'être à sa juste place, d'être entendu, que son point de vue soit pris en compte, la frustration, la colère et le ressentiment s'installent, empoisonnant les relations et conduisant aux tentatives d'écraser l'autre à travers un jeu de pouvoir irrespectueux et humiliant. Certains ont très vite compris que la PNL pouvait devenir un outil puissant de manipulation mentale. Son utilisation en dehors de toute considération éthique a alors jeté un doute sur la méthode elle-même. Et pourtant, quand l'éthique est prise en compte, la PNL est un modèle performant, respectueux et plein d'avenir.

Manager avec la PNL

L'entreprise est la réunion de plusieurs individus travaillant à la réalisation d'une œuvre commune. De la qualité des relations interpersonnelles entre ses différents individus, qu'ils soient internes ou externes à la structure, dépendra en grande partie sa réussite, son développement, voire sa survie.

Certes, on pense dans un premier temps aux relations internes, qu'elles interviennent dans un cadre hiérarchique, de simple collaboration, au sein même d'un service ou d'interservices, ou, plus simplement, aux relations pouvant lier deux individus appartenant à un même corps social. Mais il faut très vite y ajouter les relations avec les clients, les fournisseurs, les prestataires de services, les institutionnels, les corps constitués, dont la qualité conditionnera tout autant l'avenir de l'entreprise. La mondialisation n'a rien facilité, apportant aux problématiques de communication pure celles liées aux langues, mais également aux autres cultures et croyances... Reconnaître les différences de son interlocuteur, savoir qu'il peut exister un énorme fossé, composer avec pour obtenir un résultat, voilà autant de situations où la PNL propose des outils pour optimiser la communication. C'est ce que nous développerons dans cet ouvrage.

Le management est de plus en plus exigeant : en lien direct avec les femmes et les hommes de l'entreprise, le manager doit savoir trouver le juste équilibre entre la nécessaire performance, l'adéquation avec ses propres convictions et les motivations de ses collaborateurs. La PNL apporte, là aussi, des outils précieux pour :

- Élaborer des objectifs réalistes ;
- Identifier les niveaux de ressources humaines nécessaires ;
- Transmettre les messages et vérifier la façon dont ils ont été reçus ;
- Motiver, identifier les niveaux de résistance au changement ;
- Gérer les conflits ;
- Connaître son propre fonctionnement et guider vers des interactions adaptées au contexte ;
- Créer des relations hiérarchiques de compétence et d'autorité naturelle.

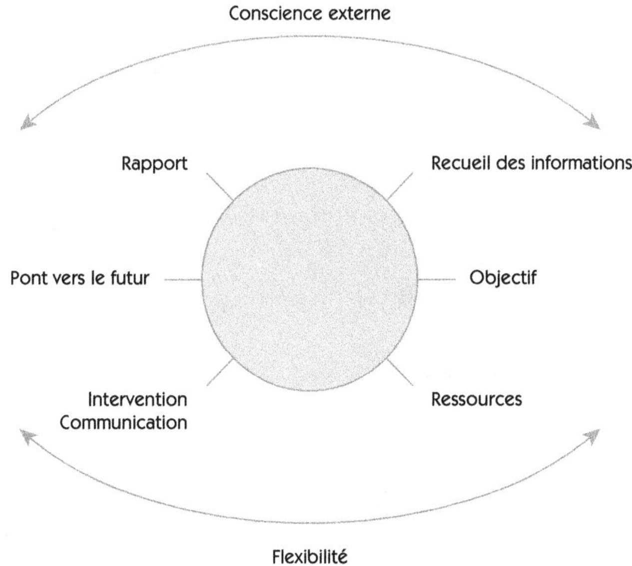

La roue de la communication vue à travers la PNL

Le propos est sous-tendu par la conviction profonde qui est la nôtre : un management performant, efficace, bref, de qualité, se déploie dans une relation « humaniste ». Car la PNL est profondément humaniste. Elle permet de proposer alors à chaque membre de l'entreprise de trouver sa juste place, ce qui est non seulement un droit mais la condition *sine qua non* de la performance.

Si un leader est celui qui sait élaborer une vision du monde pertinente dans le cadre de l'entreprise et s'implique pour la faire partager, la PNL lui apporte non seulement un savoir-faire grâce à un ensemble de techniques et d'outils de communication, de gestion des relations et d'optimisation des tâches, mais aussi un savoir être qui amène à la congruence personnelle, conférant ainsi une attitude solide et convaincante.

Éthique et PNL

Avant d'aller plus loin dans la présentation des différents outils PNL à la disposition du manager, il est important de répondre à un certain nombre de critiques apportées à la méthode et reprises notamment en 2002 dans le rapport de la mission interministérielle de lutte contre les sectes. Ces critiques étaient les suivantes :

- La PNL « *est un ensemble disparate de méthodes de communication basé sur un ensemble tout aussi disparate de références théoriques...* », et donc sans aucune validité scientifique ;
- « *L'absence de principes déontologiques orientés vers l'aide et la santé, plutôt que vers l'exploitation et le profit* », ce qui sous-tend la notion de manipulation ;
- Le caractère « *sectaire* » de la PNL.

De la validité scientifique de la PNL

Il faut tout d'abord rappeler que, si la PNL est abordée dans cet ouvrage comme une « boîte à outils » d'aide à la communication dans le monde de l'entreprise, elle est aussi une méthode psychothérapeutique novatrice. Nous reviendrons sur cet aspect lorsque nous aborderons le chapitre 1 sur « la vision du monde ». À l'instar des méthodes traditionnelles, la PNL se caractérise par son orientation vers des solutions à un état problème donné. Elle s'efforce de trouver des rapprochements dans ce qui fonctionne, ce qui lui permet d'atteindre l'objectif recherché plutôt que de chercher le « pourquoi » de la situation problème. Comme elle considère que chaque personne est unique, elle ne fabrique pas de moules standards dans lesquels faire entrer la problématique des gens. Elle prend en compte la façon dont chacun développe une ou des stratégies pour construire son monde. De ce fait, on peut reprocher à la PNL de ne pas être une théorie scientifique fondamentale. Elle est en effet beaucoup plus une étude pragmatique de ce qui sous-tend des situations concrètes et répétitives, assorties d'opportunités concrètes de changement. C'est là que réside son intérêt pour un manager. Car, à l'image de ces peintres qui, avec une même palette et de mêmes pinceaux, réaliseront une œuvre originale, le manager a un rôle important dans la création de son équipe. La créativité tient une grande place dans sa mission. Ainsi, de multiples situations problématiques ne pourront pas être résolues par la simple application de techniques standardisées. L'humain n'est pas un robot aux réactions prévisibles et cadrées.

Poser la question de la validité scientifique de la PNL est une chose, mais la possibilité de sortir rapidement d'un état problème grâce aux outils qu'elle propose est un fait. La mesure pertinente de l'efficacité de la PNL devient alors la réalité du résultat obtenu. Ne vaut-il pas mieux utiliser un modèle que les scientifiques auront tout loisir de qualifier de disparate et d'approximatif mais qui aura l'avantage de déboucher sur des résultats pratiques permettant aux individus l'ayant choisi de sortir de leur état problème ? Et si la validité scientifique de la PNL est contestée, les travaux publiés aux quatre coins du monde existent, même si les praticiens sont sans doute plus soucieux des résultats obtenus que de nouvelles publications. Que dire d'ailleurs d'un certain nombre d'autres modèles d'analyse psychologique ou psychothérapique très à la mode de nos jours ?

Notons au passage que si le domaine psychothérapeutique est parfaitement identifié bien que, résolument, il ne soit pas présent dans cet ouvrage, c'est tout de même notre psychisme qui nous permet de mener notre vie mentale et relationnelle. Modifier un comportement, changer notre attitude, animer nos motivations... tout cela ne peut se faire durablement que par la modification de notre fonctionnement psychique. Apprendre à apprendre passe par une utilisation structurée de systèmes sensoriels. Développer la confiance en soi et l'estime de soi passe par des modifications de conviction profondes et l'acquisition de représentations mentales différentes. De nombreux exemples comme ceux-ci pourraient être donnés, permettant de faire la différence entre un travail psychothérapeutique (celui-ci s'adresse au passé et à la façon dont a été construit l'état actuel de la personne) et celui de « faire marcher sa tête » (comprendre ce que nous faisons, comment nous le faisons, construire ce vers quoi nous voulons aller et comment l'atteindre). L'un et l'autre appartiennent à des cadres différents. Le coaching, par exemple, n'aborde pas du tout l'aspect psychothérapeutique mais se centre sur les changements à obtenir et les moyens à mettre en œuvre pour ce faire.

Du danger de manipulation avec la PNL

Il nous semble beaucoup plus intéressant de nous arrêter à la seconde critique, et notamment à la notion de manipulation, compte tenu de l'ambition de notre ouvrage tourné vers le manager en entreprise. Il convient à ce niveau de distinguer la PNL en elle-même de ses applications, comme il convient d'évaluer la puissance des outils PNL à l'aune de l'éthique de son utilisateur. Dire que la PNL est un outil de manipulation dangereuse est aussi absurde que de mettre à l'index l'utilisation du couteau eu égard aux agressions pratiquées à l'aide de ce dernier. L'éthique ne concerne pas l'outil en lui-même mais plutôt son utilisateur. Ainsi, la puissance des outils PNL et la rapidité d'obtention de résultats tangibles à des états problèmes humains imposent qu'ils soient utilisés par des praticiens ayant une très forte éthique personnelle, d'autant qu'ils interviennent directement sur la perception de notre propre modèle du monde. S'il est tout à fait possible d'utiliser les outils PNL pour influencer des personnes à leur détriment, cela vaut pour beaucoup d'autres outils de communication. La publicité, l'information médiatique peuvent être tout aussi dangereuses, ce qui ne remet pas fondamentalement en cause leur utilisation !

Comment prendre alors le risque d'enseigner et de faire connaître un modèle qui pourrait être utilisé dans le but de manipuler ? N'est-ce pas mettre des individus en danger s'ils se trouvaient confrontés à celui ou celle qui utiliserait la PNL pour satisfaire ses propres désirs, au nom de son pouvoir personnel ? Comment (et faut-il ?) choisir, dans ce cas, ceux à qui pourra être enseignée la PNL ?

Un exemple au quotidien apporte un élément de réponse : lorsqu'un moniteur d'auto-école apprend à conduire à quelqu'un, il ne sait absolument pas si celui-ci deviendra ou non un chauffard, utilisant sa voiture comme un moyen de pouvoir sur les autres... Il peut ainsi, sans le savoir, mettre sur la route un danger public ! Mais, en même temps, plus il y a de personnes auxquelles il apprend à conduire, plus le moniteur donne à ses élèves la possibilité de reconnaître, et donc de se prémunir contre un mauvais conducteur.

Aucune formation, que ce soit celle de l'ingénieur, du garagiste, du peintre ou même du médecin, ne peut garantir l'éthique d'un individu, qui est en effet du ressort strictement personnel. Les lois définissent et sanctionnent, pour autant qu'elles le peuvent, les comportements contraires à l'éthique, mais la liste n'en est pas exhaustive et ne peut prétendre répondre à tous les cas de violation.

C'est le niveau d'intention qui fait la différence entre un comportement éthique et un comportement manipulateur. Lorsque dans une présentation quelconque, nous utilisons les tournures de phrases, les mots, autrement dit le langage, qui sont les plus accessibles à notre interlocuteur :

- Si notre intention est de lui permettre de comprendre plus finement et donc de se faire une idée plus juste de ce qui lui est présenté, l'attitude est éthique ;
- Si au contraire l'intention est de lui faire « gober » un message pour forcer son adhésion, il n'y a plus d'éthique.

Cette différence est subtile et demandera au manager, par exemple, d'avoir une conscience très aiguë de ce que sont ses intentions.

La critique porte également sur la notion de profit. La comparaison avec la publicité est là aussi édifiante. Si les outils PNL permettent une meilleure communication entre les intervenants internes ou externes d'une même entité commerciale, alors il est certain qu'ils concourent à optimiser les profits, tout comme la publicité, mais faut-il les interdire tous deux pour autant ?

Du caractère sectaire de la PNL

Il reste à répondre à la troisième critique qui qualifie la PNL de sectaire. La base même des principes fondamentaux de la PNL prouve le contraire. Nous développerons plus avant la notion de modèle du monde qui consiste à affirmer que la perception de toute chose par un individu est unique. Nous ne pouvons percevoir toute situation que grâce aux modèles d'expérience que nous avons vécus. Ceci implique fondamentalement qu'il n'y a pas une vérité, comme voudrait l'imposer toute personne ou pratique sectaire, mais autant de vérités que d'individus. En outre, la pratique de la PNL vise à aider chaque personne à atteindre l'autonomie qu'elle souhaite et la gestion personnelle de sa propre vie.

Car les outils de la PNL sont très puissants et permettent à celui qui veut les utiliser de modifier sa perception du monde s'il le désire. Comme nous l'avons évoqué plus haut, les outils PNL vont permettre à un individu, face à une situation donnée, de la percevoir sous d'autres angles. La compréhension de ce qui se passe se modifie et s'élargit. Cette modification ouvre la plupart du temps le champ des solutions possibles. Il a donc plus de choix à sa disposition, contrairement au sectarisme qui réduit le choix d'un individu à une seule possibilité et vise à le faire rentrer dans un moule unique de pensée.

En conclusion, et nous nous efforcerons d'y faire référence tout au long de cet ouvrage, la PNL n'est en rien dangereuse mais il est nécessaire de mettre l'accent sur la responsabilité de ceux qui l'utilisent : ils doivent avoir fortement présente à l'esprit la notion d'éthique.

Éthique et entreprises

Il également intéressant de noter que l'éthique est au centre de toutes les préoccupations des managers en ce début de siècle où le modèle capitaliste ultra-libéral est devenu la seule référence économique. En effet, les dirigeants d'entreprises se sont aperçus que l'optimisation de la productivité, de la performance des équipes, et donc de la rentabilité globale de leurs affaires passait par l'instauration d'un climat de confiance, tant en interne avec leurs salariés qu'en externe avec leurs partenaires, qu'il s'agisse de clients, de fournisseurs, de banquiers ou d'actionnaires. L'éthique est alors perçue comme un des éléments fondamentaux de la valeur ajoutée des entreprises.

La liste des valeurs morales concourant à cette création de richesse est propre à chaque manager mais chacun pourrait sans doute se retrouver sur les points suivants :

- Ne pas trahir sa parole ;
- Tenir ses promesses ;
- Ne pas voler, respecter ce qui appartient à chacun ;
- Respecter l'autre ;
- Respecter la confidentialité ;
- Ne pas abuser de son pouvoir, rester dans les limites de son juste pouvoir ;

- Éviter les conflits, chercher la collaboration ;
- Ne pas utiliser l'arme du chantage dans les négociations ;
- Vivre soi-même au quotidien les valeurs auxquelles on demande aux autres d'adhérer.

Ceci peut se traduire par la mise en œuvre au quotidien de valeurs morales telles que l'honnêteté, la tolérance, la vérité, la rigueur, l'écoute… La PNL n'a pas pour objet direct de permettre aux managers d'optimiser le profit des entreprises, voire de ses actionnaires. Elle a pour ambition de leur donner les outils d'optimisation de leur communication qui, dans le respect de l'autre, éviteront ou rendront gérables les situations de crises. Ils permettront au quotidien, à chacune des personnes qui sont rattachées à l'entreprise, de donner le meilleur d'elle-même.

Une question de méthode

Le choix d'un échantillon représentatif

Pour démontrer comment la PNL peut servir à tout manager à optimiser sa communication, et donc ses résultats au quotidien, il était essentiel de connaître les différentes problématiques rencontrées au sein des entreprises. Le mieux était d'interroger les managers. Nous avons sélectionné un échantillon de 50 chefs d'entreprises et cadres supérieurs, tous ayant une expérience significative d'encadrement en interne et des contacts réguliers avec des partenaires extérieurs à l'entreprise, qu'il s'agisse de clients, de fournisseurs, de banquiers, d'institutionnels ou d'actionnaires.

Nous avons également souhaité réunir dans notre échantillon toutes les grandes fonctions de l'entreprise, du président au directeur général, en passant par le directeur commercial ou financier et le directeur de production ou des ressources humaines, sans jamais privilégier aucun d'entre eux, même si l'oreille d'un DRH, par exemple, pouvait sembler plus ouverte aux problématiques de communication que celle de ses collègues.

Nous ne nous sommes pas cantonnés à la France et avons ouvert notre échantillon à des cadres de l'Union européenne sachant que la notion de culture pouvait nous apporter des problématiques différentes.

Enfin, dans un souci d'équilibre, nous avons souhaité rencontrer des cadres travaillant dans des entreprises de tailles différentes, allant de la start-up à l'entreprise moyenne, des filiales de grands groupes aux sièges des grands groupes eux-mêmes.

La segmentation des problématiques

Fort de ces différentes problématiques, il nous a fallu définir une segmentation afin que tout manager lisant cet ouvrage puisse facilement y retrouver celles qui le préoccupent. Cette segmentation a d'abord été faite par rapport à leur importance.

Nous avons donc établi un premier classement entre :

- Les problématiques qu'un manager peut rencontrer au quotidien ;
- Les problématiques spécifiques aux situations de crises.

Nos différentes interviews nous ont très rapidement montré qu'il existait deux types bien distincts de communication d'entreprise, ce qui nous a amenés à faire une seconde segmentation entre :

- Les problématiques liées à une communication individuelle, en *face to face*, comme disent les Américains ;
- Les problématiques liées à une communication de groupe, en entendant par groupe tout rassemblement d'au moins trois personnes, qu'il s'agisse d'une équipe de vendeurs, d'une instance représentative du personnel (comité d'entreprise, CHSCT, délégation syndicale...), d'un comité de direction ou de la réunion de plusieurs partenaires externes à l'entreprise comme listés précédemment.

Cette double segmentation nous a très vite semblé encore trop large. Nous avons alors décidé de compléter les précédentes en distinguant :

- Les problématiques de type relationnel ;
- Les problématiques liées non plus à la relation elle-même mais aux tâches ou aux résultats escomptés.

Il nous suffisait alors de regrouper l'ensemble des problématiques invoquées par les différents managers interrogés pour établir une grille de lecture qui servira de base à la suite de cet ouvrage.

Nous tenons, cependant, à nous excuser auprès de nos différents interlocuteurs. Nous avons, en effet, dû faire des regroupements, voire écarter certaines problématiques par trop spécifiques ou ne pouvant être retenues par rapport aux différents outils PNL que nous avons décidé de présenter. Nous sommes cependant certains que tout manager se retrouvera dans les problématiques que nous avons conservées. Celles-ci seront présentées une à une dans la seconde partie, accompagnées des outils PNL utiles à leur résolution.

Une sélection d'exemples de problématiques d'entreprise

Afin de rendre plus concrets nos propos, nous présentons en fin de chapitre, des mini-cas représentant des problématiques de communication d'entreprise. Il s'agit de cas réels que certains managers ont accepté de nous confier. Bien sûr, il s'agit de « leur vision du monde » et notre but n'est pas de la remettre en cause. De la même façon, il serait trop facile, en s'appuyant sur les outils PNL, de déclarer que si ce manager les avait possédés mais surtout utilisés, l'histoire aurait été tout autre. Même si l'efficacité de ces différents outils n'est plus à démonter, il ne faut pas croire à leur côté « magique » qui, alors, remettrait en cause les propos que nous venons de tenir sur l'éthique avec laquelle ces outils doivent être utilisés.

Première partie

Une panoplie d'outils PNL pour manager

Chapitre 1

À chacun sa carte du monde

Comment percevons-nous le monde ?

Notre vie peut être décrite en termes d'expérience : nous expérimentons le monde qui nous entoure et nous en créons une expérience intérieure. Par de nombreux processus d'analyse, de compréhension, d'intégration et de réponse à cette réalité dans laquelle nous nous trouvons, nous la transformons de manière plus ou moins homothétique et elle devient notre vécu, notre « modèle du monde ». L'objectif fondamental de ce phénomène est de donner du sens à ce qui se passe. Avoir un modèle du monde permet de comprendre ce qui s'est passé, ce qui se passe et comment prévoir l'avenir.

Cette expérience intérieure est donc la résultante de la gestion des informations qui nous viennent de l'extérieur ou de nous-mêmes, au moyen des perceptions et processus que nos systèmes neurologiques et psychologiques mettent en jeu. Elle est par essence subjective.

Le fonctionnement précis de notre cerveau est loin d'être entièrement connu. Mais la neurophysiologie a fait d'immenses avancées qui nous donnent des schémas complexes de ce fonctionnement. Voici un résumé très simplifié des principales phases de ce qui se passe dans le cerveau :

- Un système de filtres de différentes natures sélectionne une partie de l'existant et ne laisse entrer que celle-ci ;
- Un système de programmes traite l'information ainsi perçue pour en créer un « texte » qui est en réalité codé et cohérent pour l'individu. À partir de ce texte, notre modèle du monde pourra

être exporté, communiqué vers l'extérieur. Toutefois le contenu délivré sera fortement réduit par les systèmes de sélection, de transformation et finalement d'interprétation mis en jeu.

Nous n'intégrerons jamais dans sa totalité la réalité du monde et nous ne percevrons pas sa signification originelle. En retour, notre réalité intérieure ne sera jamais totalement restituée aux autres, ni dans son contenu, ni dans son sens.

C'est la raison pour laquelle le lecteur, par exemple, fait finalement sien le livre dans lequel l'auteur a mis ses mots, la raison pour laquelle la musique est entendue et vécue avec une oreille et un ressenti dont on ne saura jamais si c'était ceux du compositeur. Il en est de même pour la peinture et les arts en général. Nous en faisons notre œuvre personnelle, même si nous n'en sommes pas les auteurs.

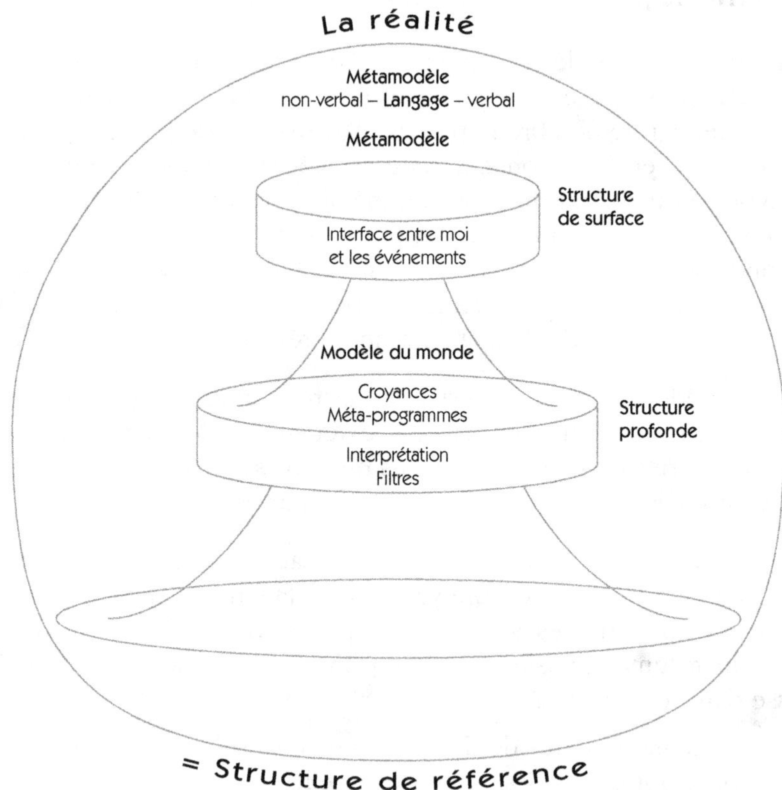

Les relations entre la réalité dans laquelle nous vivons, notre modèle du monde et les langages qui représentent la seule interface entre nous et notre environnement

Le premier système de filtres est celui de nos cinq sens : la vue, l'ouïe, l'odorat, le goût et le toucher. Ces cinq sens, véritables capteurs des informations externes, ont des limites physiologiques. Ils tronquent une partie de la réalité (nous ne voyons pas l'infrarouge ni l'ultraviolet avec nos seuls yeux comme nous n'entendons pas non plus certaines fréquences sonores).

De même, certaines données qualitatives et quantitatives sont exclues de notre perception : notre œil ne distingue pas deux traits séparés par moins de 0,01 mm ; en restant un certain temps dans une même atmosphère confinée, nous n'en percevons plus l'odeur, car il n'y a pas de variation significative et le cerveau ne peut plus enregistrer d'information, alors qu'un nouvel arrivant sentira une odeur de renfermé. Ce ne sont que deux exemples de réalité tronquée parmi d'autres.

Notre position dans l'espace à un moment donné joue aussi un rôle important : elle est incontestablement unique et la perception que nous avons de notre environnement périphérique est partiellement différente de celle d'une autre personne. Cela joue de façon plus significative dès qu'il s'agit d'un environnement plus lointain.

Ces systèmes de traitement sont de l'ordre du cognitif et du psychologique. L'information est alors codée par l'activation de récepteurs neuronaux. Pour identifier ou au contraire découvrir la nouveauté de l'expérience rencontrée, des circuits neuronaux sont activés. Il s'agit de rattacher ce qui se passe à des références déjà existantes, de compléter celles-ci ou de créer une nouvelle expérience. Les systèmes d'évaluation psychologique, les réponses émotionnelles, les multiples processus mentaux de pensée et de réflexion, toute cette mécanique complexe du cerveau aboutit à la création, la modification, le renforcement de ce que nous comprenons de ce monde et de ce qui s'y passe. Un même ensemble de données n'est pas nécessairement interprété identiquement d'un individu à l'autre.

Certes sur des éléments réputés objectifs, c'est-à-dire observables et descriptibles en termes sensoriels (je vois, j'entends, etc.), l'accord peut assez facilement se trouver. Mais dès qu'il s'agit d'aller au-delà de l'observable pour interpréter, c'est-à-dire donner du sens, le désaccord peut devenir important. Notre subjectivité entre en jeu : la température extérieure peut être évaluée à 25°, le thermomètre en témoigne, mais tous ne la ressentiront pas de la même façon – trop chaude pour certains, agréable pour d'autres, et nous avons souvent vu des personnes habituées aux climats tropicaux porter une petite laine à ce moment-là. Les couleurs, les odeurs, les distances... tout ce qui est pourtant mesurable ne sera pas apprécié identiquement selon l'individu.

Nous nous trouvons devant un paradoxe qui n'est pas anodin : nous sommes tous au contact de la réalité universelle mais aucun de nous ne s'en fait la même représentation. Même s'il existe une ressemblance, voire une identité de perception sur une partie des choses, il y a obligatoirement des différences.

Cette représentation, ce « modèle du monde » propre à chaque personne à partir d'une réalité commune lui est unique. C'est une des grandes causes des conflits interhumains.

On pourrait rêver : « Ah, si tout le monde partageait la même vision du monde, ce serait le paradis ! » Peut-être, mais rien n'est moins sûr. Et ce n'est pas d'actualité : non seulement il y a des différences, bien que de grands pans puissent être communs, mais ces différences peuvent porter sur des points très fondamentaux. Le rêve pourrait d'ailleurs plutôt s'exprimer en ces termes : « Ah, si les autres partageaient "mon" modèle du monde... ce serait tellement plus simple, n'est-ce pas ? »

	Intérieur	Extérieur
	Donne lieu à interprétation **Subjectif**	**Observable** **Objectif**
Individuel	Je	Cela
Collectif	Nous	Cela

Les critères de véracité, selon le schéma de Ken Wilber[1]

1. Philosophe américain spécialiste du développement humain.

Nos critères de sélection

Outre ces mécanismes physiologiques qui agissent comme des filtres, des systèmes complexes de tri, d'organisation, de classement et de gestion des informations se mettent en place :

- Les systèmes neurologiques président essentiellement par activation des circuits et arborescences neuronales ;
- Les systèmes de sécrétion de produits hormonaux que sont les neurotransmetteurs assurent les connexions, d'une part, entre les différents circuits neuronaux, ce qui crée le lien entre le moment vécu et les éventuelles expériences précédentes et, d'autre part, avec les systèmes effecteurs (musculaires, en particulier) qui permettent les comportements et les réponses émotionnelles.

S'il existe déjà une expérience, elle sera considérée comme la référence à l'aune de laquelle sera comparé le moment en question. S'il n'y en a pas, une nouvelle référence se crée. C'est la base de tout apprentissage par la création de nouvelles données, de nouveaux processus ou la complémentation de ce qui est déjà là. Le raisonnement, qui est une des phases de l'apprentissage, fait appel à cette dernière manifestation en permettant de faire le lien entre la nouveauté et les acquis qui peuvent ou non s'y rattacher ou s'y appliquer. Un panel d'autres modes de traitement intervient aussi. Comme il est indispensable de donner un sens à tout ce que nous vivons, nous construisons ou appliquons différents moyens.

Les informations sont moulinées à travers un ensemble de règles, à l'image des règles de grammaire, que l'on appelle en PNL les méta-programmes et qui répondent à des questions comme :

- À qui, à quoi accorde-t-on de l'importance dans une situation donnée ?
- Sur quoi focalisons-nous notre regard et notre attention première : les personnes, les actions, les informations, le temps présent, passé ou futur, ce qui est là ou ce qui manque ?
- Comment établissons-nous nos comparaisons ?
- Sommes-nous plutôt sensibles aux comportements des autres et de nous-mêmes, aux émotions ou sentiments, aux idées, images mentales ou à ce que nous nous racontons dans notre tête et supposons que les autres se racontent dans la leur ?

Un de ces méta-programmes est très important, il s'agit du *matching, mis-matching* dont nous parlerons au chapitre 5 sur la façon d'établir le rapport.

Ce texte s'écrit dans notre psychisme avec un style qui peut être très différent d'une personne à l'autre, tout comme un texte littéraire peut, avec les mêmes règles fondamentales de grammaire, s'écrire différemment.

Nous devons évaluer la situation, c'est-à-dire définir si elle nous convient ou non. Pour ce faire nous disposons d'un très large panel de « critères ».

Un critère est un mot plutôt abstrait qui définit ce qui est important pour nous (ponctualité, efficacité, gentillesse, politesse, beauté... et la liste est longue !). Ils sont hiérarchisés selon leur importance à nos yeux. Cette hiérarchie des critères est, elle aussi, individuelle.

On peut considérer qu'une entreprise est en quelque sorte un « individu » et que son personnel pourra, dans ce cadre, partager au moins quelques critères selon une même hiérarchie. Ce n'est pas toujours le cas. De nombreux conflits naissent d'affrontements entre personnes ayant privilégié des critères différents. Par exemple, un commercial privilégiera plutôt le relationnel, un financier plutôt le résultat (la vente).

Un synonyme, en terme de fonction, du mot « critère » est valeur. Voici pourquoi employer l'un ou l'autre :

- Un critère sera plutôt réservé à l'évaluation contextuelle – critère de fiabilité d'un produit, critère d'efficacité d'une campagne publicitaire ;
- Le mot valeur évoque quelque chose de plus important, de plus personnel, que l'on cherche à faire vivre dans un cadre plus large et concernant souvent les individus et leurs relations. Les valeurs d'une entreprise seront, par exemple la solidarité, la conscience professionnelle...

Bien entendu, ce qui est un critère (ce qui n'est qu'un critère ?) pour une personne, c'est-à-dire un regard porté sur une situation bien définie et seulement celle-ci, peut être érigé au rang de valeur par une autre personne. Un manager peut très bien demander de la rigueur dans le cadre d'une action de l'entreprise et ne pas être particulièrement attaché à la rigueur dans d'autres contextes, alors que, pour un autre, la rigueur sera pratiquement une règle de vie.

Mais qui décide du bien-fondé d'un critère ou d'une valeur dans une situation donnée ? Comment les évaluer ? Au début de notre vie, pour juger de ce qui se passe autour de nous et en nous, nous nous en remettons à nos parents, à nos éducateurs, qui nous apprennent ce qui est bien ou mal, ce qui est réussi et ce qui ne l'est pas, ce qui est beau, ce qui est laid, etc. C'est leur propre modèle du monde qu'ils nous transmettent. Les critères à mettre en œuvre dans l'appréciation d'une situation et leur traduction concrète sont alors ceux des d'autres et non les nôtres. C'est à travers les yeux et la vision du monde d'une ou plusieurs autres personnes que nous évaluons. Nous sommes alors en « cadre de référence externe ».

Puis, en grandissant, nous apprenons à faire le tri entre ces critères. Nous choisissons (en tout cas nous devrions pouvoir le faire) ceux auxquels nous adhérons et que nous ferons nôtres, et ceux dont nous ne voulons pas. Nous construisons ainsi notre propre individualité. Nous construisons notre « cadre de référence interne ». C'est en nous désormais que nous trouverons les critères d'évaluation et ils nous appartiendront. Cela ne veut pas dire, bien entendu, que cette nouvelle situation nous entraînera à faire fi de toute influence et évaluation extérieures. Bien au contraire !

En trouvant un juste équilibre entre notre propre appréciation d'une situation et le regard communiqué par les autres, nous restons un système vivant, évolutif, en échange avec le milieu dans lequel nous vivons.

C'est en cela que le feed-back est indispensable pour valider nos comportements et nos compétences. Ceux qui ne savent pas prendre en compte ces échanges peuvent se marginaliser très vite et s'exclure, souvent sans s'en rendre compte, d'un système dont ils ne veulent pas reconnaître la nécessaire influence sur leur vie. Le « juste équilibre » est plus facile à dire qu'à réaliser. C'est d'ailleurs un des axes de la crise de l'adolescence où, pour pouvoir créer son individualité, un jeune commence par rejeter « toutes les valeurs » de ses parents. Il s'agit d'une attitude souvent du « tout au rien ». Plus tard, devenu adulte, il pourra redevenir en accord avec des valeurs parentales (pas toutes probablement) en les ayant faites siennes. Il saura ainsi évaluer sa vie en général et, en étant en lien avec son cadre de référence personnel, il saura influencer les autres avec intégrité. Il acceptera et accueillera même avec intérêt la possibilité d'être influencé.

Sans être assimilé à un parent, le manager doit s'attendre aussi à ce qu'un jeune embauché, docile et relativement malléable au début, puisse se rebeller plus ou moins, voire se mettre en opposition lorsque ses compétences et son rôle dans l'entreprise seront affirmés. Devant les difficultés d'embauche, beaucoup de postulants sont tentés de mettre en sourdine leurs aspirations, leurs critères ou leurs valeurs pour seulement adhérer à ceux ou celles qui leur sont demandés. S'il y a un trop grand écart, c'est une source de mal-être, de démotivation, de déception, de part et d'autre, par la suite.

Pour illustrer ce propos prenons cet exemple : le maître d'école, le professeur ou le manager ont aussi pour rôle d'évaluer les compétences de leurs élèves, étudiants ou collaborateurs. Ces derniers doivent accepter dans cette situation d'être en cadre de référence externe. Le maître, le professeur et le manager sont, eux, en cadre de référence interne. Ce sont leurs critères qui entrent en jeu, des critères qui pour eux sont aussi venus en grande partie de l'extérieur, puis ont été intégrés – ou tout cas devraient l'être : un enseignant ou un manager qui évalue, tranche à la lumière de critères avec lesquels il n'est pas d'accord est dans une situation tout bonnement épouvantable ! Il ne peut pas être congruent et la démobilisation, le découragement et le ressentiment surgiront.

Voici un autre exemple : combien de fois un élève qui reçoit un corrigé avec la mention « hors sujet » répond qu'il a écrit des choses intéressantes ? Oui et il a le droit de poser des questions pour comprendre. Mais l'enseignant applique ses propres systèmes d'évaluation et, sous réserve de pouvoir guider son élève à travers des commentaires explicatifs, il est fermement en cadre de référence interne. Dans l'entreprise, c'est la même chose. Un manager peut considérer qu'un travail bien fait mais terminé en un délai trop long ne correspond pas complètement aux besoins.

Les évaluations dites « arbitraires » sont le résultat de décisions pour lesquelles aucune communication claire n'a été donnée, et c'est souvent parce que soit les supports de cette évaluation sont flous, soit parce que l'évaluation sert de prétexte à d'autres désaccords non dits et/ou qui ne peuvent pas l'être.

Prenons un exemple quelquefois sensible dans certains contextes : l'habillement. Une entreprise peut, au nom d'un critère qui lui est propre, refuser certains types d'habillement. Si la règle autour de ce critère est humaine, respectueuse de la pudeur et du confort, adaptable et modifiable en fonction d'éléments divers, le manager peut tout à fait « exiger » la tenue vestimentaire décidée, même si, au nom de leurs souhaits ou critères personnels, les collaborateurs ne sont pas d'accord.

Ou cet autre exemple : l'entreprise peut décider que la prime d'un collaborateur sera plus élevée que celle d'un autre parce que la disponibilité du premier aura été plus grande que celle du second. Ce dernier aura certainement de très bonnes raisons, réelles et justes, de n'avoir pas été disponible. S'il applique le critère de la stricte égalité, il sera mécontent de cette différence (« Ce n'est pas de ma faute, j'ai une famille... des enfants... »). Il devra comprendre que, dans le contexte « entreprise », et dans ce cadre précis des conséquences de la disponibilité mise en œuvre, c'est ce qui concerne l'entreprise qui est pris en compte. Le manager pourra choisir, au nom du service rendu à l'entreprise par la disponibilité du premier, de valoriser le travail de celui-ci par cette différence de prime.

Voilà autant de sources de surprises, d'incompréhension... et de conflits potentiels ! Nous utiliserons le mot « critère » dans la suite de ce texte afin d'en faciliter la compréhension.

Quoi qu'il en soit, nous nous servons en permanence de ces critères. Nous choisissons, à tout moment, consciemment ou non, un ou plusieurs critères et nous évaluons toute situation à la lumière de ces critères.

Prenons un autre exemple simple : un des collaborateurs de l'entreprise arrive systématiquement en retard, sans que cela affecte réellement son travail. Qu'en pense le manager ? Quel sens donne-t-il à ce retard ? S'il chausse, pour regarder la situation, les lunettes du critère « ponctualité » et que ce critère est fort à ses yeux, il évaluera ce qui se passe comme non conforme et peut-être inadmissible. Un autre manager sera moins gêné par cette absence de ponctualité si le critère « efficacité du travail » est plus important pour lui. On voit déjà qu'une même situation ne sera pas du tout perçue de la même façon et que, de plus, celui qui est en retard pourra évaluer ce moment très différemment encore.

Allons plus loin encore. Un critère a deux pôles auxquels peuvent d'ailleurs correspondre des mots différents individuellement. Prenons quelques exemples :

- Ponctualité/retard ;
- Gentillesse/méchanceté ;

- Politesse/non-respect.

Chaque couple est défini très individuellement, par exemple :

- Politesse *versus* vulgarité ;
- Politesse *versus* mépris ;
- Considération *versus* mépris...

Chacun peut avoir sa propre définition du tandem. Toujours est-il qu'un « pointeur » va concrètement situer le niveau entre les deux pôles qui permet de dire qu'une situation est satisfaisante ou non au regard du critère mis en jeu.

Ce pointeur s'appelle croyance ou conviction.

Elle est la plupart du temps structurée en termes de cause-effet (lien subjectif entre deux éléments dont l'un entraîne l'autre) :

- On est ponctuel lorsqu'on n'arrive pas plus de cinq minutes après l'heure ;
- On est ponctuel lorsqu'on n'a pas une minute de retard ;
- On est ponctuel lorsqu'on est toujours en avance par rapport à un horaire ou un rendez-vous.

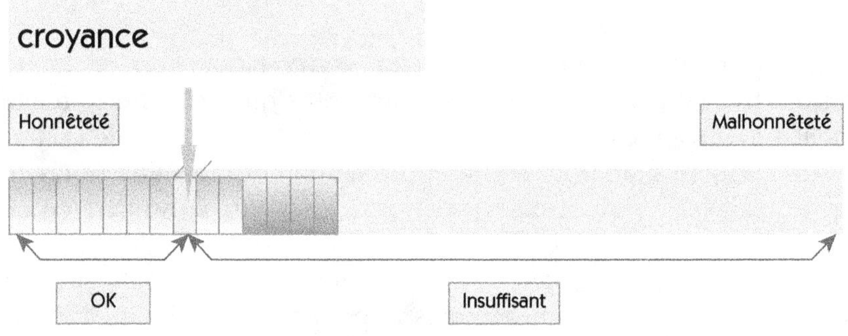

Un critère a deux pôles : l'un vers lequel on tend et l'autre qu'on veut éviter. La croyance est le pointeur qui traduit pour chacun le niveau concret à partir duquel le pôle choisi est correctement atteint.
Ce pointeur peut avoir des positions différentes selon les individus.
De même que la définition de « qu'est-ce que c'est qu'être honnête » peut être différente d'une personne à l'autre.

Croyances et critères

Croyances et subjectivité

Ces croyances ou convictions sculptent ce que l'on appelle l'équivalence concrète du critère. Une conviction est un processus de généralisation qui aboutit à une règle. Il se crée alors un système très riche et extrêmement variable d'un individu à l'autre et que l'on appelle notre système de croyances.

D'une ou plusieurs expériences nous tirons une « vérité », c'est-à-dire une règle générale que nous appliquerons ou non dans d'autres contextes. Ces croyances sont le squelette de notre fonctionnement psychique. Nous verrons plus loin qu'elles s'appliquent à différents niveaux. Elles sont plus ou moins « fixées » mais nous sont indispensables. Nous ne pourrions pas vivre sans elles. Elles peuvent être individuelles ou collectives (un groupe, une entreprise a des croyances communes : c'est approximativement ce que l'on peut appeler la culture d'entreprise ou les données culturelles d'une société). Elles représentent la partie la plus puissante de la subjectivité.

Elles peuvent concerner l'extérieur et les faits dans ce qui relève de l'observable : nous croyons probablement tous que le soleil va se lever demain matin comme tous les jours et que l'été viendra après le printemps. Mais, même en ce qui concerne ce qui est observable, nous fabriquons aussi des convictions qui, à la lumière du progrès, peuvent se révéler totalement erronées (on croyait la terre plate jusqu'aux découvertes de Galilée, on croyait à la génération spontanée jusqu'aux travaux de Pasteur). C'est cependant ce que l'on peut considérer comme faisant partie du domaine de l'objectivité, tout au moins dans la limite des connaissances du moment.

Il est fondamental de faire la différence entre ce qui est observable (« objectif ») ce qui relève de l'interprétation (« subjectif »).

En ce qui concerne l'autre, nous n'avons en effet accès qu'à la partie émergée de l'iceberg, à savoir ses comportements (gestes, mots, manifestations non verbales visibles). Par contre, ce qui est de l'ordre de la pensée, des images mentales, du dialogue interne et des émotions ne nous est pas directement accessible, pas plus que ce qui touche aux idées et aux intentions des personnes avec lesquelles nous entrons en communication. Comme n'importe quel comportement ne prend de sens qu'à travers l'intention qui le motive, à défaut d'explications ou de code convenu, nous ne savons pas faire autre chose que d'imaginer, d'inventer (et cette invention peut se révéler tout à fait juste mais aussi totalement fausse) ce que nous ne voyons ni n'entendons pour comprendre le comportement de l'autre. Malheureusement, nous tirons souvent des conclusions hâtives.

Ce que nous « inventons » alors est limpide : « Il a fait ça… c'est forcément parce que… » Nous croyons tellement fort à ce qui nous paraît vrai que la frontière entre l'observable et l'interprété devient rapidement perméable pour disparaître totalement. Quelquefois même, les dénégations de notre interlocuteur resteront lettre morte tant nous sommes convaincus de notre infaillibilité. Pour exemple, ce dialogue maintes fois entendu :

« Tu es de mauvais poil ce matin…

— Mais non pas du tout…

— Allons, ne me raconte pas d'histoires, je te connais comme si… »

N'importe qui peut tout à fait devenir « accroc » de sa propre compréhension d'un événement.

Nos convictions deviennent alors *la* vérité. Elles ne sont pourtant que *notre* vérité. Pas forcément celle des autres.

Sans compter que ces convictions peuvent n'être que celles du moment : ce qui est vrai, même profondément vrai, pour nous à un moment donné peut ne plus l'être à d'autres. Elles agissent comme des lorgnettes par le bout desquelles nous aurons tendance à « voir ce que nous croyons ». Si nous partons le matin au travail avec la croyance que la vie n'est pas gaie, nous aurons tendance à ne remarquer que ce qui ne va pas.

Et pourtant nous ne pouvons pas faire autrement que de comprendre et d'évaluer toute situation à travers une optique qui nous est personnelle. Heureusement d'ailleurs que nous avons cette capacité afin de pouvoir transposer, d'un événement à un autre, une même signification. Cela nous facilite grandement la vie en évitant les redites, les questionnements inutiles. De même, tout apprentissage efficace reposera sur l'acquisition de ces généralisations.

Si ces croyances sont indispensables, il faut être capable de les remettre en question quand c'est nécessaire. La certitude absolue et définitive génère obscurantisme et conflits.

Maintenant, cherchons quelles sont nos convictions les plus intimes, celles auxquelles nous croyons dur comme fer parce qu'elles sont fondamentales pour nous.

Sur quoi portent nos croyances ?

- Sur l'environnement (les gens, les choses, les événements, les éléments de notre vie quotidienne) ;
- Sur les comportements (les nôtres, ceux des autres, ce que l'on voit, entend des autres et de soi-même) ;
- Sur les compétences ou stratégies des autres et de soi ;
- Sur les critères et les valeurs ;
- Sur l'identité (la nôtre et celle des autres).

Leur hiérarchie existe ; nous avons des croyances qui n'ont certainement pas un grand impact sur notre vie du type : « Si je chante, il va pleuvoir. » D'autres, au contraire, sont le véritable pivot de notre vie et de ce que nous faisons. Elles touchent notre identité et notre existence, par exemple : « Je dois être parfait dans tout ce que je fais… La vie est un combat… Tout doit avoir une explication… Je suis ce que je fais. »

Ces croyances sont tellement profondément ancrées en nous qu'elles nous semblent complètement aller de soi, naturelles et incontestables. Et, par conséquent, rares sont ceux qui peuvent seulement imaginer les nuancer, encore moins les changer fortement, tant elles font partie d'eux-mêmes. Il leur semblerait mettre leur cohérence vitale en cause en faisant de tels changements.

Toutes ces croyances colorent notre existence. Elles président à notre appréciation de la vie, à nos projets, à nos aspirations les plus profondes. Elles sont un moteur puissant et nous en sommes quelquefois victimes. Plus elles touchent de près notre identité et plus elles nous rendront sensibles et vulnérables lorsqu'elles sont remises en question ou jugées. Plus aussi le désaccord aura tendance à nous rendre rigide : « Je suis comme je suis et on ne me changera pas ! »

Il sera très astucieux, dans une situation problème de l'entreprise, de chercher à quel niveau il y a problème (voir le chapitre 2 consacré à l'échelle de Dilts). C'est à ce niveau et aux niveaux supérieurs que devront se mettre en place les solutions.

De ces différentes étapes qui, dans la réalité ne se font pas dans un ordre fixé mais, au contraire, en permanente interpénétration, naît, grandit, évolue ce qui fait que chaque personne est une entité unique, à la fois semblable à elle-même et perpétuellement changeante : son modèle du monde. Tout ne s'arrête pas là : ce modèle est évidemment à l'intérieur de nous et c'est à partir de lui que nous allons entrer en relation avec les autres et… leur propre modèle du monde !

Comprendre et se faire comprendre

La communication, dont le langage est le principal support, nous ouvre une étroite fenêtre sur ce monde intérieur.

Dans le langage il y a :

- Les mots, appelés aussi le langage verbal, qui permettent de décrire ce que l'on peut observer de l'autre et de soi-même ;
- En dehors des mots, le langage non verbal. C'est lui qui représente l'interface majeure dans la communication.

Le langage verbal répond à un code qui permet le plus souvent d'en comprendre le sens. Il est porteur d'information mais celle-ci est partielle et peut donc donner lieu à des distorsions (voir au chapitre 6 la partie consacrée au « métamodèle »).

Quant au langage non verbal, des codes individuels ou collectifs permettent quelquefois d'en comprendre le sens (un ami s'approche de vous et tend la main : vous comprendrez certainement qu'il vous propose une poignée de main). Bien souvent cependant la signification est purement intra-personnelle et, en l'absence d'habitudes éclairantes ou d'explications fournies par la personne elle-même, nous en sommes réduits à supposer, à interpréter le sens de ce comportement. Et nous faisons cela avec une extrême rapidité (observez ce que vous pensez, même très fugitivement, lorsque vous croisez quelqu'un qui court dans la rue, ou qui vous bouscule, ou se tient la tête !).

La communication n'est pas unidirectionnelle : un émetteur envoie des informations vers un récepteur. C'est une boucle. Un message est émis :

- Le récepteur mouline ce message à travers son modèle du monde et y répond, verbalement ou non verbalement ;

- L'émetteur reçoit la réponse, la mouline aussi et renvoie un message ; il réajuste éventuellement le premier, le complète par exemple selon le premier impact produit, et ainsi de suite.

Ce retour du récepteur vers l'émetteur s'appelle le feed-back. Savoir le recevoir et le gérer est la clé d'une communication réussie.

Le feed-back est une information donnée par l'interlocuteur. C'est un morceau de son modèle du monde qu'il livre, ni plus ni moins. Lorsqu'il traduit un accord, tout va bien. Lorsqu'il traduit, plus ou moins ouvertement, un désaccord, il n'est pas toujours facile de l'accepter. Il est cependant indispensable de l'entendre et de le prendre en compte pour communiquer (communiquer est un choix : lorsqu'on décide de le faire, il faut entrer dans la boucle de la communication).

Ce feed-back n'est pas seulement verbal, des manifestations non verbales le sous-tendent et le plus souvent valident le contenu du message.

Lorsqu'il y a harmonie entre le sens des mots et le non-verbal, on dit qu'il y a « congruence ». L'« incongruence » se manifeste lorsque le non-verbal dit autre chose que le verbal ou qu'un autre non-verbal.

L'incongruence peut être simultanée, par exemple :

- Dire oui avec les mots et, en même temps, faire le mouvement caractéristique du non avec la tête ;
- Donner son accord en hochant la tête de droite à gauche et/ou en évoquant l'hésitation d'un mouvement d'épaules et/ou en traînant sur le oui… et vice-versa ;
- Pincer les lèvres et serrer les dents en expliquant qu'on n'est pas en colère ;
- Faire un grand sourire crispé ou rire jaune.

L'incongruence peut être différée, ce qui se manifeste par des actes manqués : rendez-vous oubliés, promesse non tenue, etc.

En général, l'incongruence ne se rattache pas au désir de mentir mais elle signale qu'une partie de nous n'est pas d'accord avec une autre, voire plusieurs. C'est pourquoi il est important d'observer notre interlocuteur en lui parlant : nous aurons ainsi une vision de ce qui est non verbal. C'est un moyen très intéressant de suivre l'impact de notre message.

Si, par exemple, vous proposez à un collaborateur un aménagement de ses horaires, et qu'il vous donne son accord en faisant une petite moue, Attention ! il y a peut-être une part de lui qui n'est pas d'accord. Si vous ne vérifiez pas sur-le-champ ce possible désaccord, vous pourriez, quelques jours plus tard, découvrir une résistance à laquelle vous ne vous attendiez pas. Il vaut mieux redemander : « Pour vous c'est vraiment d'accord ? » ou dire, même : « Prenez un jour ou deux pour réfléchir et venez me confirmer votre décision après demain. »

Notre intuition est très forte pour repérer et enregistrer ces incongruences, pour peu que nous prenions la peine d'observer. Les managers doivent savoir que lorsqu'ils émettent un message avec lequel ils ne sont pas d'accord, il ne leur sera pratiquement pas possible de contrôler tout leur non-verbal ; c'est ainsi que des méta-messages seront parfaitement perçus par les autres, alors que le manager aura l'impression de n'avoir rien laissé paraître.

Un ami nous donnait une métaphore intéressante sur ce feed-back : « C'est comme un cadeau, vous pouvez l'apprécier et vous allez le mettre en valeur, vous en servir, etc. Vous pouvez ne pas l'aimer : ne le jetez pas, mettez-le dans un endroit où il pourra rester très longtemps sans que vous y touchiez jamais, mais où vous pourrez un jour aller le rechercher parce qu'il sera devenu utile ou agréable. »

Ce qui nuit au feed-back et nous empêche de le recevoir, c'est le ou les présupposés que nous prêtons à l'autre, et en particulier son intention. Par exemple, lorsqu'un manager complimente son équipe, si ses collaborateurs le soupçonnent d'avoir l'intention de leur en demander encore plus, ce feed-back sera plutôt vécu comme une flatterie hypocrite.

Plus la communication est directe et moins il y a de risques d'interpréter les intentions.

Pour des raisons diverses, et pas toujours malhonnêtes, loin s'en faut, nous recourons fréquemment à une communication plutôt indirecte dans laquelle nous espérons bien faire entendre une autre réalité : « Il fait froid dans cette pièce » laisse entendre, par exemple, une demande : « Fermez la fenêtre, SVP ! »

Les conflits larvés peuvent se manifester par des petites phrases qui semblent anodines et recouvrent pourtant une réalité ou une information fortes qui ne sont souvent ni dites ni entendues.

Une part de nous, un peu mystérieuse (l'intuition, par exemple), nous fait souvent entendre quelque chose qui n'a pas été dit. Nous sommes très sensibles aux sous-entendus et, par exemple, lorsque le manager dit « les perspectives du marché ne sont pas brillantes cette année, il va falloir gérer au plus serré », le collaborateur pense « il est en train de nous dire que nous n'aurons pas d'augmentation ».

Il y a une chance (ou un risque) que nous n'ayons pas identifié le bon présupposé. C'est ainsi que l'on peut sortir d'une réunion avec des certitudes sur la signification sous-jacente de ce qui a été dit et que des quiproquos en découlent, quelquefois lourds de conséquences.

La force des intentions que l'on prête aux uns ou aux autres peut être un piège majeur dans la communication.

C'est pourquoi, comme nous le verrons, celui qui décide de communiquer doit être le plus clair possible sur ses propres intentions ou présupposés afin de rendre la communication le plus explicite possible, et, une fois de plus, prendre le temps, lorsque c'est important, de vérifier ce qui a été compris. Tout autant, si les choses ne sont pas claires, plutôt que de partir avec une idée préconçue, il est astucieux de savoir poser des questions sur ce qui n'a pas été dit, et en particulier le sens sous-jacent du message.

- ✓ **Personne ne peut appréhender le monde dans sa totalité.**
- ✓ **La construction intérieure est une carte de ce monde.**
- ✓ **Chacun se fait sa propre carte.**
- ✓ **« La carte n'est pas le territoire. »**
- ✓ **Visiter Paris avec un plan de métros et d'autobus a autant de valeur et d'intérêt que le faire avec un plan des rues.**
- ✓ **La communication consiste à échanger, partager, communiquer une partie au moins de notre carte pour faire, dans la mesure du possible, une visite commune.**

Cas n° 1 : la gestion de projet à l'étranger

Monsieur X. quitte son entreprise pour intégrer un grand groupe français où il doit prendre en charge un très gros projet de 90 millions d'euros en Afrique du Nord. Trois mois après son entrée, il contacte Monsieur Y. et lui propose la direction de projet du site, c'est-à-dire toute l'implémentation locale du chantier et la continuité de certaines opérations. Monsieur X. et Monsieur Y., qui se connaissaient, avaient déjà débattu de la difficulté des opérations et des négociations dans ce type de pays quand la position n'était pas claire et directe avec le client. Monsieur X. avait rassuré Monsieur Y. sur ce point et bien que lui-même n'ait pas d'expérience de ces pays, il paraissait ouvert aux orientations éventuelles de Monsieur Y. au cours du projet.

Dans les premiers jours de sa prise de fonction, le contrat était signé et les précisions limpides, en ce sens que Monsieur Y. pouvait lancer la fourniture des livrables du contrat sans problème et enclencher le déroulement des opérations d'implantation sur place. Lors de la première rencontre entre Monsieur X., Monsieur Y. et le client, Monsieur Y. se rend compte qu'il en est tout autrement :

- Le client renégocie les équipements du contrat et veut du sur-mesure !
- Il y a autour de la table une chape de plomb et les discussions sont très tendues.

Du fait de cette ambiance exécrable, Monsieur Y., nord africain lui-même, veut rencontrer le client en aparté pour comprendre le pourquoi d'une telle attitude, mais Monsieur X. oppose un refus catégorique prenant cela comme un geste de faiblesse de la part de Monsieur Y. : « Nous sommes dans notre droit, pas question de remettre en cause le contrat ! »

Le client, qui pose de très nombreuses questions techniques, ne reçoit aucune réponse précise, même de la part des professionnels du groupe français, ce qui augmente encore la tension. Monsieur X., pour sa part, reste évasif et se cantonne aux termes du contrat, alors que Monsieur Y. se considère en pleine renégociation d'un contrat déjà signé. En aparté, Monsieur Y., à de nombreuses reprises, montre que le client part dans des discussions sans fin et qu'il faut donc remettre en cause l'ordre de service déjà signé car le temps est compté et le chantier fait du sur place.

À chaque réunion, un compte rendu signé des participants est établi avec des questions à résoudre pour la prochaine réunion et de nombreux points de discorde ou de modification concernant le contrat signé. À la 3e ou 4e rencontre, Monsieur Y. décide de ne plus assister aux réunions et s'occupe exclusivement de l'implémentation des opérations.

Monsieur X. avait fait l'acquisition, dans ce pays, d'une grande villa afin d'y mettre le QG des opérations. Monsieur Y. se rend compte que celle-ci est située dans une zone de constructions clandestines, ce qui va entraîner de nombreuses difficultés administratives, notamment pour obtenir le téléphone et la liaison satellite indispensables au bon déroulement du chantier. Monsieur Y. propose de trouver un autre site malgré l'argent déjà versé, mais Monsieur X. ordonne de continuer, quitte à perdre un peu de temps. La communication entre Monsieur X. et Monsieur Y. devient de plus en plus difficile, et cela d'autant que la position du client se durcit encore allant jusqu'à considérer Monsieur X. comme *persona non grata* pour discuter du projet. Il demande, de plus, de rencontrer la direction française pour résoudre cette situation.

Au cours des mois suivants, Monsieur Y. met en place une structure projet avec le personnel du client et quelques personnes embauchées sur place, ce qui lui permet de reprendre le dialogue sur des points précis du contrat grâce à un état des lieux réel, argumenté de photos et de schémas techniques qui montrent les limites des fournitures et l'étendue des écarts. Ceci permet d'améliorer grandement le climat en donnant au client une vision différente de la situation.

La relation entre Monsieur X. et Monsieur Y. se durcit encore suite aux retards pris dans l'aménagement de la villa. Deux mois plus tard, silence radio, Monsieur Y., toujours sur le chantier, n'a plus aucune nouvelle écrite ou téléphonique de son patron, Monsieur X., ni du siège... Le contrat, lui, évolue bien, sauf pour les aspects liaison téléphone et satellite que Monsieur Y., comme il le prévoyait, ne réussit pas à débloquer !

Monsieur Y. reçoit une lettre recommandée de Monsieur X. lui reprochant une attitude peu coopérative et une perte de confiance. Dans le même temps, Monsieur Y. apprend par la bande que Monsieur X. a fait une crise de nerfs au bureau en France. Il a été transporté par le SAMU et se retrouve en convalescence pour plusieurs mois. Monsieur Y. est alors convoqué par la DRH du groupe à Paris qui le licencie conformément à la demande de Monsieur X. Par la suite, Monsieur Y. apprendra que le chantier a pris plus d'un an de retard sur le planning et que le client a voulu intenter un procès au groupe français.

Commentaires

Ce cas permet de mettre, tout d'abord, en avant les différences culturelles caractérisant chaque pays et dont la connaissance, voire l'imprégnation, est un facteur clé de succès pour y travailler, comme avec des partenaires (clients ou fournisseurs) de tout pays étranger. Il montre également que la réussite d'une entreprise est une œuvre d'équipe, et le travail d'un collaborateur, aussi parfait soit-il, peut être battu en brèche par les incompétences d'un supérieur hiérarchique.

Les outils PNL applicables à ce type de problématiques

Selon la présentation de la situation faite par Monsieur Y. (c'est sa perception du monde et il n'est pas de notre rôle, ni même de notre pouvoir, de le mettre en doute), il a fait tout ce qui était en son pouvoir de faire pour que ce chantier évolue au mieux des intérêts tant de son employeur que du client étranger. En effet, il a une écoute active des différentes parties concernées, il s'emploie à comprendre et respecter les modèles du monde de chacun des protagonistes, en un mot PNL, il est parfaitement congruent, et pourtant, il subira les décisions unilatérales de son supérieur hiérarchique.

Rappelons, ici, ce que nous entendons par congruence :

- Avoir une communication claire ;
- Collaborer plutôt que contrer et voir ce qui ne va pas ;
- Chercher les points sur lesquels on peut trouver un accord plutôt que relever ceux qui divisent ;
- Chercher à guider ses collaborateurs vers le meilleur.

Lorsque Monsieur Y. reçoit le courrier de son patron lui indiquant une perte de confiance, il aurait pu essayer de saisir cette occasion pour renouer le dialogue et demander des explications sur ce que son patron entendait par là afin de connaître le modèle du monde de ce dernier. Ceci n'aurait peut-être rien changé à la décision finale mais tout dialogue est bénéfique et Monsieur Y. aurait sans doute eu des réponses à ce qu'il considère peut-être encore aujourd'hui comme une injustice et une décision non fondée.

Cas n° 2 : la gestion des cadres en retour d'expatriation

1982. Le Mexique croule sous le poids de sa dette extérieure, d'un déficit budgétaire record et d'une inflation galopante. Les capitaux fuient massivement. Le pays se déclare en cessation de paiement et le peso s'effondre. L'économie subit un coup d'arrêt violent, notamment dans le domaine des investissements.

La société X, filiale d'un important groupe international français, est implantée sur le marché du matériel de travaux publics depuis de nombreuses années. Co-leader sur ce marché pratiquement interdit à l'importation, elle fabrique à partir d'éléments CKD et commercialise, à travers un réseau d'agents et une clientèle directe de gros entrepreneurs, des engins d'une génération antérieure à ceux commercialisés dans le reste du monde par la société mère. La crise frappe la société X de plein fouet, la laissant avec une dette en devise importante, des stocks et des en-cours élevés, et des impayés qui s'accumulent. Le marché devient pratiquement inexistant.

Après les mesures de restructuration nécessaires mises en place dans l'urgence, un cadre dirigeant de la société mère, Monsieur A., est envoyé sur place pour prendre la direction générale de la filiale afin d'évaluer le risque et le potentiel de redressement. Dans ce contexte difficile, il décide de tenter de s'approprier le faible marché restant. Une politique agressive d'après-vente est instaurée pour survivre, puis est lancée la commercialisation d'engins reconditionnés, mieux adaptés pour recréer un marché. Enfin, contre toute logique, une gamme d'engins plus performants et plus modernes, dans la lignée des équipements fabriqués en Europe, est conçue, réalisée, produite et lancée dans un temps record.

Toutes ces étapes fonctionnent bien, grâce notamment à un homme, le directeur commercial, Monsieur B., 35 ans, ambitieux, expatrié lui-même depuis 3 ans. Impliqué complètement dans les trois phases de ce redressement, il sait déployer la compétence et l'énergie nécessaires à reconstruire un réseau, faire accepter les importantes hausses de prix rendues inévitables par une inflation toujours élevée et un peso qui continue de se dévaluer, et recréer un mini-marché pratiquement captif.

L'effet est spectaculaire puisqu'en un an la société X se redresse tout en se repositionnant sur des bases plus saines, et ce avec des produits mieux adaptés pour appréhender un marché qui ne manquera pas de repartir. Pour réussir ce pari, les deux hommes (DG et DC) ont travaillé en étroite collaboration, et la confiance s'est rapidement installée. L'isolement relatif de l'expatriation a même permis de tisser des relations d'amitié.

Monsieur B., le DC, sait que Monsieur A., le DG, n'est là que pour une mission de courte durée (2 ans maximum) et envisage lui aussi de revenir en France. Lorsqu'il apprend que Monsieur A. va être nommé directeur commercial « Monde » au siège français, fort de son succès au Mexique, il se fait promettre un rapatriement proche avec l'espoir de prendre la direction d'une succursale française. Rentré en France, Monsieur A., tenant sa parole, prévient le responsable commercial du marché français qu'il aura à intégrer, à brève échéance, dans son équipe Monsieur B.

Effectivement Monsieur B. revient en France 6 mois plus tard, mais son retour ne se passe pas très bien car les méthodes, les compétences requises et les contraintes sont très différentes de celles nécessaires au Mexique. Néanmoins, la direction d'une petite succursale de 30 personnes est proposée à Monsieur B. qui la refuse, jugeant la proposition indigne de son mérite et de ses capacités. À partir de là, la situation s'envenime car Monsieur B. se retrouve au siège de la société, sans affectation précise. Il fait preuve de mauvaise volonté et cet état d'esprit exaspère son supérieur hiérarchique.

À l'occasion d'un plan de restructuration global de la société, lié à la dégradation des marchés, le directeur commercial France propose à Monsieur A. une liste de personnes à licencier sur laquelle figure Monsieur B. Après mûre réflexion, Monsieur A. décide d'accepter cette liste malgré son amitié pour Monsieur B., jugeant qu'il y va de l'intérêt de la société.

Monsieur A. rencontre Monsieur B. pour lui exposer la situation, alors qu'il ne lui est pas rattaché hiérarchiquement. Il décide, malgré ses relations privilégiées avec Monsieur B., de lui exposer crûment la situation, s'appuyant sur le fait qu'il a refusé le poste de directeur de succursale et qu'il n'a rien fait pour s'intégrer dans les structures « Siège ». Il lui dit, cependant, que le poste de directeur de succursale lui a été proposé à sa seule demande, alors qu'il n'avait pas les compétences, parce qu'il tenait à respecter ses engagements vis-à-vis de lui. Monsieur B. en fait alors une affaire personnelle. Il informe Monsieur A. qu'il le considère comme un moins que rien et qu'il ne tient pas compte de ce qu'ils ont fait ensemble au Mexique. Monsieur A. s'attendait à cette réaction violente de Monsieur B. et ne s'en émeut pas pour autant. Monsieur A. ne reverra pas Monsieur B. avant son départ de la société avec lequel il restera profondément fâché.

Commentaires

Le rapatriement au siège de cadres ayant travaillé à l'étranger est toujours un problème au sein des groupes internationaux, mais cette problématique peut être étendue à tout transfert de cadre d'une unité à l'autre avec changement de fonction.

Les outils PNL applicables à ce type de problématiques

Monsieur A. aurait sans doute dû, avant de faire quelque promesse, étudier avec précision les compétences et comportements de Monsieur B., ainsi que ses besoins. En effet, ces éléments peuvent très bien être adaptés à l'environnement mexicain mais totalement inadaptés dans le contexte français. L'analyse des compétences aurait alors permis de cibler les postes à proposer à Monsieur B. ou à faire le constat qu'aucune solution ne pouvait lui être proposée. En s'appuyant sur les résultats de cette analyse et en les présentant à Monsieur B., ce dernier n'aurait pas pu prêter de mauvaises intentions à Monsieur A.

De la même façon, Monsieur A. aurait dû explorer le modèle du monde de Monsieur B. pour connaître ses vraies motivations.

Lorsque Monsieur A. rencontre Monsieur B. pour lui signifier son licenciement, il semble lui prêter des intentions quant à son refus de la direction de la succursale. L'exploration du modèle du monde de Monsieur B. lui aurait sans doute permis de présenter son licenciement sur d'autres bases et ainsi de sauver tout ou partie de la relation qu'il avait nouée au Mexique avec l'intéressé. Dans tous les cas, Monsieur A. aurait dû s'assurer que Monsieur B. ne perde pas la face par rapport à ses collègues mais également par rapport à lui-même.

Cas n° 3 : les problèmes relationnels au sein d'une organisation multinationale

En 1995, le groupe M. où travaille Monsieur X. depuis 1971 décide de structurer ses deux sous-groupes français en une seule organisation. Le groupe M. confie la présidence de ce nouveau groupe au président de la filiale la plus importante mais la plus récente.

Monsieur X., à l'issue de cette réorganisation dont il est chargé, est nommé directeur général de la holding française, un peu contre la volonté du président qui le voit comme l'œil de la maison mère. En plus de cette fonction, Monsieur X. conserve la responsabilité de direction générale opérationnelle d'une entité sous la présidence de son premier président qui, lui, a été nommé vice-président du nouveau groupe français. Le président français demande alors à Monsieur X. de « tuer » son ancien président, ce que ce dernier refuse avec l'argument qu'il part en retraite dans 18 mois. Cette position lui sera fatale au sein du groupe M.

Historique de Monsieur X. au sein du groupe M.

Le groupe M. s'implante en France en 1967-1968 et végète pendant plusieurs années. Monsieur X. intègre ce groupe en 1971, comme chef comptable d'une filiale de distribution. En 1978, il est nommé directeur du contrôle des filiales (dépendant de la holding suisse) pour l'Europe de l'Ouest et travaille avec le directeur général européen, également PDG de la filiale française. En 1984, Monsieur X. passe un an aux USA et en Allemagne sur différents projets du groupe et il revient en France comme directeur administratif et financier. Il participe alors à une première acquisition, puis une seconde en 1988. Dans les deux cas, il est responsable du projet de fusion. Parallèlement, ses fonctions sont élargies à l'informatique, la logistique, les ressources humaines, les achats, la qualité, et la stratégie. En 1990, le groupe M. rachète 52 % du capital d'un autre groupe du même secteur d'activité. Compte tenu de l'importance de cette acquisition, l'intégration est pilotée directement par la branche du groupe en Allemagne. De fait, le groupe M. a deux sous-groupes en France.

En 1992 et début 1993, Monsieur X. participe au rachat de deux nouvelles sociétés. Il est alors nommé directeur de projet pour ces deux fusions et en même temps directeur général. Parallèlement, dans une opération très sophistiquée, il revend une branche d'activité de la société rachetée en 1992 qui n'était pas dans le CORE business du groupe M.

Le groupe M. s'organise en groupe multinational et nomme Monsieur X. dans un certain nombre de comités. Il est alors reconnu comme un Français avec qui on peut travailler ! L'intégration de la dernière société acquise, qui a toujours fonctionné comme un groupe autonome, se passe mal. La coopération est sujette à beaucoup de conflits. La résistance de cette société s'organise autour d'actionnaires minoritaires contre l'abus de majorité... Son président décède et son successeur est issu de ses propres rangs, ce qui lui permet de continuer à défendre son autonomie ! Mais c'est une société très rentable, génératrice de la plus grande part des résultats du groupe M.

En 1995, le groupe M. rachète les 48 % du capital qui lui manquaient dans cette société. Étant seul maître à bord, le groupe décide de « fusionner toutes ses entités françaises » et de nommer président de cette nouvelle entité le président de la société en question. Dans le même temps, le président allemand du groupe M. en France est nommé vice-président et Monsieur X. directeur général, soutenu par le directeur financier du groupe qui veut un homme de confiance parmi les dirigeants français. Monsieur X. prend de plus en charge le contrôle de gestion, les achats et les systèmes d'information. Le groupe est réorganisé autour de trois divisions opérationnelles et d'une holding qui doit regrouper toutes les fonctions support.

Le nouveau président fait nettement sentir à Monsieur X. qu'il le subit. Comme de ses activités historiques sortent les bénéfices, il se sent très fort. Face à cette opposition, Monsieur X. aurait pu faire jouer ses relations « groupe » mais il ne le fait pas, pensant que, seule, sa réussite lui donnera la reconnaissance. Il est renforcé dans cette attitude par le fait qu'il n'a pas l'ambition de devenir numéro un. La suite de l'histoire lui donnera tort.

Les hommes

Le président du groupe France : c'est un chercheur qui a fait toute sa carrière dans la même société, après avoir notamment dirigé la filiale allemande. C'est un timide qui est incapable de communiquer sur des décisions difficiles, et en particulier quand il doit se comporter comme un tueur. Sa réussite professionnelle lui donne une certaine arrogance. De plus, avec le patron groupe de la branche dont il dépend, qui est gallois, il développe une sorte de racisme contre le groupe M. Il a été nommé Président France parce qu'il était le plus jeune, parce que la société qu'il dirigeait participait largement aux bénéfices du groupe et qu'il ne fallait pas mettre les bénéfices en danger, parce que les Allemands, dans leur démarche de consensus collectif, ont imaginé que cette nouvelle fonction l'obligerait à jouer plus collectivement. Erreur, il a profité de sa position de force pour jouer le chef du village gaulois.

Le vice-président : Monsieur X. travaille avec lui depuis 1977. C'est un Allemand de 60 ans en 1996. Il a développé le groupe M. en France qui est passé de 300 à 2000 personnes. Il incarne la présence du groupe M. et se considère comme dirigeant historique. Il est très reconnu en Allemagne mais on le surnomme quelquefois le Kaiser français. Monsieur X. lui a toujours été très dévoué. Se sachant différents, ils ont su s'enrichir de ces différences.

Monsieur X. : il a beaucoup travaillé. Il était l'homme de terrain et, pour les équipes, le véritable animateur du groupe M. en France. Il bénéficiait de la confiance des dirigeants et managers allemands. Il participait à beaucoup de projets de groupe. Il n'a pas fait de politique, ni de marketing personnel. Nommé directeur général, travaillant 50 % pour le groupe à Lyon, 50 % pour la branche d'activité à Paris, il met en place une organisation qui fonctionne bien. Malgré les *satisfecit* des dirigeants allemands et des consultants, ses relations avec le président français sont inexistantes. Ils ont du mal à se parler. Rencontré dans une soirée avec épouses, il ne le salue quasiment pas ! Et un beau jour, il lui demande de « tuer » le vice-président, ce que Monsieur X. refuse en évoquant ces deux arguments : qu'il ne lui reste que 18 mois à travailler avant de prendre sa retraite, que la fidélité que Monsieur X. manifeste à cette personne est la meilleure garantie de sa fidélité vis-à-vis du président. Ce sera l'arrêt de mort de Monsieur X. Le président commence par lui prendre son assistante. Puis, il incite à la grève le service informatique dont le centre de calcul doit être transféré en Allemagne. Comme en terme de résultats bénéficiaires, la branche dirigée par Monsieur X. ne fait pas le poids, le dossier est clos.

Monsieur X. partira du groupe M. avec un chèque conséquent, ce qui ne pourra compenser à ses yeux sa présence de 29 ans dans ce groupe et ses bons résultats (attestés par les lettres des membres du comité de direction, au moment de son départ). C'est un peu son bébé qu'il a laissé en quittant le groupe M.

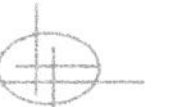

Commentaires

Ce cas montre que les problèmes relationnels et de pouvoir sont les mêmes au sein de toutes les entreprises humaines mais deviennent sans doute encore plus complexes lorsqu'il s'agit de structures internationales qui ont subi des fusions multiples remettant le plus souvent en cause les pouvoirs exercés précédemment. Savoir manœuvrer dans un tel contexte sans perdre son âme est un challenge pour lequel nombre de cadres dirigeants peuvent se sentir désarmés ou qu'ils préfèrent refuser.

Les outils PNL applicables à ce type de problématiques

C'est la situation qu'a vécue Monsieur X. Au nom de ses valeurs (fidélité à son ancien président, respect de la personne...), de sa hiérarchie des critères en terme PNL, il refuse un licenciement, décision qui lui sera fatale. Il décide de rester aligné, d'adapter ses comportements à ses valeurs. En un mot, il reste, jusqu'au bout congruent. Oui, Monsieur X. peut être fier d'une telle attitude éthique qui dénote trop souvent dans les comportements entrepreneuriaux d'aujourd'hui. Le prix à payer reste cependant très élevé !

Chapitre 2

L'échelle de Dilts ou comment repérer les niveaux logiques de fonctionnement

Nous sommes amenés, ici, à parler d'un expert dans le domaine de la PNL : Robert Dilts, auteur de nombreux ouvrages dont les principaux titres seront repris dans la bibliographie, cite Albert Einstein : « *Les personnes qui réagissent de façon créative et agissent efficacement [...] sont celles qui possèdent un modèle riche de leur situation, qui leur permet de percevoir une vaste gamme d'options dans le choix de leurs actions. Les autres se perçoivent comme ayant peu d'options, dont aucune n'offre vraiment d'attraits [...]. Ce que nous avons découvert, ce n'est pas que le monde est trop limité, ou qu'il n'offre pas de choix, mais que ces personnes s'empêchent elles-mêmes de discerner les options et les possibilités qui leur sont offertes, parce que celles-ci ne font pas partie de leur modèle du monde.* »[1]

Maintenant que la notion de modèle ou vision du monde a été développée, il devient nécessaire de proposer un outil performant et pratique qui permet au manager d'élargir son modèle du monde.

Il pourra analyser une situation, identifier les niveaux d'intervention et définir les actions adaptées pour opérer les changements nécessaires.

1. Robert Dilts, *Aristote et Einstein. Stratégies du génie,* Desclée de Brouwer, 1996.

Dilts a mis en forme le modèle des « niveaux logiques » que l'on nomme aussi « échelle de Dilts ». Ce sont les travaux de l'anthropologue Gregory Bateson[1] sur les niveaux d'apprentissage qui en sont à l'origine (sans que toutefois Dilts y fasse référence de manière précise).

Ce modèle est particulièrement pertinent car il touche des niveaux psychiques profonds, et donc significatifs. Il indique qu'à chaque moment le vécu d'une personne est lié à son environnement, ses comportements, ses compétences, ses critères et valeurs, son identité, son lien avec des systèmes plus grands auxquels il appartient. Il va de soi qu'on peut étendre cette grille au système que représente l'entreprise qui est en quelque sorte une « individualité », une entité comparable à une personne.

Apprendre à situer un problème, une décision, ou un changement, à un niveau ou à un autre, donne une autre dimension à la compréhension, et donc à la maîtrise d'une situation. Le champ des possibles s'élargit alors.

Supposons qu'un manager trouve que l'un de ses collaborateurs est lent. S'il a connaissance de cet outil, au lieu de chercher à modifier son comportement, il prendra le temps de vérifier les points suivants :

- Y a-t-il quelque chose dans l'environnement qui expliquerait la lenteur ?
- Le collaborateur a-t-il besoin d'acquérir de nouvelles compétences ou de renforcer celles qu'il a déjà ?
- Quels sont les critères qui sous-tendent ce comportement ?
- Quel rôle a ce collaborateur ?
- Quel niveau d'ensemble plus grand est impacté par ce comportement ?

Grâce à cette analyse, il deviendra infiniment plus facile d'obtenir un changement, de trouver des alternatives créatrices et consensuelles ou de reconnaître que cette « lenteur » est finalement une bonne adaptation dans l'activité du collaborateur.

1. Gregory Bateson, *Vers une écologie de l'esprit*, vol. I, Le Seuil, 1995.

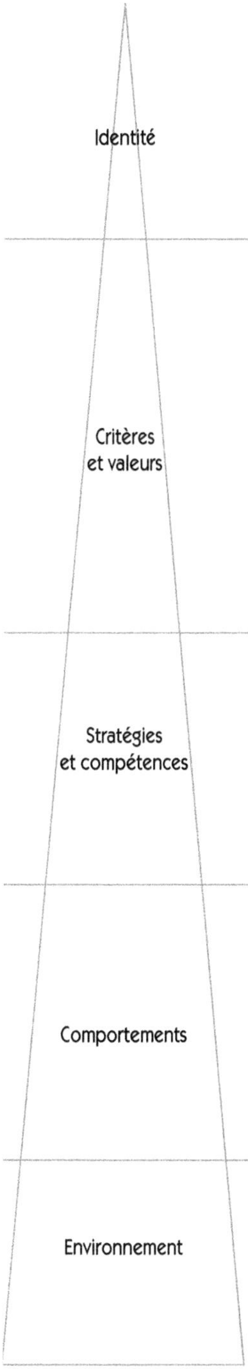

Identité	**L'identité** C'est le plus grand mystère nous concernant : « qui sommes nous ? ». Il est en fait très difficile de définir notre identité ; nous le faisons généralement à travers nos rôles : « je suis un manager, un leader, un informaticien, je suis un homme… » et/ou à travers nos valeurs : « je suis une peuthentique, courageuse, je suis directeur dans l'âme… » Cette petite phrase nous conduit à insister sur ce qui est fondamental ! Nous ne sommes ni nos compétences, ni nos comportements ! La question est : **« qui ? »** C'est le niveau de la mission.
Critères et valeurs	**Critères et valeurs** Ce sont deux nominalisations qui correspondent à ce qui est important pour nous. Les critères et les valeurs orientent nos choix et nos réactions vis-à-vis de nous-mêmes et de notre environnement. Ce sont eux qui permettent d'évaluer si une situation donnée est satisfaisante à nos yeux ou pas. L'honnêteté, la conscience professionnelle, la sincérité, l'implication… en sont des exemples. On peut considérer qu'on emploiera le mot critère pour des situations plutôt contextualisées et le mot valeur pour ce qui concerne plus généralement notre vie toute entière. Bien entendu chacun choisit les critères et valeurs qui sont les siens. C'est souvent lorsque des valeurs semblent antagonistes entre différentes personnes, l'entreprise et le monde que se créent les désaccords importants et éventuellement les conflits, voire la révolte et le rejet. La question sur ce niveau est : **« pour quoi ? »** C'est le niveau de la motivation : les valeurs et critères impulsent, nourrissent nos décisions car lorsqu'ils sont remplis, cela procure un sentiment de satisfaction qui est un des grands moteurs de la motivation.
Stratégies et compétences	**Les stratégies et compétences** Ce sont les séquences sensorielles, émotionnelles et de traitement de l'information que notre esprit met en place au cours de l'apprentissage et qui sous-tendent tous nos comportements de manière spécifique. Elles sont en grande partie dans ce que la PNL appelle les « processus internes ». La question s'y adressant est : **« comment ? »** C'est le niveau des permissions (si je sais faire, je peux m'autoriser à faire). L'entreprise définit ses domaines de compétences et peut mettre en place les actions qui s'y réfèrent.
Comportements	**Les comportements** Ils peuvent être internes ou externes : cela concerne tout ce qui passe par notre corps. Les comportements internes ne sont généralement perçus que par nous-mêmes : l'estomac qui se noue, le cœur qui bat, etc. Les comportements externes sont ceux qui peuvent être perçus par les autres : nos gestes, nos paroles, les manifestations non verbales apparentes, etc. Ils sont donc « observables ». La question qui s'adresse aux comportements est : **« quoi ? »** Ce niveau est celui des actions. Les manifestations, les actions d'une entreprise se placent ici.
Environnement	**L'environnement** C'est l'ensemble des éléments du contexte d'une expérience : personnes, objets, événements extérieurs. C'est à cet ensemble que tout système réagit : la personne à titre individuel, l'entreprise, la ou les sociétés, les civilisations… À cet environnement correspondent les questions : **« où ? quand ? avec qui ? »** Tout ceci représente **le contexte**.

L'échelle de Dilts

L'environnement

L'environnement correspond au contexte d'une expérience : personnes, objets, événements extérieurs. C'est à cet ensemble que tout système réagit : la personne à titre individuel, l'entreprise, la ou les sociétés, les civilisations…

À cet environnement correspondent les questions : « Où ? Quand ? Avec qui ? »

Les comportements

Ils peuvent être internes ou externes : cela concerne tout ce qui passe par notre corps. Les comportements internes ne sont généralement perçus que par nous-mêmes : l'estomac qui se noue, le cœur qui bat, etc. Les comportements externes sont ceux qui peuvent être perçus par les autres : nos gestes, nos paroles, les manifestations non verbales apparentes, etc. Ils sont donc observables.

La question qui s'adresse aux comportements est : « Quoi ? » Ce niveau est celui des actions.

Les manifestations, les actions d'une entreprise se placent au niveau des comportements.

Les stratégies et compétences

Ce sont les séquences sensorielles, émotionnelles et de traitement de l'information que notre esprit met en place au cours de l'apprentissage et qui sous-tendent tous nos comportements de manière spécifique.

Elles appartiennent en grande partie à ce que la PNL appelle les « processus internes » et les stratégies.

La question s'y adressant est : « Comment ? » C'est le niveau des permissions (si je sais faire, je peux m'autoriser à faire).

L'entreprise définit ses domaines de compétences et peut mettre en place les actions qui s'y réfèrent.

Les critères et valeurs

Ce sont deux nominalisations qui correspondent à ce qui est important pour nous. Les critères et les valeurs orientent nos choix et nos réactions vis-à-vis de nous-mêmes et de notre environnement. Ce sont eux qui permettent d'évaluer si une situation donnée est satisfaisante à nos yeux ou pas. L'honnêteté, la conscience professionnelle, la sincérité et l'implication en sont des exemples.

On peut considérer qu'on emploiera le mot critère pour des situations plutôt contextualisées et le mot valeur pour ce qui concerne plus généralement notre vie tout entière. Par exemple, un manager peut avoir un critère de réactivité vis-à-vis de la clientèle dans le cadre de son travail et ne pas l'avoir dans sa vie personnelle. En revanche, une valeur comme le respect de l'autre pourra être un credo polyvalent pour ce même manager. Bien entendu chacun choisit les critères et valeurs qui sont les siens.

C'est souvent lorsque des valeurs semblent antagonistes entre différentes personnes, l'entreprise et le monde que se créent des désaccords, éventuellement des conflits, voire la révolte et le rejet.

La question à ce niveau est : « Pour quoi ? » C'est le niveau de la motivation.

À ce niveau et selon ce modèle des niveaux logiques de la PNL, on peut comprendre aisément que tout comportement ou proposition concrète prend son importance en fonction du critère, de la valeur plus abstraite qu'il représente.

Les valeurs et critères impulsent, nourrissent nos décisions en termes d'acquisition de compétences et de comportements : quand ils traduisent ce qui est important pour nous, ils procurent un sentiment de satisfaction.

L'identité

C'est le plus grand mystère nous concernant : « Qui sommes-nous ? » Il est en fait très difficile de définir notre identité : nous le faisons généralement à travers nos rôles : « Je suis un manager, un leader, un informaticien, je suis un homme… » Et/ou à travers nos valeurs : « Je suis une personne authentique, courageuse, je suis directeur dans l'âme… »

Le directeur d'une petite entreprise formulait une phrase qui semble bien pertinente : « Je ne suis pas tout ce que je peux perdre ou je suis ce qui est là lorsque j'ai perdu tout ce que je pouvais perdre. » Cette petite phrase nous conduit à insister sur ce qui est fondamental ! Nous ne sommes ni nos compétences, ni nos comportements.

La question est : « Qui ? » C'est le niveau de la mission.

La mission, c'est le grand but, la grande direction de notre existence : « Pour quoi suis-je là sur cette terre, quel est le sens de ma vie ? » Ces rôles et ces valeurs ne sont cependant que des facettes de notre identité. Celle-ci ne peut pas se dire en mots tellement il s'agit d'un concept abstrait. C'est à ce niveau que se situe l'estime de soi, cette idée que nous avons de notre valeur d'êtres humains.

Une entreprise aussi a une identité qui la distingue d'une autre entreprise, même si les activités sont les mêmes. Le sentiment d'appartenance à ce niveau peut être très fort pour tous les acteurs de l'entreprise. Les corps de métiers, les professions s'appuient souvent sur cette identité profonde.

Lorsqu'une entreprise a une idée de sa « mission » et que le sens de celle-ci est partagé par tous ses acteurs, il lui est infiniment plus facile d'aligner ses compétences et ses comportements car ils sont alors reliés à des valeurs. C'est en général très mobilisateur.

Un manager a tout à gagner à prendre conscience de sa mission personnelle, du grand but qu'il poursuit à travers sa vie professionnelle. Il en nourrira ses critères, ses compétences et ses comportements.

Un autre niveau a été défini par Dilts, qui est au-dessus de l'identité : c'est celui de la « transmission ». À quel système plus grand que moi j'appartiens ? À quel système plus grand se relie l'entreprise ? À qui je donne ? De qui je reçois ? La mondialisation active ou réactive les questions à ce niveau et il ne faut pas les négliger ni y répondre par des clichés commodes mais peu pertinents.

Dans ce schéma il y a bien évidemment une dimension holistique : chaque niveau de l'échelle influence, est influencé par les autres et inclut même tous les autres.

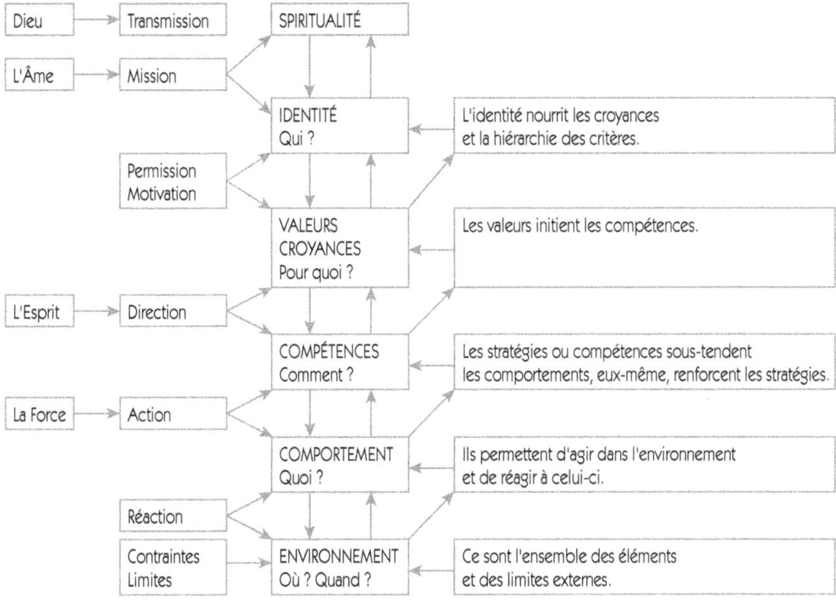

Les niveaux logiques et leur implication

Que faire de ces niveaux logiques de fonctionnement et de changement ?

Comme nous l'avons vu dans le chapitre 1 sur la vision du monde, nous sommes structurés par nos convictions (croyances). À chaque niveau de l'échelle de Dilts, nous avons ces convictions, et elles influencent fortement notre histoire et notre vécu. Le manager qui croit que ses équipes (conviction sur l'environnement) ont envie de s'investir agira différemment de celui qui croit que celles-ci ne sont pas motivées.

On raconte qu'à la question : « Si vous deviez ne rester qu'avec une seule question dans votre vie, quelle serait-elle ? » Einstein répondit : *« Le monde est-il amical ou inamical ? Car la réponse que je donnerai à cette seule question aura un impact majeur sur toutes mes actions. »*[1]

1. Robert Dilts *Aristote et Einstein*, *op. cit.*

Chacun de nous a des croyances sur les comportements : « C'est une perte de temps que de classer les dossiers comme cela... Ça ne se fait pas de ne pas dire bonjour à ses collègues ou collaborateurs... Laisser parler chacun à son tour est indispensable... Faire ce que le client demande est prioritaire. »

Sur les compétences : « On doit savoir utiliser internet à notre époque... Savoir parler devant un public n'est pas donné à tout le monde. »

Sur les critères : La confrontation de ces convictions avec la réalité génère des émotions, dont nous verrons plus loin qu'elles sont la centrale énergétique de notre présence et de nos actions.

Être conscient de ses croyances apporte une aide fantastique au manager. Il saura quels sont ses moteurs, ses limites et les sources d'entente ou de conflits.

Simple dans sa présentation, logique dans ses liens, cette échelle de Dilts s'appelle aussi « niveaux logiques de fonctionnement et de changement ». Elle est une aide précieuse et très pertinente sur laquelle le manager peut s'appuyer pour poser des diagnostics et créer des solutions.

D'une manière générale, le modèle des niveaux logiques postule, lorsqu'il existe un conflit ou un blocage à un niveau donné, que les possibilités de résolution du conflit ou de changements nécessaires au bon fonctionnement du système se trouvent dans le niveau logique qui lui est supérieur.

Chapitre 3

Définir les bonnes frontières

Et si on parlait du manager ?

La vie professionnelle représente pour beaucoup un moyen d'accomplissement. Peu, cependant, savent vraiment quel est le but profond qu'ils poursuivent. Les contingences et impératifs sociaux, familiaux, politiques… sont des masques souvent commodes, en tout cas très puissants, derrière lesquels se cachent les motivations authentiques des êtres humains qui s'en parent.

Les questions que l'on se pose parfois : « Que remplit ma vie professionnelle ? Quelles véritables aspirations suis-je en train de satisfaire ? » sont liées à ce que nous sommes, à nos valeurs les plus sincères et à nos croyances sur nous-mêmes et le monde.

Voilà pourquoi prendre conscience de ce qui suit est essentiel :

- Premièrement, notre vie professionnelle n'est qu'une réponse parmi d'autres à notre quête. Si nous raisonnons ainsi, nous réalisons que lorsque nous la quittons il y a d'autres moyens de satisfaire nos motivations. Le renoncement n'est pas toujours facile mais la vie continue et elle peut être aussi riche et épanouissante à travers d'autres voies ;
- Deuxièmement, il faut nous faciliter la tâche pour entrer dans notre propre « alignement ». Être « aligné », signifie savoir, sentir que chez un individu les comportements, les compétences sont, dans un contexte donné, en accord, en harmonie avec ses valeurs et son identité.

Le sens de sa propre unité insuffle vie, congruence et juste autorité au manager.[1]

Ce qui implique :

- Être en accord avec soi-même ;
- Se sentir juste ;
- Être dans l'attitude juste ou la justesse de la décision.

Cet alignement est un processus et pas seulement un état, avec un commencement et un aboutissement. Il est néanmoins susceptible de se modifier en permanence puisque toutes sortes de données interviennent (événements divers, feed-back attendus ou pas, réactions personnelles).

Pour tendre vers ce processus d'alignement, nous devons en construire les fondations : l'estime de soi en est la base la plus solide et sera accompagnée et soutenue par la confiance en soi qu'elle renforcera en retour. Mais le « je manque de confiance en moi » est un des leitmotivs les plus entendus, quels que soient l'âge, le statut social, les réussites et les échecs de chacun. Or, sous ce vocable de « confiance en soi », deux aspects bien différents sont confondus : la confiance et l'« estime de soi ».

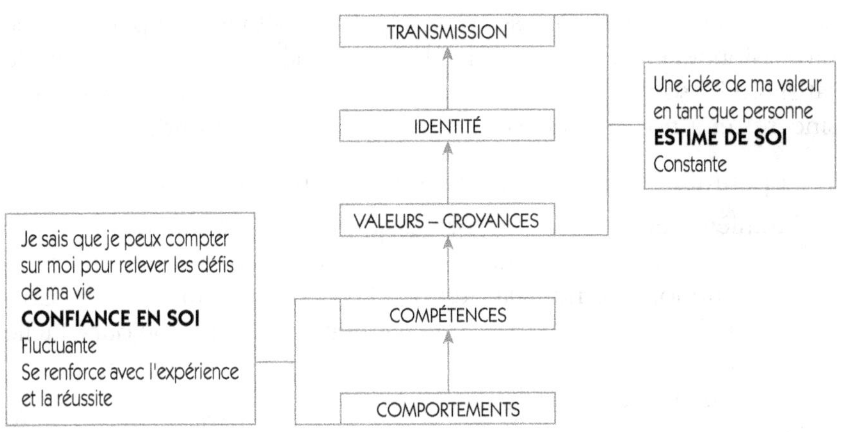

Confiance en soi, estime de soi

1. Hélène Roubeix, *À la rencontre de soi. Se libérer des rapports de force*, Anne Carrière, 2000.

Avec Josiane de Saint-Paul[1], nous pouvons donner à chaque terme une définition.

La confiance en soi

L'essentiel est ici de s'accorder sur le sens de ces mots. Pour Josiane de Saint-Paul la confiance en soi se résume dans cette phrase : « *Je sais que je peux compter sur moi pour relever les défis que j'ai à relever.* »

La confiance en soi concerne essentiellement les compétences et les comportements.

Par exemple :

- « Je sais que j'ai les compétences pour manager une équipe de vendeurs. »
- « Je sais que je peux tenir un discours clair et précis sur les objectifs de l'entreprise. »
- « Je fais des rapports toujours clairs. »

La confiance en soi s'appuie donc sur l'expérience et les connaissances acquises. Ce qui signifie que, lorsqu'on se trouve confronté à un nouveau défi, avec le cortège d'appréhension, de craintes et d'angoisses qui l'accompagnent, la confiance peut ne pas être au rendez-vous.

Réussir cette gageure redonnera la confiance, tout en la nourrissant. La manquer obligera soit à comprendre ce qui s'est passé et redéfinir de nouveaux apprentissages pour se donner toutes les chances, la prochaine fois, de réussir, soit à prendre conscience que le défi est hors d'atteinte et à y renoncer. Sans défi, sans challenge, l'effort, l'investissement et l'implication déclinent. Il n'y a pas de motivation sans défi qui implique une nouvelle acquisition. Rappelons que la motivation repose sur trois grands axes : la certitude d'évoluer, l'existence d'un but ou d'un objectif et la mise en œuvre de valeurs qui nous appartiennent.

Il est important cependant de faire la part des choses entre ce qui appartient à notre propre objectif et ce qui ne dépend pas de nous :

1. Josiane de Saint-Paul, *Estime de soi, confiance en soi,* InterÉditions, 2004.

- Se casser les dents à essayer de convaincre un supérieur ou un collaborateur qui n'en démordra pas n'est pas un bon défi ;
- Vouloir changer le monde est un rêve partagé, le défi ne relève peut-être pas de nous.

La confiance en soi est, par essence, labile : elle va et cela vient selon les circonstances. On peut ainsi se faire trop confiance :

- Le jeune titulaire du permis de conduire qui, au volant d'une puissante petite voiture, se fait assez confiance pour rouler à 200 kilomètres heure en sortant d'une soirée, sans lever le pied dans les virages, risque de payer très cher cette inconscience de ses limites et cet excès de confiance en soi ;
- Le manager qui se lance dans une restructuration d'entreprise pour rétablir une situation décidément compromise peut avoir bien du mal à se relever ;
- Le manager qui croit que son plan est bon et que les employés y adhéreront certainement peut lui être une erreur fatale s'il a oublié de prendre du feed-back avant de mettre son plan à exécution.

Il est sage de reconnaître et de s'accorder des limites, d'accepter de ne pas avoir les compétences nécessaires pour réaliser tel ou tel défi et de tenir compte de l'environnement qui, lui aussi, peut représenter un obstacle.

La confiance en soi est notre voie de développement : en nous appuyant sur les acquis, nous pouvons repousser raisonnablement nos limites et avoir ce sentiment, indispensable à la motivation, de grandir et d'évoluer.

L'estime de soi

L'estime de soi est le squelette psychologique de l'homme, ce que qui le fait tenir debout, aussi bien dans les tempêtes inévitables de la vie que dans les moments de joie. Avoir de l'estime de soi, c'est croire que chacun de nous a de la valeur, indépendamment de ses compétences, de ses qualités et, bien entendu, de ses limites.

Avoir de l'estime de soi c'est être convaincu qu'on a sa place sur terre et un rôle à y jouer, quel qu'il soit.

L'estime de soi n'a rien à voir avec l'orgueil (être orgueilleux, c'est être amoureux de ses compétences ou de ses comportements, c'est aussi considérer que l'on a plus de valeur que les autres). On ne peut pas avoir trop d'estime de soi : c'est en quelque sorte une valeur absolue, ni plus ni moins. Ce qui la caractérise est sa constance. Indépendante de nos réussites tout comme de nos échecs, elle s'adresse à notre identité la plus fondamentale, elle est liée à notre essence.

Lorsque notre enseignante américaine demande pour la première fois : « Quelle note vous donnez-vous de 0 à 10 en tant qu'être humain ? », la majorité des réponses se situent autour de la moyenne, quelques-unes, rares, vers 7, et d'autres encore en dessous de 5. Presque toutes les évaluations sont assorties d'un commentaire comme : « Ça dépend des fois ! » Or, que nous manque-t-il pour obtenir un 10 ? Un chat qui ne sait plus courir après les souris, qui n'a plus le beau poil brillant de ses jeunes années n'est-il plus un chat ? Cesse-t-il d'avoir droit à notre affection et celui d'exister ? Devient-il moins appréciable qu'un chaton ?

Un être humain qui fait bien les choses, est utile, prouve qu'il vaut quelque chose, mérite sûrement d'être apprécié et de s'apprécier lui-même. Quand apparaissent ses côtés peu plaisants, ses défaillances, quand il n'est plus capable de rendre les mêmes services, n'a-t-il plus le droit d'être considéré ? Faut-il le jeter ? Doit-il se renier lui-même ? Combien de *quinquas* licenciés se sont effondrés car ils perdent le sentiment « d'*être* encore quelqu'un » ! Plus encore, si une personne commet des actes incontestablement inadmissibles, perd-t-elle pour autant son statut d'être humain ? Il est clair que nous touchons là quelque chose de très sensible, et notre but n'est pas de convaincre car, ici encore, rien ne peut être démontré.

Reportons-nous rapidement à l'échelle de Dilts. La confiance en soi concerne les comportements et les compétences, l'estime de soi et l'identité, les valeurs étant le lien entre cette identité et les compétences et comportements qu'elles initient. L'estime de soi repose sur trois axes : le sentiment d'être un processus, la pensée non polaire et les bonnes frontières. C'est ce que nous allons développer.

Le sentiment d'être un processus

Notre vie n'est pas monolithique, immuable, toujours semblable à elle-même. Nous non plus ! Évoluer, nous épanouir, en lien avec ceux qui nous entourent sont des besoins vitaux qui s'ils ne sont pas satisfaits peuvent entraîner la mort psychologique, voire physique.

Comment savons-nous que nous évoluons ? Essentiellement parce que face aux différentes situations de la vie, qu'elles soient nouvelles ou non, nous disposons de plus de choix, donc d'une meilleure connaissance. Et ceci, grâce à l'expansion de notre modèle du monde, à un lien plus étroit avec nos propres valeurs et avec celles du système auquel nous sommes rattachés. Un acte raté, une erreur, un échec ne sont plus alors un boulet que nous traînons mais se transforment en une fabuleuse opportunité d'apprendre.

Deux présupposés de la PNL prennent leur sens ici :

- À tout moment, une personne fait le meilleur choix en fonction de ce qu'elle sait ;
- Il n'y a pas d'échec mais seulement du feed-back.

Ce qui nous fait penser qu'un acte est une réussite ou un échec, ce sont les conséquences. Or, à moins d'être devin, l'avenir, aussi immédiat soit-il, n'est que probabilité et incertitude.

Mais « gouverner, c'est prévoir », c'est prendre des décisions et les mettre en œuvre, avec le maximum d'arguments, bien entendu, mais sans jamais réellement savoir si ce qui est prévu va réellement se produire (de nombreux chefs d'entreprises, créateurs et même politiques se sont ainsi trouvés confrontés à des déconvenues majeures). « Mais il fallait réfléchir plus encore… Prendre plus d'informations ! », entend-on dire. Oui, bien sûr… et le temps passe ! On peut rester inactif en attendant de savoir si on a fait le bon choix et… on loupe le train ! Il est vain d'imaginer avoir fait le tour complet d'une question avant de prendre une décision, au risque de se retrouver à des années lumière de la réalité commerciale, économique et sociale, qui, elle, a évolué pendant ce temps sans nous attendre.

Prendre le temps de rassembler les informations les plus importantes et décider ! Ce sera donc toujours un défi pour un manager de naviguer entre réactivité, anticipation nécessaire et risque. « Je sais qu'en proposant un plan de restructuration, je vais déclencher des mouvements sociaux mais c'est indispensable. »

« Ah, si j'avais su ! » Justement on ne sait pas toujours ou, même si l'on avait su, d'autres critères plus importants sont intervenus qui ont orienté le choix d'un côté ou d'un autre. Si pour aller à un endroit donné nous choisissons un itinéraire qui semble être tranquille et tombons sur un obstacle, nous pouvons regretter, et même nous en vouloir, de ne pas avoir consulté les bases de données du trafic. Retenons cette option pour une prochaine fois mais ne restons pas figés sur ce regret invalidant. Tirer les leçons du passé, comprendre en particulier ce qui a motivé le choix qui s'est révélé inadapté et croire qu'en regard du résultat décevant, il y a source de nouveaux apprentissages est une option génératrice de dynamisme.

Continuer de croire en soi en ayant des perspectives de développement.

Vivre, c'est être présent et apprécier le moment, construire un futur qui répond à nos aspirations, prendre des risques, relever des défis et sentir que l'on se dirige vers un port, aussi lointain et incertain soit-il.

Maud Fontenoy, la navigatrice solitaire qui a vaincu l'Atlantique et le Pacifique à la rame, nous disait[1] : *« Dans ce bateau j'étais seule et cela m'a fait souffrir, et je sais que c'était inévitable. Cependant j'ai découvert que la solitude n'est pas l'isolement, qu'elle est notre lot à chacun et que c'est un gage de cette profonde liberté qui est la nôtre. Et j'ai touché du doigt le bonheur qui n'est pas toujours synonyme d'agréable dans cette relation vivante, toujours changeante à moi-même, au monde et à ceux qui en font partie. Bien sûr il a eu les moments magiques où les dauphins m'ont accompagnée mais aussi ceux où, dans la peur, je me suis sentie "unifiée" dans mes décisions sans pour autant pouvoir en envisager toutes les conséquences. »*

Vouloir le parfait à chaque moment (donc la réussite, toujours) nous conduit à l'immobilisme. Comment oser si l'erreur est tellement pénalisante, inadmissible, cassante ?

Croire que nous sommes « en chemin », dans un processus, nous donne l'espoir de continuer à évoluer, à apprendre et à nous ajuster. Nous restons alors un système vivant qui s'accomplit.

1. Dans une communication personnelle.

La pensée non polaire

Si l'on admet que l'évaluation d'une situation est fonction du critère avec lequel nous l'observons, il est facile d'imaginer que vue sous un autre angle, la même situation pourrait être évaluée de manière diamétralement opposée. C'est cette option qui permet de définir la pensée non polaire.

Un même événement peut sembler juste… jusqu'au moment où un autre point de vue le nuance ou l'infirme.

Voilà encore un challenge ! Choisir une option au nom de critères adaptés et s'y tenir tout en sachant que ce choix peut ne pas être le bon si d'autres critères sont mis en jeu.

Par exemple, un manager décide de se séparer d'un collaborateur inefficace et pourtant sympathique. Il doit clarifier ces deux aspects car nier l'un ou l'autre l'entraînera à prendre une décision qui peut blesser sa propre estime :

- « Je m'en veux de n'avoir pas tenu compte de ses qualités relationnelles au nom de l'efficacité, je ne me sens pas humain. »
- « Je n'aurais pas dû être aussi sensible car il est un vrai frein, je ne suis pas un manager solide. »

Changer de lunettes pour regarder une situation agrandit l'espace solution et donne plus de choix. La décision n'en sera que plus solide.

De même lorsqu'on évalue une décision passée avec regret, il peut être utile de l'observer avec d'autres yeux : « Je regrette d'avoir privilégié cette branche de notre activité qui se révèle ne pas être rentable. » Quel est le critère qui me fait regretter cette décision : la rentabilité ou mon amour-propre ? Chaussons les lunettes de l'innovation, ou celles qui permettent de trouver de nouveaux marchés : cette décision apparaît-elle toujours aussi regrettable ?

La pensée non polaire est à rapprocher du paradoxe : toute vérité, toute affirmation, est en miroir instantané avec son contraire.

La pensée non polaire est le pilier de l'estime de soi car elle conduit à un équilibre et une stabilité qui permettront les grandes décisions, les grands tournants de la vie managériale. Elle permet aussi de recevoir tranquillement les oppositions. Au lieu de prendre de plein fouet les contradictions, le manager peut réellement accepter que ce point de vue existe et, ne le niant pas, renforcer ainsi sa décision.

Les bonnes frontières

Prenons quelques exemples empruntés au monde qui nous entoure. Dans certains pays comme l'ex-Tchécoslovaquie ou la Belgique actuelle, deux ou plusieurs peuples ont entièrement partagé les lois, les coutumes, les administrations, la langue... d'un même pays. Puis une fracture est apparue, chaque peuple ayant le sentiment d'y perdre son identité. La demande de séparation s'est alors fortement imposée et concrétisée. Pour les uns, dans une nouvelle structure ; pour les autres, dans la mise en place de frontières : séparation des administrations, réappropriation des coutumes, des rites et usages de la langue originelle. Ces décisions ont mis fin à un état de fusion : celui-ci a été très intéressant car les échanges ont été évidemment maximaux mais, très vite, chaque partenaire a perdu son identité. C'est le propre de la fusion : tout est partagé et uniforme mais on prend inévitablement le risque d'y perdre son âme, son individualité.

La résistance et les difficultés soulevées par les fusions d'entreprises sont en grande partie de cet ordre. La culture d'entreprise signe son identité. Si la fusion en fait disparaître tout ou partie par dissolution, le sentiment de perte est très fort chez les membres de l'entreprise, ce qui peut entraîner de graves dysfonctionnements. Il est indispensable de prendre cet aspect en compte et de s'en préoccuper.

Inversement, l'Allemagne de l'Est avait dressé autour d'elle un véritable mur : les échanges étaient très difficiles, la libre circulation des informations et des personnes quasi impossibles. Certes l'identité de ce peuple était parfaitement affirmée. Au bout d'un certain temps, le mur a été abattu car, sans véritables échanges avec le monde extérieur, une civilisation s'éteint.

De même, une entreprise qui ne communique pas, qui ne vit que sur ses propres idées et objectifs, est rapidement vouée à la disparition.

Regardons maintenant deux pays comme la Suisse et la France : leurs frontières ne sont pas toujours bien matérialisées mais elles existent. Elles sont perméables : elles permettent les échanges, dans certaines limites, bien entendu, la circulation des biens et des personnes, tout en préservant l'identité de chaque peuple.

Perméabilité et individualité représentent les bonnes frontières.

Lorsqu'elles sont mises en place, les frontières de qualité permettent de clarifier de multiples situations. Ne pas tout mélanger mais ne pas se tenir avec rigidité d'un seul côté, c'est ce que nous autorisent les frontières :

- Faire la différence entre soi et les autres, tout en se permettant d'être touché, impacté, influencé par eux ;
- Faire la différence entre un contexte et un autre, tout en les laissant s'interpénétrer de manière adaptée (l'entreprise n'est pas la maison, et si nous pouvons accepter de parler un peu de notre travail le soir, ne permettons pas que notre vie professionnelle occupe tout le champ de la vie familiale).

Voici quelques exemples de bonnes frontières à instaurer :

- Vous avez eu vingt ans et avez su en garder la vitalité mais vous avez aujourd'hui probablement un autre regard sur les choses. Vous côtoyez dans l'entreprise des jeunes, vous pouvez les comprendre, discuter volontiers avec eux, mais votre rôle n'est certainement pas de vous en faire des amis ;
- Vous pouvez sympathiser avec vos collègues sans tout partager avec eux ;
- Vous pouvez vous comporter d'une manière familière avec vos collègues à l'occasion de fêtes et retrouver plus de distance dans le travail ;
- Si vous vous accrochez à une position alors que vous sentez que votre interlocuteur a raison, vous dressez des murs. Si vous vous laissez influencer par le dernier qui a parlé, vous entrez dans le mélange non élaboré ;
- Si vous vous désolez de ne pas avoir le punch de vos trente ans sans apprécier la pondération qui est la vôtre maintenant, si au contraire vous prétendez ne pas avoir changé d'un iota dans votre façon de voir les choses depuis votre adolescence, vous avez besoin de mettre des frontières. Il y a en effet des différences qui viennent avec l'âge et c'est irréaliste de vouloir ne pas changer.

Avoir de bonnes frontières avec les autres ou avec soi, c'est être en lien avec eux et avec vous-même tout en préservant votre individualité.

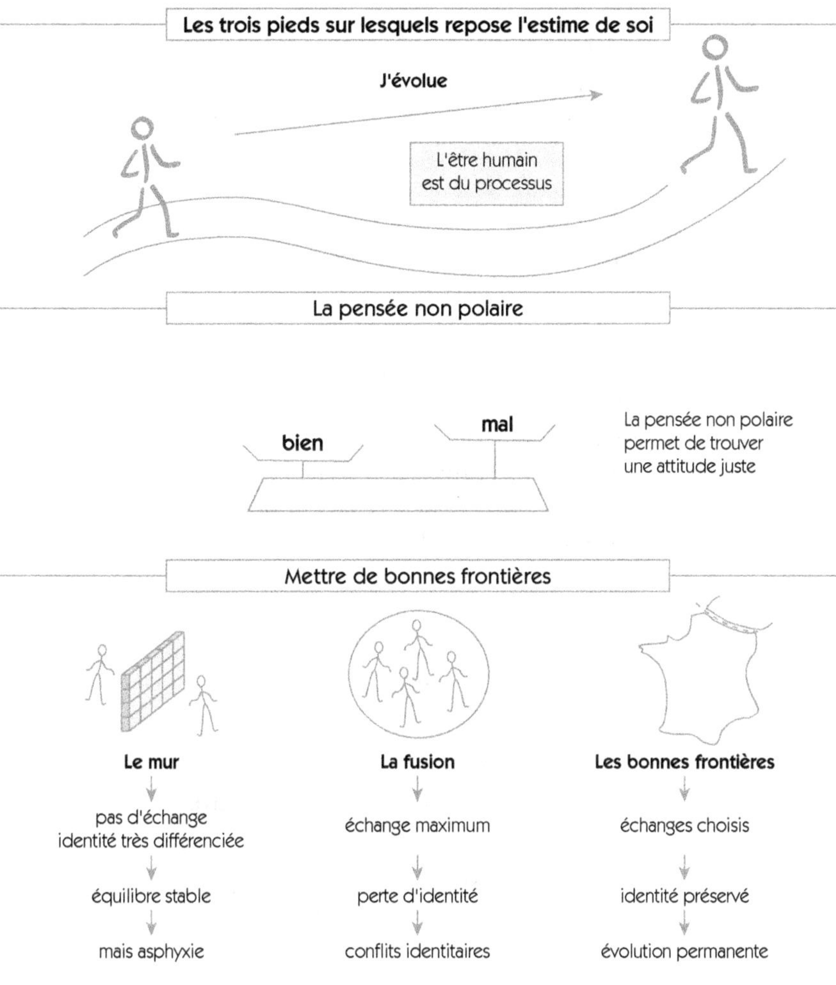

Les trois bases sur lesquelles repose l'estime de soi

Comment mettre de bonnes frontières ? Voici, quelques éléments qui peuvent vous aider, à condition de vous entraîner pour acquérir certains automatismes :

- Être réellement en contact avec votre corps : en sentir les grandes parties, la façon dont il est posé sur le sol (ceci vous aidera à « rester dans votre peau » et ne vous mettre dans la peau de l'autre que si c'est un choix) ;
- Adopter une vision et une audition périphériques ou panoramiques (tout en regardant votre interlocuteur ou une situation, vous

continuerez à voir et à entendre ce qu'il y a dans votre environnement, immédiat ou lointain). Le contraire de la vision périphérique est la « vision tunnel ». Toute l'attention est focalisée sur une seule partie de la situation : si c'est une partie problème, celui-ci occupe tout l'espace (c'est le cas du jeune collaborateur qui, entrant dans le bureau de son patron pour un entretien, réalise que sa cravate est mal nouée. S'il se focalise sur le nœud, la cravate sera le centre du monde et il sera persuadé que son patron ne voit qu'elle. Il y a fort à parier qu'il ne sera pas très brillant au cours de l'entretien) ;

- Être capable de dresser très rapidement et alternativement des différences et ressemblances : « Ce délégué appartient à la même entreprise que moi... il n'a pas les mêmes objectifs pour les employés... il souhaite, comme moi, que l'entreprise marche... » Et ainsi de suite. Les différences permettent de se distinguer, les ressemblances de se sentir en lien.

Comment reconnaître que l'on a une bonne estime de soi

Voici quelques points qui donnent une idée sur ce sujet :

- Considérer que l'on est digne d'être aimé et d'être heureux ;
- Apprécier ses qualités ;
- Être tolérant. Se voir comme l'égal des autres, ni supérieur, ni inférieur ;
- Considérer que l'on a, comme les autres, de la valeur et de l'importance en tant qu'être humain, indépendamment de ses réussites ;
- Être réaliste, ne pas penser que l'on est parfait, reconnaître ses limites et être conscient que l'on s'améliore et que l'on évolue constamment ;
- Se donner droit à l'erreur ;
- Accepter que les autres ne soient pas parfaits et penser qu'ils peuvent s'améliorer sans en faire une affaire personnelle ;
- Accepter ses émotions et les exprimer ;
- Reconnaître et accepter les émotions des autres.

- ✓ Dans le jardin du management au quotidien, l'estime de soi est la source qui nourrit le paysage que nous créons.
- ✓ Il n'y a pas de bon manager sans une forte estime de soi.

Cas n° 4 : l'histoire du patron fusionnel

Monsieur X. est directeur commercial d'une entreprise travaillant dans le secteur télévisuel lorsqu'il apprend que son président quitte la société française pour le siège du groupe à l'étranger. Pour le remplacer, le président a la possibilité de choisir un nouveau directeur général en interne parmi ses deux principaux collaborateurs, à savoir son directeur commercial ou son directeur technique. Il préfère, cependant, choisir de recruter à l'extérieur de l'entreprise une personne qui n'est pas du métier et à laquelle il confie notamment les responsabilités administratives et financières.

Monsieur X., le directeur commercial qui espérait cette promotion, s'en ouvre à son ancien président qui lui explique son choix par rapport à ses compétences financières. Il lui propose de suivre une formation d'un an, en l'occurrence au Centre de préparation aux affaires, à Paris, pour combler ces lacunes. Monsieur X. accepte le challenge et prévient son président que si, sous 6 mois, le nouveau DG ne lui convient pas, il démissionnera, ce qui représente un risque important pour la société compte tenu de ses compétences commerciales et de son ancienneté dans la maison.

Six mois plus tard, le constat de Monsieur X. est clair : le nouveau directeur général ne lui apporte rien et utilise plutôt son carnet d'adresses pour apprendre le métier. Il prend donc rendez-vous avec son président pour lui annoncer son départ. Homme de valeurs, il l'informe que les choses se feront dans les meilleures conditions comme il l'a toujours fait. Le président décide alors de garder Monsieur X. et de mettre fin au contrat du directeur général. Monsieur X. propose alors de former un binôme de direction avec le directeur technique, qui a lui-même mal vécu les 6 mois avec le nouveau directeur général, en partageant notamment les responsabilités administratives et financières. Les deux hommes travaillent ensemble, depuis 15 ans et s'apprécient mutuellement. Le président décide de proposer ce projet aux actionnaires qui acceptent.

Huit mois plus tard, le directeur technique est hospitalisé en urgence, les médecins ayant diagnostiqué une leucémie. Il décédera 8 mois plus tard après une période de rémission très courte où il pourra revenir dans l'entreprise. Pendant cette période, Monsieur X. fait tout pour informer le directeur technique de la vie de l'entreprise. Il va même jusqu'à retarder les processus décisionnels pour qu'il puisse y participer. De la même façon, il informe le personnel de l'état de santé du directeur technique au cours de réunions mensuelles. Au niveau personnel, Monsieur X. s'implique totalement dans l'évolution de l'état de santé de son associé, s'enfonçant même progressivement avec lui dans la déprime. Sa femme, très proche de lui, le fait réagir, lui impose de sortir du contexte qui n'est pas le sien et lui rappelle ses propres limites. Monsieur X. s'aperçoit d'ailleurs que l'aide qu'il essaie d'apporter au malade n'est plus efficace car il plonge avec lui au lieu de le soutenir. Le personnel de la société ne saura rien de ce qu'aura vécu Monsieur X., pas plus d'ailleurs que son directeur du personnel.

Quelles leçons Monsieur X. a-t-il tiré de ces 8 mois d'accompagnement ?

Tout d'abord, il sait qu'on ne peut changer sa nature profonde et que, si c'était à refaire, il s'impliquerait de la même façon. Par contre, il demanderait à l'ensemble du comité de direction de prendre en charge l'information du malade, même si le directeur technique ne voulait avoir de relations qu'avec Monsieur X. et la DRH.

Les faits remontant à 10 ans, il sait aussi que les choses seraient plus faciles aujourd'hui grâce notamment à l'informatique qui permet de transmettre une information en continue à plusieurs personnes, donc différents points de vue sur les problématiques de l'entreprise.

Quels conseils Monsieur X. donnerait-il à un collègue confronté à la même situation ?

Il lui conseillerait de faire ce qu'il a fait car il aurait apprécié une même attitude. Monsieur X. sait qu'il faut savoir donner pour recevoir. En revanche, il sait désormais qu'il faut se protéger. Lorsque l'on s'aperçoit qu'on s'est trop investi, il est déjà trop tard.

Quelle leçon Monsieur X. a-t-il tiré de cette période ?

Il ne faut pas attendre qu'une situation aussi grave se présente pour avoir une communication forte avec les personnes partageant les responsabilités du pouvoir. Il n'y a pas de « petites informations » lorsqu'on est décideur et, surtout, il ne faut pas avoir peur de l'autre car c'est en les partageant et en ayant du feed-back que l'on prend les meilleures décisions.

Commentaires

Ce cas démontre qu'un certain nombre de cadres dirigeants savent privilégier les relations humaines et s'impliquer jusqu'au bout pour leurs collaborateurs, même si la situation est assez exceptionnelle.

Les outils PNL applicables à ce type de problématiques

Nous avons une croyance fondamentale : la relation doit toujours être prépondérante sur la tâche. C'est un principe éthique, sous-tendu par la ferme conviction que les êtres humains savent mettre en œuvre leur potentiel quand ils se sentent bien avec eux-mêmes.

Monsieur X. affirme qu'on ne peut pas changer sa nature profonde. Nous nous inscrivons en faux au nom même des principes de la PNL qui soutiennent que tout être a en lui les ressources de son propre changement.

S'il est clair qu'il peut être facile de changer un comportement, décider de changer une conviction très forte, surtout si elle est liée à notre sentiment d'exister, peut s'avérer une démarche de longue haleine. En revanche, Monsieur X. rappelle à juste titre que tout comportement doit rester en adéquation avec ses valeurs profondes et qu'au nom de ce principe qui nourrit l'estime de soi, il peut effectivement dire que si c'était à refaire, il referait exactement la même chose.

Lorsqu'il pense qu'il aurait pu demander à plus de monde de s'impliquer, il n'est malheureusement pas certain que d'autres collaborateurs auraient accepté cette responsabilité. Cette décision n'est pas sous son contrôle. Mais il est important pour lui de prendre conscience qu'il ne pouvait assurer seul le poids de cette situation, qu'il a ses propres besoins et qu'il a droit lui aussi à une certaine compassion.

Sa réponse à la seconde question montre toute l'importance des frontières à établir, notamment dans des relations humaines aussi difficiles.

Quant à la qualité et à l'importance de la communication dans les relations humaines au sein de l'entreprise, cela nous permet de rappeler que la place de l'homme dans toute organisation prime sur la notion même de performance. Rappelons une nouvelle fois les principes de l'échelle de Dilts : l'identité, les valeurs sont d'un niveau supérieur aux comportements et aux compétences. Seul le respect de ce principe permet une communication vraie.

Cas n° 5 : le cas du patron fou ou qui pourrait être jugé comme tel !

Monsieur A. est conseil en communication de Monsieur B. Celui-ci, autodidacte et littéralement parti de rien, a gagné, à force d'intelligence et de capacités managériales hors du commun, le poste de directeur commercial de la filiale française d'un groupe international au management « anglo-saxon » où il y règne de fait, en attendant mieux. Son talent et la connaissance approfondie de tous les rouages de l'organisation, sa capacité de manipulation des présidents qui se succèdent et son emprise psychologique, technique et politique sur le réseau de distribution lui donnent un pouvoir très important, porteur de progrès et de dynamique exceptionnels. Monsieur A. et Monsieur B. ont développé, sur une dizaine d'années, des liens d'estime professionnelle, puis d'amitié profonde. Ces liens se sont construits sur une complémentarité professionnelle, une vision commune de l'innovation, et leur capacité à prendre des risques.

Un beau jour Monsieur B. propose à Monsieur A. de venir le rejoindre. Monsieur A. quitte donc son poste de manager salarié dans un groupe de communication très connu. Il est en effet soucieux de reforger son métier au cœur de l'entreprise industrielle. Cette opportunité est bien dans la logique des relations entre Monsieur A. et Monsieur B. : innovante et risquée. Il s'agit de prendre un poste de management délégué, en remplacement d'un directeur démissionnaire, afin d'animer son équipe, muscler la fonction, construire un projet d'entreprise et mener des projets transverses, tout en prenant un statut de travailleur indépendant.

Monsieur B. et Monsieur A. forment un team fusionnel qui fait avancer nombre de projets avec succès, et ce malgré les embûches tendues par les autres dirigeants. La relation amicale et quasi fraternelle dépasse le cadre professionnel et, dans leurs conversations directes, Monsieur A. et Monsieur B. abordent les questions de responsabilité du dirigeant, de morale dans les rapports humains, des impacts culturels entre modèles de management, et parfois cette profondeur dicte leurs décisions. Monsieur A., par ailleurs, s'efforce de respecter une règle non écrite liée à son statut de conseil : ne pas empiéter sur la zone de pouvoir légitime de Monsieur B. Monsieur A. s'amuse du jeu qui consiste à instiller des idées, imaginer des projets, proposer des solutions inédites, tout en gérant ses nombreuses taches opérationnelles et l'équipe brinquebalante qui lui est assignée. Monsieur A. qui, d'expérience, sait qu'il ne doit pas être mono-client souhaite diversifier son activité à d'autres entreprises et s'en ouvre à Monsieur B. qui lui répond : « C'est ton problème ! » Monsieur A. tente tout de même de déléguer un dossier secondaire à un autre consultant sous sa responsabilité, mais il se voit récusé par Monsieur B. Fin du 1er acte.

Un beau jour, Monsieur B. fait irruption dans le bureau de Monsieur A. et lui propose de prendre, à sa place, la direction commerciale de l'entreprise. Monsieur A., qui a toujours accepté les challenges, réfléchit une minute et refuse. Il évoque son incompétence dans ce domaine mais il sait que la connaissance du terrain de Monsieur B. ne lui permettra pas de manager librement. Un ange passe. Monsieur B. insiste mais Monsieur A. confirme sa position. Un voile noir assombrit quelques secondes le regard de Monsieur B. Fin du 2e acte.

Dans le cadre d'un séminaire commercial organisé à grands frais sur la côte d'Azur et où quelques rares cadres extérieurs au service commercial ont été invités pour fluidifier les relations avec des parties neutres ou adverses, Monsieur B. demande à sa « garde rapprochée » (un chef de service et quelques commerciaux) de bizuter un responsable du contrôle de gestion, appelons-le Monsieur C., étranger mais de culture française… Subitement, en fin de réunion devant l'ensemble de l'assemblée (35 personnes environ) l'équipe commanditée dans le secret se jette sur Monsieur C. et tente de le marquer au front avec un feutre indélébile. Monsieur C. se débat avec énergie, les « marqueurs » ratent leur coup. La pause boissons calme les esprits. La réunion reprend et une seconde tentative à lieu. Monsieur A. s'interpose alors publiquement, pâle de rage devant cette négation du respect d'autrui. Fin du 3e acte.

Bien évidemment la relation entre Monsieur A. et Monsieur B. s'est sérieusement détériorée et a glissé vers des rapports de commanditaire à fournisseur, « s'enrichissant » même de divers agréments du type fouille de bureau, ouverture de documents par Monsieur B. en l'absence de Monsieur A. Monsieur B. est alors nommé président de la société et la restructuration prévue de longue date par le siège étranger est annoncée. Les équipes tremblent : Monsieur B. va en être l'acteur.

Monsieur A. n'ayant pas eu le temps de développer suffisamment de business parallèle, Monsieur B. lui propose alors une autre mission au sein du camp « opposé » : celui de la distribution. Il s'agit de clarifier la relation entre la dimension fabricant de produits que Monsieur B. préside et le réseau, mosaïque d'intérêts privés et divergents, à mettre en ordre de marche par rapport à des objectifs globaux de croissance, de taille et qualité de service. Monsieur A., qui se retrouve au comité de direction, commun entre les deux parties, siège de fait souvent « en face » de Monsieur B. Le vieux couple reprend du service au nom de l'intérêt général. Monsieur B. arbitre souvent officiellement en faveur des ouvertures de Monsieur A. et contre son propre staff. La situation se détend quelques mois, même si dans les coulisses Monsieur B. s'ingénie à créer des turbulences. Monsieur A., c'est vrai, avance vite et tente non pas de mener une guerre contre Monsieur B. mais de fédérer, quitte à le faire sur des points sensibles.

Mais le feu qui couvait sous les cendres va se rallumer : Monsieur B. n'hésite pas, à plusieurs reprises, à injurier littéralement Monsieur A. au téléphone. Celui-ci reste calme et explique ses positions, avec le respect qu'il lui doit. Cependant, parfois la conversation se radoucit et devient complainte, Monsieur B. avouant à Monsieur A. : « Je suis mal entouré, toi seul me comprends ! » Subitement Monsieur B. décide, indirectement, de « couper les vivres » au projet. Monsieur A. est contraint de quitter l'esquif, touché sous la ligne de flottaison et sans bouée de secours. Monsieur A. s'en ira sans même un au revoir et ne reverra jamais Monsieur B. qui continue son manège avec, semble-t-il, tranquillité.

Commentaires

Ce cas pose à lui seul plusieurs problèmes, et notamment :

- Les relations personnelles pouvant exister entre un patron et ses collaborateurs, et les incidences qu'elles peuvent entraîner dans le travail ;
- Les pratiques manquant d'éthique de certains dirigeants ;
- Le droit de « vie et de mort » que certains dirigeants peuvent exercer sur leurs collaborateurs ;
- La folie apparente ou réelle de certains patrons qui, généralement, sont ceux qui restent le plus longtemps en place, malgré les dégâts collatéraux qu'ils engendrent.

Les outils PNL applicables à ce type de problématiques

Arrêtons-nous tout d'abord sur la relation liant Monsieur A. et Monsieur B qu'on peut qualifier de « fusionnelle ». En effet, Monsieur B. semble jouer, vis-à-vis de Monsieur A., un rôle à la fois de commettant, de collaborateur efficace et dévoué et d'ami, voire de père. Monsieur B. semble même considérer avoir une mission vis-à-vis de Monsieur A. Comment alors être surpris par ce qui arrive lorsque Monsieur B., publiquement, remet directement en cause le modèle du monde et, sans doute, l'identité profonde de Monsieur A. ? Ce dernier avait quelques raisons de se sentir trahi au plus profond de lui-même.

Bien entendu, chacun gère son ressenti et la façon dont il vit les choses, et il est fondamental dans une communication de pouvoir dire sincèrement les choses. Cependant, celui qui veut communiquer peut toutefois être attentif à d'abord créer un véritable rapport, au sens PNL du terme, et à ne « critiquer » ou remettre en cause que les niveaux comportements et compétences de son interlocuteur. Dès que les reproches s'adressent aux valeurs et à l'identité, ils sont hors champ et le choc peut être difficile à encaisser. Monsieur B. aurait sans doute pu obtenir le même résultat en prenant Monsieur A. à part pour lui expliquer qu'il ne pouvait valider une telle attitude.

On peut, malgré tout, être surpris de la dégradation irréversible des relations entre Monsieur A. et Monsieur B. En effet, si les liens avaient été aussi forts que pouvait le penser Monsieur A., sans doute une explication franche et directe aurait-elle permis de régler ce conflit. Mais Monsieur B. n'avait pas non plus remarqué les incongruences de Monsieur A., notamment quand ce dernier avait refusé toute ouverture de son activité à d'autres clients. Lorsqu'on a donné une confiance sans limite à quelqu'un, il est parfois difficile de garder une certaine lucidité quant aux faits.

Profitons de cet exemple pour rappeler que la confiance « absolue » n'a, en soi, pas de sens : chaque être humain a ses limites et ses défaillances. Faire confiance pour tout revient à demander à l'autre d'être parfait, ce qui n'est pas dans la nature humaine.

Il est très pragmatique et réaliste de n'adresser sa confiance qu'à des aspects individualisés de la personne : « J'ai confiance dans son respect des engagements... j'ai confiance dans sa ponctualité... dans sa capacité de me dire les choses clairement et franchement... »

Mais même avec ces limites données à la confiance, il peut arriver qu'il y ait défaillance : une personne respecte toujours ses engagements jusqu'au jour où elle en loupe un !

Il est raisonnable de ne pas s'accrocher à une attitude « tout ou rien » car aucun être humain ne peut prétendre répondre invariablement et parfaitement à des attentes, quelles qu'elles soient.

Cas n° 6 : les différences culturelles

Natif de l'Allemagne du sud, Monsieur X. arrive en France dans les années quatre-vingt. Ce qu'il constate en premier dans le monde du travail français, c'est une hiérarchisation beaucoup plus prononcée qu'en Allemagne. Dans le cadre de ses premières fonctions, il découvre le rôle très autoritaire d'un PDG français – pas évident au début de s'y faire quand on a l'habitude de travailler en équipe. Mais, après quelques mises au point et interventions de la direction allemande, un climat correct a pu s'installer.

Ayant été directeur commercial adjoint, puis directeur commercial et enfin PDG, Monsieur X. a l'occasion de se rendre compte, à maintes reprises, de la différence de comportement et de sensibilité entre les deux pays. Sans vouloir parler de stéréotypes, il est néanmoins évident que le comportement à l'allemande, c'est-à-dire direct et droit au but, ne fonctionne que très rarement en France. Lorsque Monsieur X. fait remarquer, par exemple : « Ce n'est pas possible, le prix est... », on lui répond : « Impossible n'est pas français. »

Au début, il est très dérangé par le fait que les gens s'interrompent tout le temps. En Allemagne, c'est très impoli – et surtout pas pratique puisque le verbe ne vient qu'à la fin de la phrase et qu'il faut donc écouter son interlocuteur jusqu'au bout pour comprendre ce qu'il veut dire. La syntaxe allemande rendrait-elle ses habitants plus respectueux ? Cependant, Monsieur X. finit par comprendre que ses clients ou ses collègues l'interrompent à juste titre car ils le font pour lui manifester leur intérêt.

D'autre part, un Allemand fait toujours la différence entre ses relations pendant le travail et celles après le travail, même s'il reste avec ses collègues. On peut très bien rire ensemble et même sympathiser, mais le lendemain matin au bureau, c'est fini. Comme dit le proverbe allemand, *Dienst ist Dienst und Schnaps ist Schnaps* qui pourrait se traduire en français par « travailler, c'est travailler, faire la fêter, c'est faire la fête ». Ceci est également un problème pour le collaborateur français qui se demande, en retournant au travail le lendemain, s'il n'a pas rêvé la veille... !

Monsieur X. a eu dans sa carrière de nombreux contacts avec de brillants collaborateurs et relations d'affaires. Il a constaté qu'une grande partie d'entre eux n'a jamais « mis la main dans le cambouis » ou, pire, ne connaissait pas grand-chose des problèmes de base dans son entreprise. Lui qui fut apprenti dans sa société en Allemagne connaît réellement les problèmes des ouvriers puisqu'il a été amené à travailler avec eux un certain temps. D'ailleurs, ce contact lui a été très utile en temps de crise – il reste, d'ailleurs, effaré par le dialogue de sourd qui s'installe bien trop souvent en France, en manque de « dialogue social ». Il se demande toujours pourquoi on fait d'abord la grève et on discute après. Si les deux parties se connaissaient mieux, bien des malentendus pourraient être évités. Mais dans la bureaucratie et le formalisme existants, chacun est cloisonné dans un travail précis et il devient alors très facile d'être démotivé en cas de perturbations.

Il a eu un chef de département qui gardait systématiquement toutes les informations pour lui, ce qui le rendait soi-disant « indispensable », et ce jusqu'à créer des incidents informatiques qui se déclaraient fatalement le premier jour de ses vacances – il fallait donc pouvoir le joindre pour remédier au problème. Ce même collaborateur à qui Monsieur X. a délégué des travaux était incapable de déléguer à son tour, ce qui créait inévitablement un goulot d'étranglement. Il n'a pas été facile de le sortir de cette impasse.

Ce « supérieur » était également très attaché aux symboles de puissance et de pouvoir que lui conférait sa fonction, tels que la même voiture que son chef, le nombre de fenêtres de son bureau, etc. Pour sa part, Monsieur X., en tant que PDG, joue peu de cet attribut et cela n'a pas été toujours compris par ses collaborateurs. Comme il doit le constater, la hiérarchie est bien plus présente et bien plus importante en France qu'en Allemagne.

Cette vision peut sembler n'être qu'une critique simpliste. Ce n'est pourtant absolument pas le propos. Monsieur X. aime la France – il y vit depuis déjà 22 ans – et aime travailler avec des Français. Il vient d'ailleurs d'en faire une nouvelle fois la preuve en y créant une structure dans laquelle il a pris soin, dès le début, de décomplexer tout le monde. Le résultat : au sein de son entreprise, tout le monde travaille réellement en équipe, peut parler librement avec son PDG, et les résultats vont bien au-delà des espérances de Monsieur X.

Aujourd'hui, il n'espère qu'une chose, que les entrepreneurs français s'inspirent de ses découvertes : on peut travailler, avancer et s'épanouir, mais en équipe – on est finalement tous dans le même bateau !

Commentaires

Les problèmes de communication liés aux différences culturelles ont été évoqués à plusieurs reprises par les managers que nous avons interrogés. L'ouverture de l'Europe aux pays de l'Est, voire demain à la Turquie, et la mondialisation de nos économies risquent de multiplier ce genre de problématiques devant lesquelles les managers peuvent se trouver désarmés.

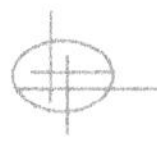

Les outils PNL face aux différentes problématiques abordées

Les relations de travail et hors cadre du travail

Afin d'éviter ce genre d'incompréhension, il est important de définir les frontières régissant à la fois le cadre du travail et celui de la détente, et, ainsi, que chacun connaisse ce qui est partagé et ce qui est séparé dans l'un et l'autre cadre.

Les interruptions dans le cadre d'une discussion

Dans toute discussion, chacun doit avoir un espace pour parler sans être interrompu. Lorsque, malgré tout, cette situation se présente, il est important de différencier le comportement et l'intention de la personne qui pose cet acte. Rappelons que tout orateur, tout meneur de discussion, doit s'assurer de la gestion des temps de parole, tout comme il doit savoir s'arrêter pour être certain de la compréhension de ses propos. Ce sont souvent les modifications de comportement de l'un ou l'autre des membres qui altéreront la compréhension de tel ou tel propos. De la même façon, dans tout groupe, la compréhension, la flexibilité et la dynamique doivent être calquées sur la personne la plus lente.

La connaissance du terrain par les supérieurs hiérarchiques

Il est de plus en plus fréquent, notamment dans le cadre d'entreprises familiales, que les futurs cadres dirigeants suivent des stages à l'intérieur même des différents services de l'entreprise, y compris les usines de production si celles-ci existent. Une telle approche permet alors aux nouveaux cadres dirigeants d'être sensibilisé aux problématiques rencontrées par la base. Ce type d'approche n'est cependant pas obligatoire, à partir du moment où le cadre dirigeant a conscience de la différence des modèles du monde de ceux dont il a la responsabilité. Il pourra alors aisément comprendre, par une écoute active, où se trouvent les vrais problèmes.

La rétention d'information

Il est indispensable de définir avec chacun de ses collaborateurs le cadre des informations qu'il faut communiquer. Si une personne, malgré tout, fait de la rétention d'information, il faudra chercher le pourquoi d'un tel comportement, sans jamais oublier de scinder le comportement et l'intention de l'individu en question. On ne pourra, en effet, trouver des solutions au problème que si on accepte de mettre de côté les intentions qu'on n'a pas manqué de lui prêter avant toute vérification.

Chapitre 4

Se servir de ses émotions

Une émotion est la résultante physiologique de l'évaluation des situations dans lesquelles nous nous trouvons. Elle est différente des sensations corporelles, même si c'est dans le corps qu'elle se manifeste (la peur n'est pas l'estomac serré, même s'il en est une éventuelle manifestation physique). C'est à travers le filtre d'un ou plusieurs critères que nous évaluons si la situation nous convient ou ne nous convient pas.

Des convictions sont fortement ancrées dans l'esprit de beaucoup de personnes :

- « Les émotions sont nos maîtres. »
- « Nous les subissons et nous sommes impuissants lorsqu'elles arrivent. »
- « Ce sont les événements ou les autres qui déclenchent nos émotions. »

Il est essentiel de changer radicalement ce point de vue.

Nous créons nous-mêmes nos émotions ! Nous pouvons les accueillir, les changer, les intensifier, les affaiblir. Bref, nous en sommes les gestionnaires.

Si ce n'était pas le cas, comment expliquer :

- Que devant le même film les spectateurs ne ressentent pas tous la même chose ?
- Que devant un accident certains gardent leur sang-froid et d'autres paniquent ?

- Que devant un changement possible des objectifs de leur entreprise certains restent sereins et confiants et d'autres ressentent l'anxiété, voire l'angoisse du futur ?

Question de caractère, direz-vous ! Certes, mais que représente le caractère ? Le caractère est le produit de notre histoire, de notre relation à nous-mêmes, aux autres et au monde, et tout est lié à la représentation, à la vision que nous avons du monde. Donc, tout comme nous créons notre monde intérieur, nous créons aussi, à chaque instant, les émotions qui nous animent.

Comme le décrit très bien Daniel Goleman[1] dans son livre *L'intelligence émotionnelle*, le trajet du stimulus (les événements) reçu passe par deux formations importantes : l'amygdale, siège de la gestion de l'information liée à la survie (nos réactions émotionnelles « instinctives » y sont déclenchées, elles entraînent les comportements destinés à nous mettre hors de danger), puis par le cortex qui élabore, c'est-à-dire interprète, donne du sens et permet de réagir d'une manière plus nuancée.

Émotions et sentiments recouvrent la même palette. On peut les distinguer si l'on considère que les émotions sont plus immédiates, rapides, plus intenses, d'amplitude plus forte et qu'elles durent moins longtemps. Alors que le sentiment est d'intensité moins forte, qu'il est moins soudain, plus régulier dans son rythme et dure plus longtemps. Quelquefois le mot sentiment est utilisé à la place du mot émotion, et vice-versa. L'important est de ressentir ce qu'ils signifient l'un et l'autre pour nous. Nous baignons dans un océan de sentiments et d'émotions qui se succèdent comme des vagues, doucement, sauf quand un grand coup de vent les agite.

On compte six grandes classes d'émotions :

- La colère ;
- La peur ;
- La joie ;
- La tristesse ;
- La culpabilité ;
- La surprise.

1. Daniel Goleman, *L'intelligence émotionnelle*, Robert Laffont, 1997.

La palette en est très vaste et nuancée. Se sentir frustré, déconcerté, serein… sont des sentiments et émotions que chacun de nous peut être amené à connaître.

Par leur intensité on échelonne certaines émotions à l'intérieur d'une même classe :

- Le souci, la crainte, l'appréhension, le trac, l'anxiété, la peur, l'angoisse, la panique, la terreur peuvent ainsi évoquer une graduation d'intensité dans la grande classe de la peur ;
- Le plaisir, la gaieté, la joie, l'enthousiasme appartiennent à la classe de la joie.

Cependant il est utile de se rappeler que le ressenti étant éminemment personnel, chacun décrira celui-ci avec ses propres mots, sans qu'ils correspondent exactement à ce que ressent une autre personne. Par exemple, certains peuvent ressentir l'anxiété plus fortement que l'appréhension ou inversement.

Une émotion n'est pas contestable, elle ne doit pas être contestée !

Une émotion est une manifestation éminemment subjective. Ce que ressent une personne lui appartient et personne ne peut juger si c'est adapté ou non. C'est pourquoi, lorsque l'on cherchera à établir le rapport, tel que nous en parlons dans le chapitre 5, la reformulation de mots correspondant à une émotion ou un sentiment exprimé par notre interlocuteur doit être précise, exacte et non transformée ou interprétée.

En voici un exemple : « Lorsque vous parlez de restructuration, je me sens inquiet ! » « Ah ! Vous vous faites du souci » n'est pas une reformulation *a priori* correcte car le mot souci peut ne pas correspondre du tout au ressenti de la personne. Il est infiniment plus simple de redire exactement le même mot, par exemple : « Vous êtes inquiet et à propos de quoi ? » Même si vous pensez qu'il n'y a pas de raison d'être inquiet, reconnaissez simplement que ce sentiment existe chez l'autre. Si votre souhait est de faire disparaître cette inquiétude, ce n'est pas en la niant d'emblée, en ne la reconnaissant pas que vous vous donnez les meilleures chances. Votre interlocuteur, dans ce cas, ne se sentira pas reconnu et aura plutôt tendance à se braquer.

Prenons un autre exemple dans le cadre de la démarche qualité. La mise en place de procédures de gestion des non-conformités crée souvent dans les équipes un sentiment de crainte : « Si j'écris quelque part les erreurs qui se produisent, je vais être désigné comme coupable. » Bien entendu, ce n'est pas formulé ainsi mais la résistance à écrire sur les fiches de non-conformité ou de réclamation peut se manifester. Le manager doit pouvoir explorer ce qui se passe émotionnellement chez un collaborateur confronté à cette sorte de « rendu public » des anomalies de fonctionnement : « Je vois que vous hésitez à remplir les fiches de non-conformité, que se passe-t-il ? » S'il répond : « Rien, je ne trouve pas ça utile, c'est tout », le registre émotionnel n'est pas abordé mais un critère est mis en avant. C'est à ce niveau qu'il faudra entendre, discuter et argumenter. Si, au contraire, la réponse est : « Cela m'embête, j'ai l'impression qu'on va comptabiliser les erreurs et que cela servira à mon évaluation », il sera utile de travailler sur cette crainte.

On parle très souvent d'émotions positives et d'émotions négatives. En réalité, il serait plus juste de parler d'émotions agréables et d'émotions désagréables. Cela se traduit par le désir de souhaiter les premières – qui ne souhaite pas nager dans un océan de paix, de joie et de gaieté permanente ? – et d'éviter les dernières. Dans ce cas, il convient de savoir gérer intelligemment sa vie émotionnelle. C'est ce que nous allons voir maintenant.

Comment alors se servir des émotions plutôt que de chercher à les réprimer ? ou, comme on le dit souvent, « à les maîtriser ».

Utiliser ses émotions

Les émotions sont des messagères qui nous donnent des informations sur ce qui se passe pour nous dans une situation donnée, sur notre relation au monde et à nous-mêmes. Elles prennent alors tout leur sens et doivent plutôt être écoutées et non réprimées que refoulées. Ce sont elles qui nous donnent l'énergie de changement, en tout cas lorsque nous les interrogeons sur leur sens.

Plus le message a de l'importance en terme de « survie », et plus l'émotion sera intense. Devant un danger physiquement vital, la première émotion dans la catégorie de la peur risque d'être de l'ordre de la panique. Devant une injure touchant fortement l'identité, l'amour-propre, la première réaction pourra être une fureur incoercible. Une émotion trop intense peut annihiler les possibilités de réflexion. Ce qui n'empêche ni le sens, ni le message.

Comment utiliser nos principales émotions ?

- **La peur** et autres émotions de cette catégorie, comme l'appréhension ou l'anxiété, signalent que nous sentons ou présumons que nous ne sommes pas prêts à affronter ce qui va se passer ou les risques que nous pensons courir. Préciser (et se préciser à soi-même) le risque potentiel ou envisager, affiner les informations autour de ce futur qui nous inquiète, créer de nouvelles perspectives et éventuellement éviter ce danger sont le champ de possibilités qu'ouvre l'attention portée au message de l'émotion : se préparer davantage, assurer différemment sa sécurité, explorer d'autres aspects d'un projet… ;
- **La tristesse** est ressentie lorsqu'il manque quelqu'un ou quelque chose à notre cadre de vie. Elle nous invite à mesurer l'importance de ce qui n'est plus là pour être en mesure d'entrer dans le nouveau cadre qui se présente ou en reconstruire un autre. Elle est une étape importante et nécessaire du renoncement. Or, comme les étapes de notre vie correspondent toutes à des renoncements, ignorer la tristesse est un facteur très puissant de démotivation ;
- **La culpabilité** nous fait comprendre que nous avons violé un critère important à nos yeux. Elle propose de regarder ce qui s'est passé, chercher comment réparer quand c'est possible, et découvrir également la leçon à en tirer ;
- **La joie** est une émotion qui arrive lorsque les événements extérieurs ou intérieurs comblent un ou plusieurs critères. En être conscient, l'apprécier et chercher ce qui la motive peut nous aider à créer des états de référence qui seront autant de possibilités de puiser de nouvelles ressources ;
- **La colère** est un des meilleurs indicateurs qu'une limite a été franchie et qu'un critère a été violé par quelqu'un ou par nous-mêmes et que nous ne sommes pas d'accord. C'est l'occasion d'en prendre conscience et de poser des limites justes ;
- **La surprise** correspond à quelque chose d'inattendu qui se produit. C'est l'occasion de chercher s'il est utile d'en explorer le contenu et d'apprendre à s'en servir ensuite.

Ce ne sont pas les émotions en elles-mêmes qui nous limitent, mais la manière dont nous les appréhendons.

D'autres sentiments sont aussi porteurs de renouvellement : le désappointement et la frustration, par exemple, apparaissent lorsque nous n'avons pas obtenu ce que nous désirions. Il y a cependant une nuance entre les deux : le désappointement invite à renoncer à ce qui était attendu, à lâcher prise, car probablement nous n'obtiendrons pas ce que nous désirions. La frustration, au contraire, laisse encore la possibilité d'obtenir ce que nous espérions : l'énergie peut se renouveler pour continuer à faire vivre la demande, pour espérer arriver à ses fins.

Exprimer ses émotions

Les émotions, en particulier la colère ou la peur, qui ne peuvent pas être « dites » et entendues d'une manière ou d'une autre sont les principaux moteurs de la violence car elles ne servent à rien et se transforment en une véritable bombe. Impuissant à montrer qu'il existe, un individu manifestera des réactions de pouvoir qui pourront devenir violentes ou, au mieux, des attitudes autoritaires inadaptées.

C'est en réalité plus dans l'expression ou la manifestation d'une émotion que se trouve souvent le problème qui nous fait tout confondre et chercher à maîtriser nos émotions : si le seul moyen d'exprimer notre colère est d'exploser ou de dire n'importe quoi, il est probable que nous risquons de le regretter ensuite parce que cette réaction aura dépassé notre volonté. Certains préfèrent alors contenir et ignorer leur colère. C'est ce qui fait dire à beaucoup : « Ce n'est pas bien de se mettre en colère. » Mais celle-ci est très utile pour nous donner des repères dans notre relation aux autres et les limites à respecter ou faire respecter.

De même, si un événement déclenche du chagrin, quelqu'un qui a appris, par exemple, qu'« un homme, ça ne pleure pas ! » fera fi de cette tristesse et ne pourra pas manifester son émotion d'une manière ou d'une autre.

Montrer ses émotions est souvent ressenti non seulement par les autres mais aussi par soi-même comme une faiblesse. Plus encore, beaucoup d'individus sont fiers d'être impassibles. On confond sensiblerie et sensibilité. On oppose sensibilité et virilité, expression émotionnelle et courage.

Savoir accueillir et prendre en compte nos émotions est le signe de notre humanité.

Dans une communication authentique, ce niveau émotionnel devrait avoir sa juste place. En entreprise, par exemple, il est d'usage (il était car c'est moins vrai maintenant) de ne pas parler de ce qui se passe lors d'un décès, d'un départ en retraite d'un membre d'une équipe bien soudée... Et surtout ne pas montrer ce que l'on ressent : « C'est la vie ! On n'en fait pas tout un plat ! » Or, nier un deuil nécessaire perturbe. Prendre le temps d'exprimer ensemble le chagrin conduit à créer des liens bien plus forts que ne le ferait n'importe quel discours unilatéral et froid pour réparer d'éventuelles souffrances. Que dire aussi de ce grand renoncement qu'est le départ à la retraite ? Avoir un futur plaisant et épanouissant est une aide précieuse mais il faut tout de même renoncer à ce qui a été souvent une grande part de notre vie. Il y a des émotions qui naissent à ce moment-là. Il n'est pas nécessaire d'afficher sans retenue tout ce qui se passe, mais en prendre conscience, l'exprimer avec simplicité, se sentir reconnu dans cette sorte de désarroi est un des meilleurs moyens de passer le cap.

De multiples voies permettent d'arriver à l'acceptation (qui n'est pas la résignation) de la perte, qu'elle soit humaine ou matérielle. C'est ce qui s'appelle « faire le deuil » et cela ne concerne pas seulement, comme nous venons de le dire, la perte d'une personne.

Le licenciement est une situation fréquente. Il est subi par un grand nombre mais de plus en plus, depuis plusieurs années, par les managers pour les raisons les plus diverses, que ce soit au motif de réorganisation interne, de changement d'actionnaires, de manque de résultats, d'incompatibilité d'humeur... Il s'agit pour le manager concerné d'un véritable travail de deuil qui, seul, va lui permettre de tourner la page, de se remettre debout et de canaliser toute son énergie pour chercher une nouvelle situation. Ce travail est d'autant plus nécessaire que si le licenciement est souvent présenté au niveau des compétences, le mal est ressenti bien plus profondément au niveau des valeurs et de l'identité. La personne licenciée dit et ressent « n'être plus rien, plus personne ». Il est difficile de faire ce travail seul. On a tendance à se replier sur soi. Une sorte de honte surgit, vis-à-vis des autres (« je ne suis plus comme les autres, j'ai perdu mon statut social ») mais aussi de soi-même (« je devrais être capable de m'en sortir tout seul »). L'estime de soi est sérieusement malmenée. La dépression, qui est une étape normale dans le processus de deuil, devient chronique, envahissante et immobilise l'individu. Le manager doit pouvoir exprimer ses sentiments qu'il s'agisse de la tristesse, de la colère, des ressentiments, voire des regrets de n'avoir pas su éviter une telle situation. Tous ces sentiments sont normaux dans ces moments de renoncement mais, s'ils persistent, un état de mal-être profond s'installe et met en danger l'avenir. Faire le bilan des vraies causes est sans doute le premier pas dans le deuil de son ancienne situation, permet la déculpabilisation, vide l'esprit du passé pour se tourner vers l'avenir, permet, enfin, de mettre en place des stratégies pour éviter que cela se reproduise.

Reconnaître, accueillir, entendre une émotion ne veut pas dire accepter n'importe quelle façon de l'exprimer. La colère peut se montrer de multiples façons ; la dire calmement mais fermement (hurler peut soulager momentanément mais ne donne pas toujours l'effet attendu), sortir de la pièce (sans nécessairement claquer la porte). De même, savoir dire « j'ai peur » et chercher à comprendre : « De quoi ai-je peur réellement ? » permettent de trouve une attitude juste vis-à-vis de ce qui est effrayant, et donc de se protéger potentiellement.

La notion de congruence trouve ici sa place : la congruence se sent, se voit ou se perçoit, elle est là lorsque le verbal et le non-verbal expriment la même chose. Si nous sommes irrités par l'attitude d'un collaborateur et que nous décidons de « serrer les dents » pour adopter un tempo lent et des mots tempérés, il est très probable qu'une grande partie de notre non-verbal exprimera cette irritation et qu'elle sera perçue par notre interlocuteur.

Anticiper ses émotions

Nous connaissons tous des situations gênantes : le trac lorsque nous devons parler en public, la colère, l'irritation ou le dégoût lorsqu'il faut entrer dans la négociation alors que nous n'apprécions pas particulièrement nos interlocuteurs, nous pouvons prévoir toutes sortes d'émotions qui, le moment venu, interféreront dans notre comportement.

Après avoir identifié ce qui déclenche ces sentiments gênants et les circonstances de leur apparition, il est utile de se pencher sur les choix et décisions qui favoriseront un autre état, dégageant de réelles ressources pour vivre la situation d'une autre façon, c'est-à-dire de choisir quelle sera l'émotion la plus appropriée au contexte en question.

Anticiper ses émotions, c'est se donner les moyens de limiter leur impact, d'en contrôler l'intensité, d'en choisir d'autres plus performantes.

L'exemple du stress en est une bonne illustration : ce « resserrement » de notre attention et de nos tensions intérieures est souvent considéré comme gênant. Or certains managers affirment préférer, au moment de présenter un projet, garder une certaine dose de stress pour rester concentrés et mobiliser leur énergie.

Lorsque vous vous sentez paralysé, démuni, devant un supérieur hiérarchique, vous pouvez identifier ce dont vous avez besoin pour « tenir debout » et prendre votre juste place.

Remplacer ses émotions

Voici quelques exemples qui permettent de remplacer ses émotions :

- Choisir de ressentir la curiosité à la place de l'ennui ou de la crainte ;
- Mettre en place les éléments amenant la confiance en soi à la place de la peur ;
- Une émotion comme la joie n'est pas adaptée en situation d'apprentissage : la curiosité et la concentration sont beaucoup plus efficaces ;
- L'énervement n'est pas adapté en situation de négociation ou de médiation ; la patience et l'attention y sont plus à leur place.

Nous avons beaucoup de possibilités à notre disposition pour faire de ce large éventail que sont nos émotions un allié sûr.

Les émotions ont une structure. Chacune d'entre elles peut s'inscrire dans :

- **Le temps** : par exemple le regret et la culpabilité sont orientés vers le passé, l'enthousiasme et la peur vers le futur ; la joie plutôt vers le présent ;
- **Le tempo** : la paix se caractérise par un tempo lent, l'énervement un tempo rapide et un rythme irrégulier ;
- **L'implication** qu'elles nécessitent : l'ambition est du domaine de l'action, l'espoir de la réceptivité ;

- **L'intensité**, comme nous l'avons déjà mentionné ;
- **L'objet de la comparaison**, lorsqu'elles en impliquent une : c'est le cas de sentiments comme la déception, l'envie, la frustration, le sentiment d'infériorité.

Toutes les émotions sont centrées autour d'un critère puisque c'est la mise en jeu de celui-ci dans une évaluation qui est à l'origine de l'émotion. Ce sont ces standards que l'on applique à une situation. Si un manager rend service à une autre personne de l'entreprise et en attend un retour, il sera déçu si ce retour ne vient pas. Le critère reconnaissance ou justice n'aura pas été rempli.

Bien d'autres éléments font partie de la structure des émotions et les différencient. Nous n'entrerons pas plus dans le détail ici. Cependant, connaître ces données permet, en accueillant l'émotion, d'en modifier l'expression pour la rendre plus ajustée au contexte : en ralentissant le tempo de la respiration, on peut calmer l'énervement ; en ralentissant les images mentales ou le dialogue interne, on peut transformer l'enthousiasme en espérance plus raisonnable.

Il y a un autre aspect non négligeable de nos états émotionnels, qui intervient dans l'entreprise et dans la vie au quotidien : ce sont les méta-messages que nous délivrons et qui ont un impact phénoménal sur nos interlocuteurs. Un manager qui ne ressent aucun intérêt pour un projet qu'il présente laissera passer en background ce manque d'enthousiasme, quel que soit le punch avec lequel il fera sa présentation.

Nous revenons ici sur la notion de congruence. Celle-ci est ressentie lorsqu'il y a harmonie entre le message verbal et le méta-message qui est traduit par le non verbal.

- ✓ « Connais-toi toi-même » peut se résumer dans ce chapitre par : « Sois conscient de tes émotions, ce sont tes plus sûres alliées si tu sais les reconnaître, les accueillir et t'en servir. »
- ✓ C'est un atout majeur pour un manager que de se nourrir de cette réserve de feed-back et d'énergie.

Chapitre 5

Établir le rapport avec les autres

La relation humaine est au cœur des préoccupations de tout manager dans de multiples domaines : il est probable que dans l'avenir le relationnel, que ce soit vis-à-vis de la clientèle ou des autres partenaires de l'entreprise (fournisseurs, banques, institutionnels, actionnaires), sera une clé de voûte de nombreux métiers et professions. L'entreprise elle-même ne fonctionne bien que si en interne aussi ces relations sont réellement prises en compte par tous. Or la communication et une relation juste entre les hommes sont difficiles à réaliser car le fonctionnement d'un être humain est complexe.

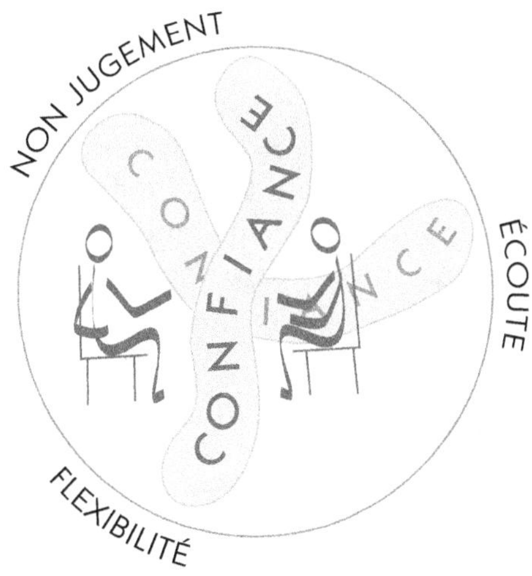

L'espace d'une relation de qualité

Chaque personne a besoin de sentir qu'il possède une part de « pouvoir », qu'il est capable d'être partie prenante du monde dans lequel il vit et de l'influencer. S'il en est privé ou s'il en a l'impression, l'individu entre alors dans une relation de pouvoir : le fait du prince, la force, la pression, l'autorité rigide, la violence verbale ou physique en sont les manifestations. C'est à travers une relation de qualité que les individus se sentent reconnus et se sentent exister pour les autres. Il ne s'agit pas de partager les mêmes opinions, ou la même vision des choses et il est illusoire d'imaginer un monde sans désaccords. Mais si le mot conflit évoque une violente opposition d'idées ou de comportements, mieux vaut extraire toute violence de la confrontation. On se rend bien compte que les désaccords touchent souvent des choses profondes chez un individu (voir le chapitre 2 sur les émotions et l'échelle de Dilts) et c'est la réaction au désaccord qui est conflictuelle. Les conflits peuvent être très constructifs mais aussi très destructeurs, individuellement et collectivement. Or tout conflit, pour peu et à condition qu'on souhaite le résoudre, appelle la recherche de solutions communes, satisfaisantes pour les protagonistes. C'est le but de la négociation, notion qui sera reprise dans le chapitre 7.

Avant d'entamer toute négociation, il faut mettre en place tout ce qui est susceptible de créer un climat de confiance.

Une relation de confiance est un excellent support pour mobiliser l'énergie, la créativité et l'implication du groupe ou des individus. Il est fondamental de savoir la créer car elle représente les fondations de toute construction dynamique.

Voici un petit exercice : observez un moment, n'importe où (dans la rue, au café, à la télévision, au travail...), deux personnes qui semblent avoir un échange paisible sans prêter attention à ce qui se dit (coupez le son, si vous le pouvez pour mieux observer). Et demandez-vous ce qui vous donne cette impression. Prenez le temps de noter le résultat de votre observation : lorsque vous aurez terminé de lire ce chapitre, voyez à quel élément se rapporte chacun des points que vous aurez notés.

Qu'est-ce qui fait la difficulté des échanges et entache souvent la sincérité des propos ? Les gens expriment souvent leurs plaintes, inquiétudes ou peurs à propos de leur relation aux autres sous forme de leitmotiv « recto/verso » : le jugement porté sur les autres et/ou la peur d'être jugé soi-même !

S'il est indispensable de savoir évaluer les compétences et les comportements d'un collaborateur et de tous ceux qui coopèrent au fonctionnement d'une entreprise (c'est une des tâches qui relève du rôle de manager) tout comme d'accepter d'être évalué sur ses compétences et ses comportements, les reproches adressés à quelqu'un sur *ce qu'il est* sont insupportables et peuvent blesser gravement. Il y a jugement à réduire un être humain à ses comportements ou à ses compétences. Chacun de nous fait des erreurs à un moment ou un autre sans *être* un incapable, un idiot. « Vous avez fait une erreur inadmissible » est tout à fait acceptable, alors que « vous êtes un incapable, un danger public » est humiliant et blessant. « Vous ne savez pas vous y prendre pour vendre ou vos ventes sont anormalement faibles » peut se dire mais pas « vous êtes un vendeur nul ».

Cette peur du jugement interfère souvent pernicieusement dans les relations, empêchant une communication claire et ouverte. On ne dit pas ce que l'on pense de peur de déplaire. On ne montre pas ses émotions de peur de paraître faible. On pense et on repense à ce que l'on va dire ou à ce que l'on a déjà dit avec crainte.

Le manager qui souhaite avoir un dialogue authentique et fructueux gagne à utiliser un des outils qui fait l'originalité de la PNL : *établir le rapport*.

Établir le rapport, c'est créer une atmosphère dans laquelle l'interlocuteur se sente reconnu dans sa vision du monde, sans aucun jugement.

Établir le rapport ne veut pas dire être d'accord ou laxiste. C'est décider d'une attitude. Pour ce faire, il faut avoir présent à l'esprit que reconnaître le modèle du monde d'un autre est un acte qui s'appuie sur un présupposé fondamental de la PNL : chaque vision du monde est unique. Aucune n'est meilleure qu'une autre. On peut très bien ne pas être d'accord mais prendre le temps d'écouter, prendre en compte ce que l'autre nous dit de sa façon de voir les choses. Comme notre vision personnelle n'est pas, ne peut pas être, en soi, la référence, il est sain de considérer le point de vue de l'autre comme une autre vision, avec curiosité et avec respect.

Des moyens simples peuvent être utilisés pour créer cette atmosphère. Ils sont en réalité très puissants et demandent une éthique rigoureuse et permanente. Ils concernent les aspects verbaux et non verbaux de la communication et c'est donc vers eux qu'il faudra porter son attention lorsque ce sera nécessaire. C'est toujours celui qui veut communiquer qui prend la responsabilité de la communication.

Un nouveau présupposé de la PNL prend ici sa place :
« Le sens de mon message est donné par la réponse de mon interlocuteur. »

Il faut en effet séparer intention et réception. Un manager peut avoir l'intention très réelle d'apporter son soutien à un collaborateur en lui disant, par exemple : « Si vous avez besoin de plus d'informations, venez me les demander » et s'entendre répondre : « Vous pensez que je ne peux pas me débrouiller tout seul, peut-être ! » L'exemple, s'il est un peu caricatural, illustre bien certaines situations d'incompréhension. Le message n'a donc pas été reçu comme le manager le souhaitait. Il peut alors se braquer : « Il prend tout de travers celui-là ! » Mais si le résultat souhaité est d'obtenir une bonne compréhension, il sera nécessaire qu'il réémette son message différemment, avec des commentaires expliquant son intention au besoin.

De même, si une explication technique n'est pas comprise, il faut la reformuler autrement. Combien d'enseignants ou de formateurs se contentent-ils de répéter mot pour mot ce qu'ils ont déjà dit pour se faire comprendre ! Il est nécessaire de faire appel à sa créativité : trouver une périphrase, une métaphore, faire un schéma...

La capacité de réajuster son message
est une des pierres de l'édifice relation juste.

Nous pourrions également élargir le sens du mot responsabilité. En général, se sentir responsable, c'est porter le poids du résultat ou de l'événement. On n'ose pas dire un désaccord à un interlocuteur de peur de lui faire de la peine, d'être responsable de cette peine. On peut pourtant entendre ce mot différemment : « respons-abilité », que nous pourrions traduire par « capacité de répondre à ». Cela signifie alors tout autre chose : je peux « répondre » à ce qui se passe, me mettre en état de réponse, alors même qu'il se passe quelque chose indépendamment de moi. C'est totalement différent. Prenons un exemple : un de vos collaborateurs commet une faute et vous avez la responsabilité de ce qui se passe dans votre service. Prendre cette « responsabilité » consiste à chercher comment cette faute a pu se produire, quoi mettre en place pour que cet événement soit pris en compte et évité à l'avenir, que ses conséquences trouvent une réelle réponse. De même, un message incompris demande qu'on en prenne la responsabilité, c'est-à-dire qu'on se mette en situation de réponse (en réémettant par exemple le message, avec ou sans modification).

Non seulement il n'est pas mal en soi de dialoguer de manière spontanée, sans prêter une attention particulière à la structure de ce que nous faisons pendant l'interaction, mais c'est même indispensable pour que notre parole soit vivante (écoutez les discours toujours préparés au mot près et lus, c'est bien académique !). La plupart du temps nous savons très bien mener une conversation dans de bonnes conditions, sans avoir besoin de chercher comment nous nous y prenons pour que cela se passe bien. Ainsi de la rédaction d'une lettre : le plus souvent les mots et phrases coulent sous notre plume et la lettre est écrite dans un bon français compréhensible. Quelquefois cependant nous butons sur une phrase et nous nous demandons s'il n'y a pas une erreur. Il peut s'agir d'une question grammaticale à laquelle nous ne sommes pas sûrs de pouvoir trouver une solution : nous allons alors chercher la règle et l'appliquons pour que le texte continue à être de qualité.

Lorsqu'il y a une difficulté à discuter correctement, recherchons ce qui perturbe, vérifions quelques points de la grammaire de la communication pour la rendre satisfaisante.

La communication, nous l'avons vu, a ses règles de grammaire. Elles sont sa structure (elles n'apparaissent pas explicitement mais sont le squelette sur lequel se construit une bonne communication comme les règles de grammaire structurent un texte bien écrit). Ces règles de grammaire concernent les aspects verbaux de l'échange et bien davantage encore les aspects non verbaux.

Revenons maintenant à ce que vous avez pu observer alors que vous regardiez deux personnes discutant agréablement et regardons les aspects non verbaux.

Le regard

Vous aurez probablement remarqué que lorsqu'une personne écoute, elle regarde vraiment la personne qui parle. Regarder vraiment c'est avoir un regard focalisé sur l'autre. Pour percevoir de manière consciente les informations visuelles de ce qui nous entoure, nous avons besoin de porter un regard direct sur cet environnement. Cette capacité consciente de percevoir est limitée en quantité mais elle est importante. Lorsque vous conduisez votre voiture, il est pour le moins utile d'être conscient de ce qui vous entoure ; votre inconscient va enregistrer lui aussi des informations, mais à lui seul il ne peut pas être le pilote. Mettre le pilote automatique de notre inconscient au volant d'une voiture n'est pas encore d'actualité.

Cette position et cette focalisation du regard traduit ce que la PNL appelle la « conscience externe ». Le champ de la conscience est alors tourné vers les informations émises par le monde extérieur.

Vous avez certainement remarqué chez vous ou chez les autres que le regard se défocalise pour aller dans différentes directions de manière incontrôlée. Cela traduit que la conscience s'oriente, au

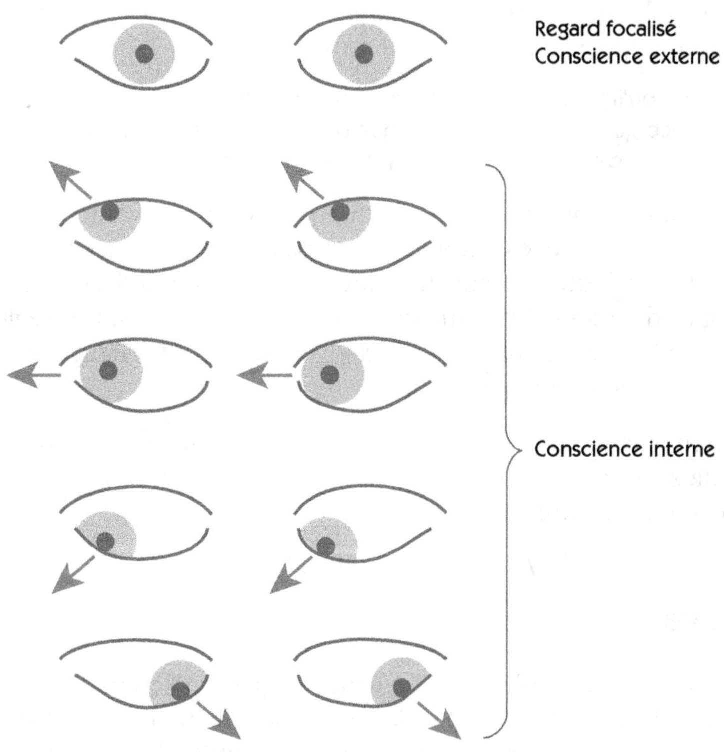

La direction et la focalisation du regard sont les indicateurs de l'orientation de la conscience

moins en partie, vers notre monde intérieur. Nous entrons alors en « conscience interne ». Le champ de la conscience est orienté vers notre monde intérieur (nos pensées, nos sentiments, nos sensations).

Que ressentez-vous lorsque quelqu'un à qui vous parlez ne vous regarde pas ? Avez-vous l'impression d'être écouté ? Probablement pas ! Donc pour démarrer une relation qui donne à l'autre le sentiment que vous l'écoutez vraiment, regardez-le vraiment. Un manager nous racontait qu'il était toujours très gêné devant son directeur qui classait son courrier ou tournait les pages d'un dossier pendant l'entretien. Celui-ci voulait, sans doute, donner l'impression d'être un homme extrêmement occupé et ne se rendait probablement pas compte de l'impact produit.

Vous veillerez tout autant à vous mettre en « conscience externe auditive » en focalisant votre sens auditif sur les paroles de la personne. Au téléphone, où l'absence de visuel est un handicap, la focalisation de l'attention sur les paroles et le non-verbal auditif de l'interlocuteur est une des clés majeures d'un entretien performant.

La synchronisation

Vous aurez peut-être remarqué aussi que les deux personnes que vous observiez sans les entendre discutent dans une position relativement proche, voire en miroir, qu'aux gestes de l'une l'autre répond par des gestes ressemblants ou symétriques.

L'harmonisation inconsciente de la posture corporelle est un des phénomènes les plus forts d'une communication qui fonctionne.

Nous pouvons utiliser la synchronisation de manière consciente : vous vous rendrez compte que non seulement vous renforcez chez l'autre l'impression d'être reconnu mais que vous vous sentez plus « écoutant ».

Sur quoi peut-on se synchroniser ?

- Sur la posture. Faire asseoir l'interlocuteur si l'on est soi-même assis, par exemple ;
- Sur l'espace personnel. Nous avons tous autour de nous un espace qui est en quelque sorte notre territoire privé. Il n'est pas matérialisé, bien entendu, mais il a un impact important sur notre sentiment d'être ou non envahi. Cet espace s'appelle notre

« bulle ». Malheureusement, la distance à l'autre, nécessaire pour que l'individu se sente en sécurité, est variable : certains supportent très bien et même recherchent une proximité (ils ont une « bulle » relativement étroite), d'autres souhaiteront plus d'espace entre eux et les autres. Un léger rejet en arrière du buste, une façon de se détourner partiellement peuvent indiquer que la limite a été franchie et qu'on est entré dans la bulle de l'autre. Il ne faut pas hésiter à reculer légèrement pour faciliter la relation ;

- Sur des éléments non verbaux comme le volume ou le rythme de la voix.

Se synchroniser n'est pas « singer ». C'est une tendance naturelle qu'il suffit d'amplifier avec respect pour émettre un message d'accueil.

Les aspects verbaux

Pour amorcer ou maintenir un échange qui se fait dans la confiance, il est utile de continuer à se centrer sur ce que dit son interlocuteur. Il ne s'agit pas s'en tenir là, sinon le dialogue serait assez vite limité. Il faut également porter son attention sur le langage utilisé et repérer les mots qui ont vraiment de l'importance (ils sont la clé de voûte du langage émis). Les risques de quiproquos et de malentendus sont ainsi limités.

Certains mots comme ceux qui correspondent à des critères ou des émotions sont tellement subjectifs qu'il est prudent d'utiliser ceux que la personne emploie et de se faire préciser le sens qu'ils ont pour elle. Il est tout aussi important de repérer la structure de traitement qu'utilise son interlocuteur : c'est à travers les sens (donc les cinq registres sensoriels : visuel, auditif, olfactif, gustatif et kinesthésique) que sont ingérées, traitées, stockées et restituées les informations dont il sera fait état dans la conversation.

Utiliser les mêmes canaux sensoriels est une aide précieuse pour la compréhension mutuelle des échanges.

Lorsqu'une personne vous décrit ce qu'elle voit, parlez-lui en termes de vision ; si elle le fait à travers son ressenti, parlez-lui de ressenti… Voici un exemple : « Monsieur (ou Madame), vous nous présentez un plan d'amélioration de la productivité. Je ne vois pas où vous voulez en venir. Il faudrait dessiner plus précisément les grandes lignes de ce projet » : dessinez réellement, montrez des schémas, illustrez visuellement vos propos !

La reformulation

Reformuler les mots de la personne ou les traduire dans son propre langage (« si j'ai bien compris... ») a plusieurs effets intéressants :

- Mémoriser ce qui est dit. Nous ne pouvons retenir que quelques parties d'un discours ou même de quelques phrases. En reformulant on met l'accent sur certains mots et la synthèse se fait ensuite beaucoup plus facilement ;
- Montrer à l'autre que nous sommes attentifs et à l'écoute de ce qu'il dit ;
- S'assurer qu'à tout moment on a bien compris le message de l'autre en évitant toute interprétation personnelle des mots ou des attitudes ;
- Interrompre notre interlocuteur pour être certain de notre interprétation en reformulant ses propos. Il saura nous reprendre si notre interprétation est erronée et nous éviterons ainsi bien des quiproquos.

Trier sur l'autre

C'est une expression du jargon de la PNL : cela veut simplement dire « s'intéresser au monde de l'autre ». Par exemple, dans ce genre de dialogue :

« Ce matin j'étais en rogne, mon ordinateur ne démarrait pas et quelle barbe !

— Ah oui... c'est comme moi l'autre jour...

— Et on a tellement de mal à comprendre les informaticiens que j'appréhende toujours de les appeler.

— C'est vrai, nous, d'ailleurs, nous n'avons pas de service informatique sur place. »

Dans cet exemple, chacun parle de son propre monde. Il y a échange mais pas véritablement communication. Trier sur l'autre se serait traduit par :

« Ce matin j'étais en rogne... »

— Ah oui et alors qu'avez-vous fait ?

— On a appelé les informaticiens mais on a tellement de mal...

— Oui, c'est vrai, leur langage n'est pas toujours simple... et je vois que vous avez aussi des difficultés. »

Ensuite, bien évidemment, la conversation peut continuer tranquillement sur un mode ou un autre, mais il y a fort à parier que ces premières phrases ont mis la première personne à l'aise car elle a bien senti que son interlocuteur s'intéressait à ce qui se passait pour elle.

Trier sur l'autre, c'est entendre réellement ce qu'il pense et ce qu'il croit, sans porter de jugement sur sa personne ni sur ce qui est important pour lui.

Rappelons-nous que les émotions, les critères et les besoins d'une personne ne peuvent pas être contestés.

Matching/Mis-matching

Il faut ici parler d'un mode de fonctionnement que nous possédons tous et qui est indispensable au traitement interne des informations que nous devons gérer : la PNL appelle ces modes de fonctionnement le « matching » et le « mis-matching ». Hélas ! nous n'avons pas trouvé encore de traduction française satisfaisante pour rendre le sens subtil de ce concept bipolaire.

Imaginons que nous ayons des documents à classer. Nous pouvons choisir de trouver quels sont leurs points communs pour les ranger ensemble : c'est le matching. Nous pouvons au contraire chercher les points de différence qui nous feront faire plusieurs tas de documents selon leur sujet. C'est le mis-matching.

**Matcher consiste à chercher ce qui se ressemble.
Mis-matcher consiste à chercher ce qui manque, ce qui est différent.**

Mis-matcher avec humour ![1]

Ces deux pôles sont aussi utiles et nécessaires, cependant, nous avons une tendance naturelle à utiliser plus l'un que l'autre. Notre cerveau utilise énormément ce processus pour acquérir, identifier, classer les informations quotidiennes. Voici quelques exemples de différentes formes de mis-matching :

- Verbal (c'est le support de l'humour des Dupont dans Tintin) :

  « Il fait froid ce matin.

  — Je dirais même plus : il ne fait pas chaud. »
- Polaire :

  « Je vais commander maintenant du papier.

  — Non ce n'est pas le moment. »
- Par contre-exemple :

  « Notre société devrait se débarrasser de tel secteur de son activité.

  — Oui mais il y a d'autres secteurs qui ne marchent pas mieux. »

1. Dessin de Michel LEMMERS, Ingénieur chimiste pratiquant la PNL.

ou

« J'ai apprécié le travail de ce collaborateur.

— Il y a d'autres fois où il n'était pas performant. »

- Par méta-commentaire :

  « Je vous prie de me faire la liste du personnel présent sur ce chantier.

  — En avez-vous vraiment besoin ? »

  ou

  « Je suis inquiet devant nos résultats.

  — On n'a pas idée de se faire du souci pour cela. »

Le Matching consiste à juxtaposer les modèles du monde alors que le mis-matching les oppose.

Matching n'est pas synonyme d'accord et mis-matching de désaccord :

- On peut matcher tout en n'étant pas d'accord : « Vous avez cette vision de la situation et pour ma part j'en ai une autre. »
- On peut mis-matcher tout en étant d'accord : « Je suis d'accord avec vous mais il y a d'autres choses plus importantes encore. »

Comme ce processus s'adresse directement à la vision du monde de chacun, il a un impact émotionnel très fort. Il faut en être conscient et être attentif à savoir matcher ou mis-matcher selon les circonstances. Le matching est un bon moyen d'établir le rapport : entendre ce que l'autre apporte, rester dans le cadre de ce qu'il exprime, sans chercher ce qui manque.

Nous avons donné dans ce chapitre quelques outils permettant de réaliser cette étape fondamentale dans la relation : établir le rapport. Lorsqu'il est réel et authentique, c'est un tapis rouge qui est déroulé. Il permet de guider la relation vers un résultat fructueux. Il n'est pas indispensable d'utiliser tous ces outils en même temps. Mais si la communication passe mal, repérez ce qui ne fonctionne pas et rectifiez le tir.

Établir le rapport est un fondamental à mettre en place dans toute relation.

- Le climat dans lequel se déroule une communication n'a pas nécessairement besoin d'être calme. Lorsqu'un rapport authentique existe, donnant ce sentiment fort que ce sont des adultes respectueux l'un de l'autre qui sont en présence, il y a toutes les chances d'aller vers un résultat fructueux.
- Plus la relation risque d'être conflictuelle et plus vous devez être attentifs à créer et à maintenir le rapport.

Cas n° 7 : la gestion d'une équipe de ventes au sein d'une start-up

Monsieur A. est contacté pour reprendre la direction générale d'une start-up créée deux ans auparavant. Cette société est dirigée depuis l'origine par un ami de l'actionnaire. Les deux hommes se connaissent bien pour avoir déjà vécu dans le passé une expérience similaire qui a mal tourné. La situation est la suivante : le président dirige une équipe de cinq personnes, composée d'une responsable administrative, en l'occurrence sa femme, d'une assistante commerciale, d'un technicien et de trois commerciaux. Il règne dans la société une ambiance délétère. La femme du président impose une pression de tous les instants aux vendeurs, les contrôlant par tous les moyens possibles et imaginables. La notion de confiance ne peut, dans son esprit, exister entre un vendeur et une société. Il s'en suit un turnover important avec un impact sur le résultat d'exploitation négatif, supérieur au chiffre d'affaires de la société.

L'actionnaire décide de démettre le président de ses fonctions, de licencier sa femme et d'embaucher un nouveau directeur général qui aura pour mission d'assurer le suivi administratif et financier de la société, d'embaucher une nouvelle équipe commerciale et de proposer un plan pour redresser les comptes de la société. L'ancien président réalise à lui seul environ 80 % du chiffre d'affaires, ce qui n'est pas très difficile puisqu'il récupère le travail de prospection effectué par les différents vendeurs dont il se sépare à la fin de leur période d'essai. L'actionnaire décide donc de le garder dans la structure en tant que responsable grands comptes en lui accordant, de surcroît, de lui rester rattaché hiérarchiquement. Monsieur A. prend donc ses fonctions et discute immédiatement avec Monsieur B., l'ancien président, pour essayer de voir dans quelle mesure une équipe à deux peut se constituer pour redresser la société. Bien que les rôles de chacun semblent parfaitement définis sur le papier, il s'avère très rapidement que Monsieur B. ne les accepte pas et fait tout pour récupérer ses prérogatives.

Monsieur A. doit, tout d'abord, convoquer l'un des vendeurs qui termine sa période d'essai. Il lui expose sa conception du management, à l'opposé de celle appliquée jusqu'alors, et évoque avec lui la responsabilisation qu'il entend donner à son équipe de vente, l'assurant que les mauvais échos entendus sur son compte ne comptent pas pour lui et que seuls les résultats à venir seront considérés. Le vendeur se dit ravi de l'entretien et assure Monsieur A. qu'il peut compter sur lui. Le jour suivant, il ne se présente pas au bureau, ne donnant aucune explication. La situation dure ainsi quatre jours avant qu'il appelle Monsieur A., lui indiquant qu'il a « pété les plombs » compte tenu de la pression qui s'est exercée sur lui depuis son arrivée dans la société. Monsieur A. décide de le convoquer et, après une longue explication, de mettre fin à son contrat de travail, ce que le vendeur comprend parfaitement.

Dans le même temps, Monsieur A. embauche trois nouveaux vendeurs qui viennent compléter l'équipe. Il décide de privilégier les complémentarités et embauche un Africain et une Algérienne. Le problème majeur est la motivation de cette nouvelle équipe alors que les comptes laissent à désirer. Monsieur A. décide de jouer la transparence, contrairement à l'omerta qui a toujours été de mise avec l'ancienne équipe de direction.

Une réunion hebdomadaire est organisée au cours de laquelle non seulement un plan d'action commercial est établi pour la semaine à venir mais également une situation précise des comptes de la société est présentée. Un accent tout particulier est mis sur la confiance faite à chacun, confiance renouvelée par le propriétaire lors d'une réunion plénière. L'efficacité de ces réunions est cependant limitée par les remises en cause permanentes faites par l'ancien président sur les méthodes employées. Monsieur A. est obligé de recadrer sans arrêt les débats en s'appuyant sur sa légitimité et sur l'accord donné par l'actionnaire pour mener à bien cette politique. Il rappelle inlassablement les rôles dévolus à chacun en gardant un calme olympien, ce qui n'est jamais le cas de Monsieur B.

Après une discussion de plusieurs heures entre Monsieur A. et Monsieur B., Monsieur A. essaie une énième fois de rappeler que le sauvetage de la société passe par une entente cordiale au sein de l'équipe de direction et l'union des forces complémentaires de chacun. Monsieur B. décide de se mettre en arrêt maladie pour dépression nerveuse. Cette situation va durer trois mois, temps contractuel pendant lequel Monsieur B. touche son plein salaire, avant de décider de demander au tribunal la rupture de son contrat de travail pour harcèlement moral. L'actionnaire décidera alors de le licencier pour faute lourde après s'être aperçu que Monsieur B. montait sa propre entreprise, sous couvert de sa femme, et ce, dans le même domaine d'activité.

À la fin de la période d'essai des vendeurs, Monsieur A. décide de la renouveler, compte tenu des résultats de la société, d'une part, et de ceux peu satisfaisants des vendeurs, d'autre part. Pour cela, et alors qu'il n'y est pas obligé par la loi, il les convoque, fait le point avec eux sur les aspects positifs et négatifs de leur travail, leur précisant que cette décision va leur permettre, en plus, de conserver leur prime de résultat qui était contractuellement figée pendant leur période d'essai. La décision leur est notifiée par lettre recommandée avec accusé de réception. Deux d'entre eux décident, ensemble, de ne pas aller retirer leur courrier respectif et envoient une lettre à Monsieur A. lui indiquant que, n'ayant pas signé leur lettre avant la fin de leur première période d'essai conformément au terme de la convocation collective, ils se considèrent embauchés d'office.

Monsieur A. décide de les recevoir de nouveau. Il leur rappelle les enjeux pour la société et leur propose de revenir sur leur décision, d'autant qu'ils étaient, tous les deux, avant de travailler pour l'entreprise, en chômage de longue durée. Cette dernière tentative de dialogue et de concertation échoue. L'actionnaire demande alors à Monsieur A. de rompre leur contrat de travail pour faute grave. Il s'en suivra deux actions aux prud'hommes, où les vendeurs seront déboutés. Il faut également noter que le troisième vendeur, lui, a accordé sa confiance à Monsieur A. en acceptant le renouvellement de sa période d'essai. Quant à Monsieur A., il sera également remercié quelques semaines après sur la base du nouveau plan stratégique qu'il a proposé au propriétaire.

Commentaires

Dans ce cas, on peut tout d'abord s'interroger sur la nature des relations existant entre l'ancien président et l'actionnaire pour que ce dernier accepte, à l'encontre de toute bonne règle de gestion du personnel, de le garder dans la structure en lui ayant retiré la quasi-totalité de ses pouvoirs. Certes, le chiffre d'affaires qu'il rapporte est important mais cette décision ne peut qu'amplifier les problèmes et remettre en cause la survie même de la société.

En ce qui concerne le problème rencontré avec les deux vendeurs, il semble que le nouveau directeur général ait tout fait pour les intégrer à la structure. Mais, face à leur comportement, seule l'application scrupuleuse de la loi sociale aurait pu lui sauver la mise. Elle lui imposait, le jour où les vendeurs ont refusé de signer la prolongation de leur période d'essai, de mettre fin immédiatement à leur contrat de travail.

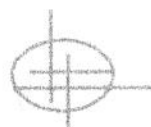

Les outils PNL applicables à ce type de problématiques

Sans doute le directeur général avait-il en tête les principaux outils PNL ou, comme Monsieur Jourdain, les appliquait-il sans le savoir.

En ce qui concerne la relation entre l'ancien président et le nouveau DG, ce dernier aurait sans doute pu essayer d'explorer les raisons profondes de l'attitude de blocage systématique qu'il rencontrait. Il aurait ainsi pu utiliser le contre-pouvoir qu'il représentait, ce dernier permettant souvent de prendre les meilleures décisions.

Pour ce qui concerne la relation du DG avec les deux vendeurs, comme dit précédemment, il semble qu'il ait tout fait pour avoir avec eux un dialogue direct et pris du feed-back après chacune des décisions les concernant. La PNL propose des outils performants mais ne garantit jamais le résultat. Les deux vendeurs ont préservé leur autonomie de décision, et ce quels qu'en soient les impacts sur la pérennité de la société. Dommage !

Chapitre 6

Le métamodèle

Langage et informations

Comme nous l'avons vu dans le chapitre 1 sur la vision du monde, nous communiquons grâce au langage verbal et au langage non verbal. Tous deux, d'une certaine façon, ne peuvent être compris que s'il existe un « code » de traduction. C'est assez évident pour le langage non verbal puisque les gestes, les mimiques, les manifestations physiques en général ne peuvent être traduites valablement que si une explication ou une convention en sont données. Sinon cela relève de la pure interprétation avec tout son cortège d'erreurs possibles. Le langage verbal est à peine mieux loti mais les codes de traduction sont infiniment plus développés puisque la langue est largement partagée par toutes les personnes d'un même groupe linguistique qui peuvent donc comprendre une grande partie des informations véhiculées par les mots.

Hélas les choses ne sont pas si simples. Le but des paroles est de transmettre à l'interlocuteur des informations sur le modèle du monde de l'émetteur. Cette part est très réduite cependant. Plusieurs phénomènes interviennent qui tronquent, déforment plus ou moins l'original qui est en nous.

Les ensembles linguistiques qui sont émis sont appelés en PNL le « métamodèle », c'est-à-dire le modèle du modèle.

Rappelons que le mot modèle ici veut dire reproduction réduite, ne gardant que certaines propriétés de l'original, suffisantes pour être utilisables mais ne rendant pas compte de la globalité de cet original

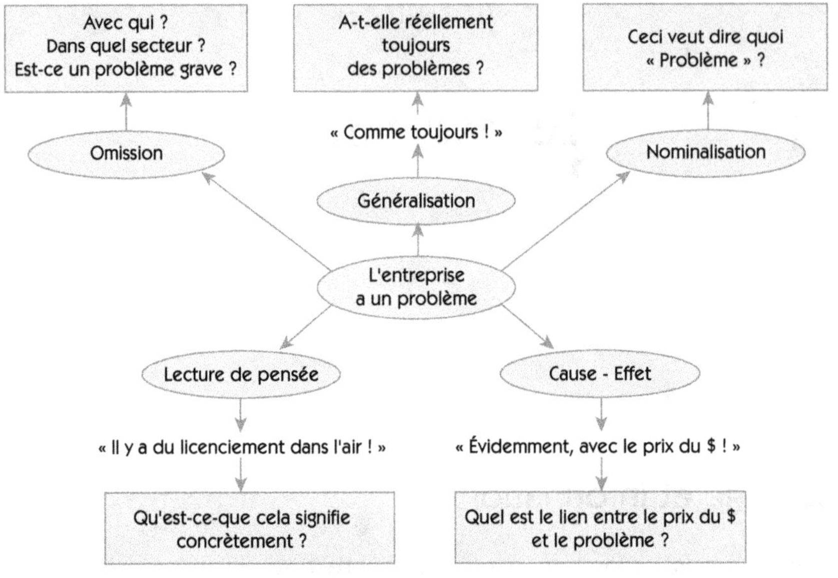

Un exemple du rôle du métamodèle

(la maquette d'un avion ne représente qu'une partie des données de l'avion, elle permet cependant de travailler avant de réaliser un original complet).

La PNL propose une grille de lecture de ce métamodèle, qui permet un questionnement le plus précis possible et d'éviter ainsi les quiproquos et insuffisances d'informations. Ce questionnement s'adresse à quelques grandes catégories de « déformations ». Il est intéressant de noter qu'aucune de ces limitations n'est en soi « mauvaise ». Elles ont toutes leur intérêt et leur inconvénient. L'essentiel est de repérer le moment où elles interfèrent dans la communication de manière gênante. On peut alors demander plus d'informations ou rectifier soi-même les manques de celles-ci.

Voici quelques-unes des grandes catégories de déformation.

Les omissions

Elles sont évidemment omniprésentes puisqu'on ne raconte jamais tout de ce qu'il y a en nous. De nombreuses informations manquent donc, quelquefois sans grande conséquence et quelquefois avec un impact important :

- « Je vais faire une procédure de validation de nos résultats. » Quand, avec qui, comment ? sont des questions pertinentes quand est nécessaire d'avoir une idée claire de ce qui va se passer ;
- « Je voudrais que vous soyez plus performants. » Le comparatif demande des informations complémentaires sur le moyen de référence : à quoi la personne saura-t-elle qu'elle est plus performante ? N'oublions pas que ce qui est clair pour nous en termes de représentation ne l'est pas pour notre interlocuteur. Cela vaut le coup d'être un peu plus explicite ;
- « Nous devons améliorer notre productivité et je vous demande d'y réfléchir. » Le « y » semble bien se rapporter à l'amélioration de la productivité mais cela pourrait être aussi à la productivité actuelle, elle-même. Une petite pointe de précision sur cet « index » peut se révéler utile ;
- « On raconte que l'entreprise envisage un plan social. » En demandant qui est le « on », l'information sera probablement mieux cernée.

Complétez les informations par :
Quand ? Comment ? Où ? Avec qui ? Qui ?

Les noms et les verbes non spécifiques

Les noms abstraits et certains verbes ne sont que des chapeaux sous lesquels de multiples traductions existent. La difficulté est que l'on croit toujours que le sens est le même pour tous. C'est loin d'être le cas.

Des mots comme liberté, solidarité, amabilité, performance ne donnent, à eux seuls, aucune idée de leur signification concrète. Ce sont des nominalisations. Certains verbes sont eux aussi inducteurs de confusions possibles : comprendre, améliorer, réfléchir, arranger les choses... De même que l'utilisation des auxiliaires être ou avoir : être agressif, avoir du punch, être consciencieux... Ce sont des verbes non spécifiques. Un verbe comme « marcher », lorsque nous disons « je marche dans la rue », donne une assez bonne idée de ce qui se passe car nous avons tous une représentation du mouvement des jambes lorsque ce verbe est utilisé dans ce contexte. Si nous disons « je marche dans ma tête », les choses deviennent déjà plus floues quant au sens et à la façon dont cela se fait. Ceci fait la différence entre ce que l'on appelle le sens propre et le sens figuré.

Une fois encore, il est utile de prendre conscience que ces nominalisations et ces verbes non spécifiques ont, en chacun de nous, une représentation généralement claire (vous savez certainement ce que signifie concrètement, pour vous, le mot « performance »). Le problème vient de ce que votre interlocuteur peut en avoir une représentation très, voire radicalement différente. Ne pas vérifier mutuellement ce qui est réellement compris par les uns et les autres risque d'entraîner des quiproquos et incompréhensions lourdes de conséquences.

« J'ai nettement amélioré ma performance, je me suis organisé pour voir deux clients de plus par semaine », dit ce vendeur à qui on avait demandé d'améliorer sa performance. « Mais... ce n'est pas ça la performance, il s'agit de rentrer plus de commandes », lui rétorque-t-on ! Chacun est déçu et une sorte de ressentiment peut s'installer.

Déclinez toutes sortes de questions autour de :
Qu'entendez-vous précisément ou concrètement par... ?

Les généralisations

Elles ont cette propriété de faire d'un cas ou de quelques cas particuliers une généralité :

- « Les clients sont exigeants. »
- « Chaque fois que nous parlons d'amélioration, vous vous sentez visé. »

Notre esprit a besoin de généraliser car c'est ainsi que se font les apprentissages (lorsque vous avez appris une fois ce qu'était une voiture, vous pouvez aisément appeler « voiture » ce qui se présente de la même manière, même si la marque ou la forme est différente).

Les règles, les transpositions de connaissances et d'utilisation se font par généralisation. Sinon rien ne serait possible puisque nous devrions poser sans cesse les mêmes questions. Dans le même temps, les généralisations peuvent devenir abusives. Un ou deux retards alors que vous prenez le train, et cela devient « les trains ne sont jamais à l'heure ».

Autres exemples de généralisation :

- « Les gens ne veulent plus travailler aujourd'hui. »
- « On peut toujours compter sur cette personne. »
- « Je ne me mets jamais en colère. »
- « Un client doit toujours être satisfait. »

De temps en temps, il est utile de remettre une généralisation en question. Elle est susceptible d'enfermer une situation, de conduire à une impasse, de mettre des étiquettes sur les gens. Tout à la fois utiles et limitantes, ces généralisations sont un atout lorsqu'elles sont bien comprises et utilisées avec souplesse et dans un souci d'adaptation au contexte.

Posez-vous ces questions :
Est-ce toujours (ou jamais) le cas ? Tous les gens sont-ils ainsi ?
Quelles sont les situations où nous pouvons accepter qu'un client ne soit pas satisfait ?

Les causes-effets

Faire un lien subjectif entre deux éléments dont l'un entraîne l'autre, c'est faire une cause-effet. Il n'est pas mauvais d'en faire et les lois de la nature et de notre quotidien sont souvent des causes-effets sur lesquelles nous pouvons nous appuyer pour prendre des décisions et avancer. Voici quelques exemples :

- « Une meilleure communication, une publicité performante donnent une image plus valorisante de l'entreprise. »
- « Quand le printemps arrive, les arbres bourgeonnent. »
- « Neige en novembre, Noël en décembre ! »

Cependant, parce qu'une fois encore nous avons besoin de donner du sens à ce qui se passe, nous créons des causes-effets beaucoup plus subjectives, vraies pour nous, mais absolument indémontrables :

- « Si la journée commence mal, ça va durer jusqu'au soir. »
- « Travailler dans un cadre de banlieue m'enlève la moitié de mon énergie. »
- « Si on essaie de discuter du futur de l'entreprise, on n'aura pas de réponse sincère. »
- « Si j'aborde ce sujet avec mon manager, il va m'envoyer balader. »

Beaucoup de sentences et dictons populaires sont des causes-effets :

- « Qui vole un œuf, vole un bœuf. »
- « Qui ne dit mot consent. »
- Etc.

Un exemple nous vient de l'entreprise : dans la concession d'une grande marque de voitures, le montant de la prime de vente accordée à un vendeur varie selon que le véhicule vendu est en stock ou non : « Lorsque la voiture choisie par le client est en stock, vous aurez une prime plus élevée que s'il faut la commander. » Or la gestion du stock échappe complètement au contrôle du vendeur et le choix du client en grande partie aussi. Voici donc une cause-effet « voiture en stock/prime élevée ou voiture à commander/prime plus faible » parfaitement incompréhensible pour le vendeur.

L'inconvénient est que ces idées peuvent avoir un très fort impact sur les actions et réactions des individus. Elles sont dites souvent de manière inconsciente car elles sont considérées comme tellement vraies qu'on ne songe même pas à les remettre en question.

Posez-vous cette question : Comment A fait-il pour entraîner B ?
Quel lien faites-vous entre A et B ?
Êtes-vous sûr que si vous faites A, B va se produire ?

La lecture de pensée

De la personne qui est en face de nous, nous ne percevons que ce qui se voit et s'entend. Les comportements verbaux ou non verbaux sont la seule interface entre les individus. Tout ce qui se passe derrière est donc non explicite. « La Poste, c'est écrit là », ça ne marche pas pour de bon avec ce qu'il y a dans notre tête et avec nos ressentis ! Les idées, les images mentales, le dialogue interne (c'est-à-dire ce que l'on se raconte à soi-même) et les émotions ne s'affichent pas explicitement.

Or, pour comprendre n'importe quel comportement, il faut lui donner un sens, une signification. Ce sont les intentions et les présupposés (c'est-à-dire ce que nous croyons vrai) qui insufflent le sens. « Asseyez-vous » est un ordre ou une injonction simple, mais très vite nous pensons : « Il veut me mettre à l'aise… Il est plein d'attention… Il ne supporte pas de me voir debout… » C'est le deuxième sens, celui qui a le plus d'importance qui est entendu. Mais rien n'est sûr !

Souvent nous tirons des conclusions hâtives et plaquons une intention, un présupposé, avant même d'avoir reçu l'information de notre interlocuteur. Par exemple :

- « Il est rentré directement dans son bureau ce matin, sans lever la tête… il a sûrement un problème. »
- « Il ne me regarde jamais directement, il est fuyant. »

Ce sont en général des causes-effets qui s'appuient sur une interprétation. Cela va très vite entre l'intention que l'on prête, le mécontentement que cela déclenche si cette intention ne nous satisfait pas, et les comportements réactifs plus ou moins vengeurs et en tout cas inadaptés. Des processus dramatiques peuvent s'enclencher auxquels l'intéressé ne comprendra rien puisque rien n'aura été émis comme objection immédiate. C'est ce qui se passe quand un individu agit d'une manière complètement inattendue, tout simplement parce qu'il aura compris quelque chose qui n'a pas été dit.

Ces présupposés servent aussi en communication indirecte : si une secrétaire a envie que la fenêtre de son bureau soit ouverte mais ne veut pas le demander directement, elle peut très bien se contenter de dire : « Je trouve que ça sent un peu le renfermé ici. » Elle espère ainsi que ce qu'elle ne dit pas (j'aimerais qu'on ouvre la fenêtre) soit tout de même compris. Et, en effet, il est fréquent que quelqu'un se lève et dise : « Attends, je vais ouvrir un peu la fenêtre. » Un autre exemple : « Ne me rendez pas ce rapport dans six mois, n'est-ce pas ! » Le collaborateur s'active et le rapport est rendu quinze jours plus tard. « Déjà ? Je pensais que vous le rendriez au moins dans un mois. Il me semble que vous avez été trop vite. Êtes-vous sûr que vous n'avez rien oublié ? » Les panneaux sur les routes comme celui qui indique « école » ne sont pas là pour signaler aux automobilistes qu'il y a une école mais bien pour les inviter à ralentir, ce qui n'est pas explicitement dit.

Dans beaucoup de conversations professionnelles, nous savons bien que ce qui n'est pas dit mais sous-entendu est au moins aussi important que ce qui est dit. Ce n'est pas forcément gênant mais c'est souvent une raison de se torturer l'esprit et d'être inquiet : « Ai-je vraiment compris le message ? » Il est alors utile de savoir faire ces lectures de pensée qui permettent de comprendre « à demi-mot ». Il faut cependant garder à l'esprit qu'elles ne sont pas synonymes de certitude, mais seulement de probabilité.

Il n'y a rien de plus agaçant que de se voir prêter une intention qui n'est pas la nôtre. Voici un exemple de discussion :

« J'ai agi de cette façon parce que...

— Arrêtez de vous justifier...

— Je ne me justifie pas, j'essaie seulement de vous faire comprendre ma démarche…

— Si, si, vous cherchez à vous justifier… »

Ou bien :

« Vous êtes en colère parce que…

— Non je ne suis pas en colère, je suis perplexe…

— Ne racontez pas d'histoires, vous êtes en colère, ça se voit. »

Nos intuitions, nos lectures de pensée sont d'excellentes sources de compréhension jusqu'à un certain point.

Exercice pratique de l'usage du métamodèle

Voici deux extraits du livre *L'Alchimiste* de Paulo Coelho[1]. Nous vous proposons un petit exercice d'entraînement à l'utilisation du métamodèle. Au-delà du contenu, nous vous invitons à vous mettre à la place du personnage principal et de relever, dans ces lignes, les questions que vous pourriez vous poser pour comprendre *in extenso* le texte. L'objectif n'est pas de critiquer le texte ou de chercher si vous êtes d'accord mais seulement de relever les limites des informations portées par les mots, en fonction de ce que vous venez de lire sur la grille du métamodèle de la PNL.

Pour cela :

- Relevez les mots ou groupes de mots sur lesquels vous avez besoin de plus de précisions ;
- Identifiez, à la lumière de cette grille, la catégorie à laquelle vous pouvez rattacher l'imprécision, à savoir :
  - Les nominalisations,
  - Les causes-effets,
  - Les généralisations,
  - Les manques d'index de référence,
  - Les verbes ou adjectifs non spécifiques ;
- Posez-vous la question qui vous permettrait d'obtenir une réponse la plus ciblée possible.

1. Paulo Coelho, *L'Alchimiste*, éditions Anne Carrière, 1994.

Un relevé simple et non exhaustif de ce que vous pourriez avoir noté vous sera proposé page 259. Vous aurez peut-être relevé d'autres exemples que ceux qui vous sont proposés dans notre corrigé car ils fourmillent dans n'importe quel texte. L'essentiel est de prendre l'habitude de pointer dans un discours, un texte, une note ce qu'il est important de préciser pour vous, pour votre compréhension. Vous prendrez alors l'habitude, dans vos discussions quotidiennes, de savoir poser les questions qui vous éviteront les incompréhensions et les risques de conflits.

Page 36 :

« La vieille prit les mains du jeune homme qu'elle étudia attentivement.[...]

Cette vieille bonne femme devait être vraiment une gitane. Les gitans sont bêtes !

"Eh bien comment interprétez-vous ce rêve ? demanda le jeune homme.

— Avant il faut jurer. Jure-moi que tu me donneras la dixième partie de ton trésor en échange de ce que je te dirai."

Il jura.

"C'est un songe du Langage du Monde, dit-elle alors. Je peux l'interpréter mais c'est une interprétation très difficile. Il me semble donc que je mérite bien ma part sur ce que tu trouveras.

[...] tu dois aller jusqu'aux pyramides d'Égypte. Je n'en ai jamais entendu parler, mais si c'est un enfant qui te les a montrées, c'est qu'elles existent en effet. Là-bas, tu trouveras un trésor qui fera de toi un homme riche."

[...] Si c'était pour ça, je n'avais pas besoin de perdre mon temps ! »

Un peu plus loin, page 38 :

« On arrive toujours à se faire de nouveaux amis sans avoir besoin de rester avec eux jour après jour. Lorsqu'on voit toujours les mêmes personnes, on en vient à considérer qu'elles font partie de notre vie. Et alors, puisqu'elles font partie de notre vie, elles finissent par vouloir transformer notre vie.[...] Car tout le monde croit savoir exactement comment nous devrions vivre. »

- Si l'interlocuteur explique son intention, ses pensées, nomme ses émotions, nous n'avons pas le droit de ne pas le croire, même si nous avons l'intime conviction du contraire. C'est un choix, une attitude éthique.
- Les réactions, les décisions d'un manager ne devraient pas s'appuyer sur une interprétation seule mais sur un faisceau d'éléments incluant les faits, le sens qu'il leur donne et les données probables mais non certaines, liées aux lectures de pensées.
- On ne communique sa vision, son modèle du monde que partiellement et qu'à travers des transformations subjectives inévitables. Il en va de même lorsque l'on reçoit des informations.
- Les échanges ne se font jamais dans la transparence absolue. C'est une bonne raison pour tenter, quand cela vaut la peine, de clarifier la communication. Celle-ci sera directe, et les risques de distorsion s'amoindriront.

Chapitre 7

La stratégie d'objectif

L'état présent

L'état présent est défini comme l'ensemble des données existantes à un instant T. Lorsqu'il est satisfaisant, les choses peuvent continuer, pour autant que les autres données du système restent suffisamment stables ou que les changements n'affectent pas beaucoup le fonctionnement de l'entreprise.

Lorsque, pour des raisons internes ou externes, situées à un niveau ou un autre sur l'échelle de Dilts, la situation actuelle n'est plus satisfaisante, il se crée une différence entre cette situation et un état désiré. Le problème se pose. Tout en cherchant à définir de manière cohérente l'état désiré à travers la stratégie de l'objectif, il peut être utile de se pencher sur l'état présent devenu problématique.

Les grandes lignes de ce qu'il faudra définir concernant cet état présent sont les suivantes :

- Quel est le déclencheur de cette situation ? Un changement dans l'environnement, l'augmentation du prix d'une matière première, des modifications dans la composition des membres de l'entreprise... (toutes sortes d'événements peuvent faire d'une situation jusque-là équilibrée un état problème) ?
- Quels sont les comportements actuels, les compétences en jeu ? Autrement dit, quelles actions sont maintenant inadaptées, où les compétences rencontrent-elles leurs limites ? Quelles nouvelles actions ont entrepris les concurrents, les partenaires ?

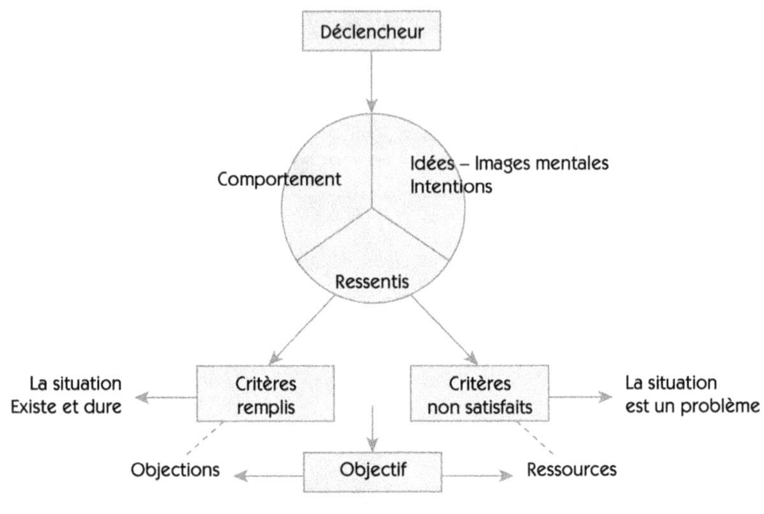

L'état présent

- Quelles sont les idées, les représentations, les intentions de l'entreprise et de son environnement ? Qu'il y a-t-il dans l'air du temps ?
- Quels sont les critères qui sous-tendent cette situation ?

Il est fondamental de rechercher deux choses :

- Quel est le critère (ou les critères) qui n'est plus respecté et qui fait que la situation devient problématique ?
- Quel est celui (ou ceux) qui peut créer la résistance au changement, c'est-à-dire celui que la situation actuelle remplit correctement ?

On retrouvera cette approche dans le paragraphe consacré à l'écologie de l'objectif, plus loin dans ce chapitre, puisque tout changement, aussi bénéfique soit-il, entraîne une perte à un niveau ou à un autre. Et c'est de ce deuxième critère dont il s'agit ici.

Une entreprise constate que ses ventes diminuent : le critère rentabilité est malmené. Il y a problème. Cependant, ce qui pourrait s'opposer au changement est peut-être un critère rempli actuellement comme « garder l'équipe en place » ou « laisser les gens du groupe dans leur confort actuel » ou « assurer la sécurité en évitant des changements trop rudes ». C'est ce que l'on appelle aussi les bénéfices secondaires.

Ce sont ces critères remplis dans une situation donnée qui entraînent les résistances, les hésitations.

Lorsque la situation aura été explorée ainsi, viendront d'autres questions :

- Quel est l'objectif ?
- Qu'est-ce qui m'empêche de l'atteindre (voir plus loin le paragraphe consacré à l'écologie de l'objectif) ?
- De quoi ai-je besoin pour le réaliser ?

L'état désiré

Avant d'aller plus loin, pensez à un objectif auquel vous tenez et notez-le.

Pour mettre en pratique ce qui a été dit dans les chapitres précédents, il convient dès maintenant de s'entendre sur une définition du mot « objectif ». Ce mot, tel qu'il est, est une nominalisation, c'est-à-dire un terme abstrait dont la signification n'est pas unique.

Il est probable que tout le monde s'accorde sur le fait que l'objectif est quelque chose qui prend place dans le futur, à une échéance plus ou moins lointaine par rapport au moment présent. Cependant, sous ce même vocable, le sens peut différer d'une personne à l'autre. La PNL a choisi le mot objectif en faisant une différence avec d'autres mots tels que but, projet, rêve, résultat, etc.

En tout état de cause, on peut aussi dire que l'objectif appartient à ce que la PNL appelle « l'état désiré », état non obtenu ou non atteint en complément ou différence avec ce qui existe actuellement et que la PNL appelle « l'état présent », comme nous l'avons vu au chapitre précédent.

Lorsque l'état présent est identique à l'état désiré, il n'y a pas d'état problème.

Malgré la complexité de ce qui définit ces deux états, présent et désiré, la PNL dit aussi qu'il y a un problème ou un « état problème » lorsqu'il y a une différence entre eux. Plus les différences sont grandes quantitativement et/ou qualitativement, et plus l'espace problème est large (plus l'espace solution devra être large aussi pour le dépasser et générer des solutions).

Le manager doit savoir définir précisément un objectif, en disséquer la plupart des aspects, en élaborer la mise en place et la réalisation, en évaluer les conséquences possibles, souhaitées ou non. Mener une équipe vers un futur conçu le plus clairement possible, porteur d'un changement bénéfique, en sachant aussi en présenter les inconvénients, est souvent un défi, mais de ceux qui nourrissent les aspirations d'un leader.

Un travail rigoureux sur l'objectif est important, même si les axes de réflexion sont tentaculaires et donnent un sentiment de complexité, avec une série de questions à la clé. La PNL offre une grille de lecture simple mais efficace : elle éclaire des points fondamentaux. Son apparente simplicité recouvre en réalité des points capitaux dont la définition structure vraiment le projet.

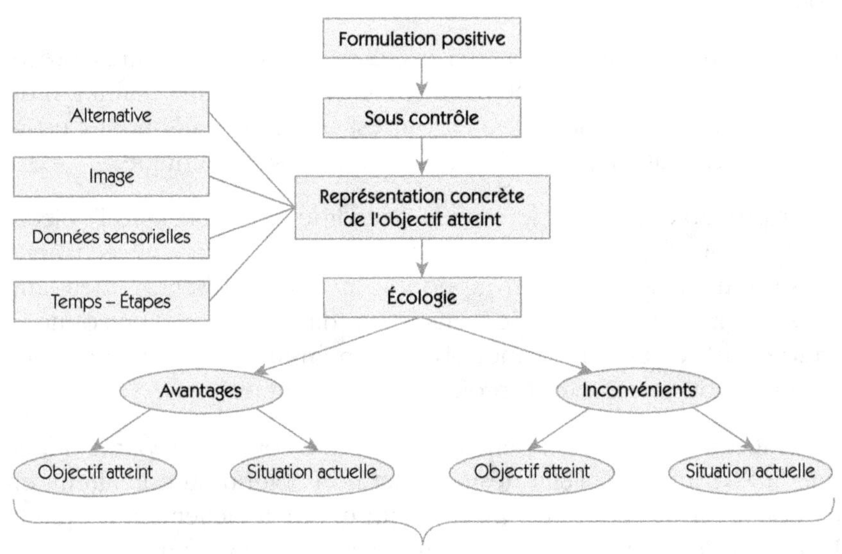

La stratégie d'objectif

Nous verrons successivement les éléments qui font partie de la stratégie d'objectif en décrivant les conditions qu'un objectif doit remplir pour être réaliste et motivant, selon le cadre proposé par la PNL. Tout d'abord, parmi ces conditions, trois critères sont indispensables pour parler d'objectif : la formulation positive, le contrôle, la traduction concrète.

Ces trois critères devront être simultanément remplis pour comprendre de la même manière le mot objectif.

La formulation positive d'un objectif

Un objectif doit être formulé sans négation dans la phrase. Voici trois exemples d'objectifs incorrectement formulés :

- « Notre objectif est qu'il n'y ait plus de gaspillage dans ce service. »
- « Mon objectif est de ne plus faire d'erreurs. »
- « Votre objectif doit être de ne pas laisser la concurrence prendre votre place. »

Ce qui a de l'impact sur nous et déclenche la motivation, c'est la représentation, au sens sensoriel du terme, que nous avons ou que nous créons dans notre esprit. Avoir une image mentale et éventuellement réelle de ce que nous voulons atteindre est une des conditions fondamentales de motivation et de réussite. Si elle n'existe pas, nous naviguons à vue. Si cette image a des caractéristiques attirantes, elle n'en sera que plus motivante encore.

Notre cerveau travaille extrêmement vite et au fur et à mesure de nos évocations, il crée des images mentales (en même temps, souvent, qu'un dialogue interne et du ressenti). Ce sont ces images mentales qui ont beaucoup d'impact sur nous. Le langage populaire, à travers des expressions comme « je vois la vie en rose », « je revois cette scène et c'est comme si j'y étais encore », « je suis dans le brouillard », ne fait que traduire l'importance de cette représentation visuelle mentale.

Faites la petite expérience suivante : en lisant ceci, arrêtez-vous un instant, et proposez-vous de ne pas penser à un lapin blanc, de ne pas voir ses oreilles et de ne pas imaginer qu'il vous tourne le dos... que se passe-t-il ? Vous avez sans aucun doute l'image du lapin, de ses oreilles... dans la tête. Ou vous avez créé volontairement une autre image qui remplace celle du lapin qui venait bien vite.

Notre cerveau, en effet, ne sait pas traiter le « ne pas ». Il ne peut pas créer le vide en recevant de telles informations : il ne peut que se faire une représentation de ce qui est décrit comme n'étant pas là.

Lorsque vous entendez : « Attention de ne pas faire tomber ton verre ! », il vous faut deux fois plus d'attention car l'image qu'imprime votre cerveau est celle du verre qui tombe.

Dant un objectif formulé avec une négation, l'activité cérébrale se représente ce qui n'est pas voulu et se focalise dessus.

L'expérience suivante a été faite aux États-Unis : deux groupes de personnes apprennent à conduire une voiture en situation difficile. Au premier groupe la consigne est donnée de faire attention à ne pas rentrer dans un obstacle situé au milieu de la route. À l'autre groupe, celle de faire attention à effectuer les bons gestes de conduite pour arriver sur le tronçon de la route situé au-delà de l'obstacle. Dans le premier groupe, 70 % des conducteurs n'ont pas pu éviter l'obstacle ; dans le second, tous ont réussi à le dépasser sans dommage. En demandant à chaque conducteur de décrire ce qui s'était passé pour lui, on a pu constater que dans le premier groupe, les conducteurs avaient l'image de l'obstacle devant les yeux et se sentaient en quelque sorte « attirés » par celui-ci. Dans le second, l'image mentale était la route au-delà de l'obstacle.

Souvent nous sommes amenés à constater ceci : « J'ai beau m'efforcer de ne plus penser à telle chose, c'est là, dans ma tête ! » Posons-nous alors la question : « À quoi d'autre pourrais-je penser ? » Pour avancer, il faut créer une autre idée, une autre image… et, littéralement, penser à autre chose.

Un autre exemple pourrait compléter ce qui fait que la formulation doit être « positive » : vous décidez de repeindre les murs de votre bureau. Dans un premier temps vous vous dites : « Je ne veux plus de ce beige terne, je ne veux pas non plus de rouge, ni de bleu… » Tant que vous restez sur ce dont vous ne voulez pas ou plus, vous ne filez pas chez le droguiste acheter un pot de peinture puisque vous ne savez pas encore quelle couleur vous mettrez sur ces murs. Il vous faudra décider de la couleur désirée pour mettre la peinture en route !

Il est certes important de prendre conscience de ce qu'il y a dans l'état présent et qui ne va pas, ne serait-ce que pour décliner ensuite ce qu'il y a à changer ou à supprimer, ou pour ne pas reproduire les erreurs actuelles. Mais le grand pas, synonyme de motivation et décision, n'est réalisé que lorsque nous avons une idée précise de ce que nous voulons, de ce que vers quoi nous allons.

L'orientation de la conscience doit obligatoirement se tourner vers ce quoi nous voulons aller.

La première chose à faire lorsque nous souhaitons définir un objectif est donc de vérifier que la formulation répond à cette règle. Et si ce n'est pas le cas, trouver ce que nous voulons à la place :

- « Je veux mettre en place un système d'économie. »
- « Je voudrais un travail clair rapidement. »
- « Nous devons égaler ou dépasser la concurrence. »
- « Nous devons maintenir ou augmenter la qualité de nos produits face à la concurrence. »

Bien entendu, le contenu de ces phrases n'est qu'un exemple. Il est fondamental que chacun trouve ses propres mots pour définir un objectif afin que sa représentation soit efficace.

Il y a un autre aspect qui intervient aussi, bien que plus subtil et quelquefois plus difficile à cerner : lorsque la formulation de l'objectif contient un verbe ou un mot qui suggère l'abandon, le renoncement, l'éloignement de quelque chose, le cerveau ne se représente également que cette chose. Ainsi : « Nous voulons arrêter de perdre du temps... Notre objectif est de laisser tomber les secteurs déficitaires... Je veux quitter mon travail... » sont autant d'objectifs qu'il faudrait transformer, par exemple, en : « Nous voulons optimiser l'organisation du temps... Notre objectif est de faire des choix pertinents sur les secteurs à garder... Je veux chercher un nouveau travail. » Là encore le contenu peut grandement varier d'une personne à l'autre.

Pour comprendre en quoi une telle formulation peut être limitante, il faut se rappeler que ce qui existe (la perte de temps, les secteurs déficitaires, le travail actuel) est bien là et d'une certaine façon a eu son utilité : si du temps a été « perdu », c'est parce que ce temps a servi à autre chose (sans résultat peut-être). Les secteurs déficitaires ne sont pas là non plus par hasard. Renoncer à ou arrêter quelque chose qui a rempli un certain rôle ne se fait pas d'un coup de baguette magique. Il n'y a rien de plus facile que de refaire les mêmes « erreurs » quand l'essentiel, en arrière-plan, n'est pas correctement éclairci.

La formulation positive est incontournable si l'on veut établir des projets cohérents.

La formulation positive est aussi un outil utile pour aider les collaborateurs à se motiver : formuler un projet qui indique ce vers quoi l'on va. Nous verrons comment enrichir la palette des outils de motivation tout au long de cet ouvrage.

Un objectif sous contrôle de celui qui le réalise

Avoir le contrôle d'un objectif signifie simplement que la réalisation de l'objectif ne dépend que de la personne qui devra le réaliser (et que l'intervention d'autres facteurs indépendants de sa volonté ne se fera éventuellement que dans un autre temps). C'est « garder l'initiative ». Une entreprise qui « accrocherait » sa réussite à des facteurs indépendants de son contrôle aurait toutes les chances d'être ballottée au gré des vents.

Nous entrons là dans la perception des différences entre résultat et objectif : « Mon objectif est d'avoir une augmentation à la fin de l'année... Mon objectif est de motiver mes collaborateurs pour le projet X... Notre objectif est de vendre 10 voitures avant la fin de l'année. » Prenons chaque exemple en sachant bien qu'il y en a une foule d'autres :

- **Avoir une augmentation.** Certes avoir une augmentation de son revenu à la fin de l'année est un souhait partagé par tous ceux qui travaillent. La décision, en général, ne dépend pas de soi. Ce n'est donc pas un objectif au sens PNL mais plutôt un résultat espéré.

  Traduire cet espoir en objectif serait par exemple : « Je vais préparer ma demande d'augmentation, développer tous les arguments en ma faveur... en espérant que j'obtiendrai ainsi l'augmentation que je souhaite. »
- **La motivation.** Comme d'autres ressentis, elle appartient à chacun. Personne n'a le pouvoir de la déclencher directement chez une autre personne. On ne peut jamais l'obliger réellement à faire, à penser ou à ressentir ce qu'elle a décidé de ne pas faire, de ne pas penser ou ressentir. Bien entendu des moyens coercitifs, des menaces peuvent conduire quelqu'un à ne pas résister et à plier à l'obligation lorsque le risque évalué devient trop important, mais ce sont des cas extrêmes qui, bien qu'ils existent dans certaines entreprises ou services, sont contraires à l'attitude éthique décrite précédemment.

L'objectif réel pourrait alors devenir : « Je vais chercher et développer tous les moyens possibles pour que les collaborateurs soient motivés par ce projet. »

- **L'objectif de vente.** C'est probablement un des leitmotivs les plus fréquemment entendus dans les services commerciaux. Formulé ainsi il témoigne de l'énergie à mobiliser. Mais (hélas !) il y a un client, un acheteur en jeu ! Et celui-ci garde ou devrait toujours garder son libre arbitre. La décision finale lui appartient, et, quels que soient les efforts et compétences du vendeur, il se peut que le client ne se décide pas ou choisisse autre chose !

  Alors : « Développer une politique commerciale énergique en organisant 10 visites clients ou en passant 80 appels téléphoniques par jour... Mise en valeur performante de notre produit. » Voilà une autre formulation qui définit un objectif réaliste et qui nous permettra, peut-être, de vendre 10 voitures. Nous ne sommes jamais sûrs du résultat mais, en quelque sorte, nous nous donnons toutes les chances d'y parvenir.

Les conséquences de telles transformations dans la conception d'un objectif sont loin d'être négligeables : non seulement cette reformulation évite les désillusions, les ressentiments qui surgissent lorsque le but ou le résultat attendu n'est pas atteint, mais elle permet une gestion beaucoup plus efficace, ainsi que la mise en place de nouvelles stratégies et d'idées novatrices. C'est ce qui est en notre pouvoir que nous devons modifier et pouvons entreprendre. C'est nous qui traçons la route !

Il n'y a rien de plus démobilisant que de porter la culpabilité de ce que nous n'avons pas pu réaliser, alors que la réponse ne nous appartient pas. Si le vendeur n'a pas vendu 10 voitures, ce n'est pas juste de l'accabler s'il s'avère que son argumentaire, son attitude relationnelle, son travail et sa disponibilité ont été en accord avec les moyens définis. Il faut retravailler l'objectif, retrouver de nouveaux moyens et redéfinir une nouvelle politique de vente pour, là encore, espérer (car il n'y a pas de certitude) que cela marche.

Le manager peut, par exemple, avoir envie, très sincèrement, que ses collaborateurs se sentent bien dans leur travail et s'épanouissent dans leur vie professionnelle. Son rôle est de proposer tous les moyens possibles pour y parvenir, mais le bien-être, la satisfaction, l'implication de chaque membre de l'entreprise reste entre les mains de ces derniers. Nul ne peut faire le bonheur d'autrui à sa place.

Laisser à chacun la part qui lui appartient, tout en proposant des conditions motivantes compatibles avec les moyens de l'entreprise, et accepter les limites de son pouvoir sont les premières attitudes de sagesse d'un manager.

Définir des objectifs dont l'initiative et la gestion appartiennent à celui ou ceux qui les déterminent n'est pas toujours facile : la réflexion, la validation et la maîtrise représentent déjà un gros travail. De plus, quelle que soit la qualité de l'objectif défini, c'est souvent le résultat qui confirme le valide ou l'invalide.

Une entreprise peut, par exemple, réaliser une plaquette publicitaire qui répond à tous les critères que l'équipe aura défini et qui lui semble superbe. L'objectif est bien atteint. Si cette plaquette n'a aucun impact sur la clientèle et n'apporte pas les résultats prévus, c'est qu'il y a besoin de la revoir : « Cent fois sur le métier… »

Le résultat a donc, bien entendu, son importance : nous aurons l'occasion de redire que ce qui donne du sens à un objectif, à une communication, c'est la réponse de ceux qui en sont la cible, indépendamment de l'intention de son auteur.

Prenons un autre exemple : un manager élabore une proposition concernant des modifications des conditions de travail. Il définit des critères qui lui permettent de voir que sa proposition tient la route. Il est probablement convaincu que ce qu'il propose améliore les conditions de travail. Et pourtant, les « bénéficiaires » de ces propositions ne sont pas enthousiastes, ils manifestent même une certaine opposition. Inutile alors de tenter d'expliquer l'intention. Il est plus fructueux de prendre en compte ce feed-back et de réfléchir sur la suite à donner : « Je vois que ces propositions ne semblent pas vous convenir. Voulez-vous me faire part de vos idées afin de les affiner ? »

Lorsqu'on creuse un objectif, on peut arriver à un point qui n'est plus sous contrôle. L'objectif doit être défini jusqu'à ce point-là, et celui-là seulement.

Un manager veut investir dans du matériel informatique performant en remplacement de postes plus anciens. Il fait un appel d'offre, consulte plusieurs fournisseurs, met en place les financements nécessaires. Il a alors réalisé un premier objectif qui est d'avoir rassemblé toutes les informations nécessaires pour faire un choix. Il est prêt à passer sa commande mais il sait que l'avis des utilisateurs doit être écouté. Cela ne remet pas en cause le processus mais il y a une étape qui n'est plus sous le contrôle du seul manager.

La traduction concrète de l'objectif

Nous n'avons aucune chance de trouver ce que nous cherchons sans représentation concrète de ce que nous cherchons. Si l'on vous demande de chercher un « varsélion » dans votre bureau, qu'allez-vous faire ? Le célèbre jeu du « Chmilblick » illustre bien ce propos : seul un faisceau de questions précises vous mènera à la solution et vous permettra de comprendre, et donc de chercher, ce qu'est, pour celui qui vous en a fait la demande, un « varsélion » (ne cherchez pas trop, il nous semble que cela n'existe pas... mais un wombat, une idée ?).

Christophe Colomb pensait avoir atteint l'Inde. Il n'a pas pu se rendre compte tout de suite que les terres découvertes n'étaient pas celles qui constituaient son objectif puisqu'il ne savait pas à quoi ressemblait ce qu'il projetait d'atteindre.

« Le cadre d'évidence » est en PNL l'ensemble des manifestations sensorielles qui indiquent que l'objectif est atteint.

Les conditions concrètes, observables et éventuellement mesurables qui feront dire que l'objectif est atteint doivent être décrites le plus largement et le plus précisément possible. C'est un moyen de vérification qui assure une certaine tranquillité.

Ceux qui ne savent pas à quel moment et sur quels éléments observables ils pourront dire qu'une organisation fonctionne seront dans la recherche permanente du « encore plus ». Ceci génère une insatisfaction chronique. Le « un manager doit savoir tout gérer » est une gageure qui en désespère plus d'un. On pourrait, pour illustrer ce propos, prendre les procédures de la démarche qualité qui sont toujours assorties d'indices quantifiables permettant de faire le point, de vérifier qu'elles fonctionnent et que les objectifs sont atteints.

La description d'un objectif réaliste sera donc accompagnée automatiquement d'une représentation mentale, en particulier d'images. Le langage populaire, une fois de plus, vient renforcer cette affirmation : « Je ne vois pas où vous voulez en venir... J'ai une vision claire de mon avenir immédiat... », entend-on çà et là.

Encore une fois, ne pas confondre les aspects concrets du résultat avec ceux de l'objectif : si un manager fixe un objectif à un vendeur comme « réaliser un argumentaire solide » ou « améliorer sa communication », la représentation concrète de l'objectif ne sera pas le nombre de voitures vendues (même si celui-ci est, comme nous l'avons dit, un bon feed-back de l'efficacité de l'objectif réalisé). Ce sera plutôt des documents clairs, agréables à l'œil, un exposé bien élaboré, etc.

Le manager saura se représenter les éléments concrets qui lui permettront de savoir qu'il a suffisamment travaillé un projet, suffisamment préparé un discours (il a par exemple le plan en tête, les idées-forces bien claires, écrit les grandes lignes de son discours, listé au moins une partie des objections ou questions...).

Un autre élément très concret d'une stratégie d'objectif est la prise en compte du temps. Celui-ci ne peut pas être négligé. Le terme d'une stratégie d'objectif doit être situé dans le temps et de manière cohérente par rapport aux besoins de l'entreprise.

Notons enfin qu'un projet vague ou non concret reste un rêve ! S'il est important de rêver, car c'est pour beaucoup de grands créateurs la première étape de la créativité, pour que le rêve devienne réalité, il est nécessaire de passer à l'étape de la mise en forme concrète.

Les autres critères d'un objectif PNL

Il y a d'autres critères auxquels doivent répondre des objectifs au sens PNL. Ils sont indispensables eux aussi. Cependant ils ne doivent être abordés qu'une fois définis les trois premiers. Il est en effet inutile de faire ce travail sur un « objectif » qui n'est pas sous contrôle ou représenté concrètement. Ce sont les étapes, les alternatives et l'écologie.

Les étapes

Les étapes propres à un objectif devront répondre aux mêmes critères que l'objectif lui-même ! C'est une des conditions de clarté et d'efficacité d'un projet. Bien évidemment, élaborer un objectif dans lequel une ou plusieurs étapes sont hors du contrôle n'est pas interdit ! Il faut juste en être conscient et le prendre en compte :

- Prévoir les investissements à court, moyen ou long terme d'une entreprise en définissant comme étape intermédiaire une demande d'emprunt à la banque est une démarche possible si l'on tient compte que l'acceptation du prêt est aux mains du banquier et peut donc faire défaut ;

- Organiser un changement dans une organisation peut se faire très clairement sur le papier : l'acceptation de ce changement par les équipes est aussi une étape qui échappe largement à l'initiative du créateur du projet. Ignorer cette phase est une cause fréquente d'abandon du projet, de ressentiments et d'énergie perdue inutilement.

Les étapes sont, en fait, des sous-objectifs. Elles seront formulées sans négation, d'une façon concrète et véritable. La fin d'une étape annonce et permet le passage à l'étape suivante. Elles aussi seront définies en terme de temps.

L'intérêt des étapes est de rendre le chemin plus facile et plus sécurisé : elles permettent des contrôles intermédiaires, des actions réalistes qui peuvent être plus concrètement appréhendées. Pour mettre de l'ordre dans des archives, par exemple, il est bon de faire un plan des différents segments de travail : classer les factures, puis les bons de commandes... Lorsqu'un collaborateur a pour objectif de prendre plus de contacts téléphoniques, il a intérêt à d'abord préparer son argumentaire, puis ses listes d'appels, etc.

Les alternatives

Les certitudes n'existent pas vraiment, et les probabilités se sont taillé la part belle ces derniers temps[1]. Il est donc sage d'envisager que l'objectif prévu puisse ne pas être atteint. De multiples facteurs, prévisibles ou non, peuvent interférer et empêcher son aboutissement, aussi bien préparé soit-il.

Il faut donc imaginer des alternatives : si le plan A ne marche pas, quel plan B pourrait prendre le relais ? Bien sûr, chacune de ces alternatives devra répondre aux mêmes critères de validité que l'objectif initial.

On dit qu'un vrai leader est celui qui sait quoi faire si ce qu'il a prévu ne marche pas.

1. Voir le livre de Boris Cyrulnik, *La fin des certitudes*, Odile Jacob, 1996.

L'écologie

Le monde est un ensemble de systèmes qui englobent d'autres systèmes plus petits, qui eux-mêmes en englobent d'autres, et ainsi de suite. Cet ensemble appartient à un système plus grand que lui, et ainsi de suite. Chaque système contient un certain nombre d'éléments. Tout système présuppose que les différents éléments qui le composent sont en interaction, tandis que le système tout entier, qui est lui-même élément d'un système plus grand, est aussi en interaction avec ce dernier.

Une seule modification d'un des éléments d'un système entraîne obligatoirement une modification de l'équilibre initial du système total. Tout changement, même souhaité, inclut donc un risque de dysfonctionnement. En même temps, un équilibre dynamique est par essence instable, contrairement à un équilibre statique. Le côté dynamique est en effet lié aux changements, adaptations et renouveaux permanents. Un système n'est vivant que s'il se modifie sans cesse de manière plus ou moins importante et qu'il est en échange avec l'extérieur. Tout système vivant est donc toujours en équilibre instable. Un système en équilibre stable est un système mort ou sur le point de mourir.

Une entreprise contient des éléments qui appartiennent au système qu'elle représente ; elle-même fait partie d'autres systèmes qui l'englobent. Elle se doit d'être un système vivant, sinon elle meurt. Elle est donc en permanence en équilibre instable, mais en équilibre tout de même. Un changement, aussi minime soit-il, provoque un déséquilibre momentané, plus ou moins important, avant d'atteindre un nouvel équilibre, qui sera de nouveau modifié, et ainsi de suite. Le monde change en permanence. Les échanges entre le système et ce qui lui est extérieur sont le signe qu'il est vivant. Un système en autarcie, qui n'échange plus avec l'extérieur, est déjà mort ou moribond. L'adaptation et l'anticipation créative sont les facteurs essentiels de la survie et de l'évolution intelligente. Elles conduisent non seulement chaque individu (qui est un système en soi) mais aussi tous les systèmes vivants (donc l'entreprise) à accepter et à générer des changements, en fonction non seulement de leurs propres objectifs mais aussi de ce qui se passe autour d'eux.

L'écologie correspond à cet équilibre nouveau qui mène le système au dynamisme soutenant une évolution.

Le manager se trouvera en permanence devant un challenge qui relève de celui du funambule ! Oser avancer en évaluant par anticipation comment le système retrouvera un équilibre, obligatoirement « imaginé, projeté ». C'est ce que la PNL appelle faire le « pont sur le futur ». Quelques questionnements pertinents permettront de préparer au mieux la voie. Supposons, pour éclairer le propos, qu'une entreprise envisage de développer un nouveau produit : une nouvelle crème enrichie d'une super-vitamine ou en oméga 3. Le résultat espéré est que de nombreuses clientes achètent ce produit, l'objectif étant pour l'entreprise de le créer et de le promouvoir.

Quatre questions se posent : que gagne l'entreprise à atteindre cet objectif, que perd-elle à l'atteindre, que gagne-t-elle à ne pas créer ce produit, que perd-elle à ne pas le faire ? Prenons les une par une, elles ne sont ni redondantes ni inutiles car chacune offre à la fois un angle de perception différent et une exploration logique et complète des aspects intéressants. Cela s'appelle en PNL le « cadre de pertinence » :

- **Que gagne l'entreprise à atteindre cet objectif ?** À cette première question, il est généralement facile de répondre. Un projet naît parce que des besoins, des espoirs ou des contraintes stimulent la nouveauté : les gains, la notoriété, le positionnement du groupe, le maintien des équipes, la survie de l'entreprise. On peut rapidement envisager toutes sortes d'avantages. Ils sont souvent multiples et, dans tous les cas, permettent de mobiliser l'enthousiasme et les énergies (La fable *Perrette et le pot au lait* en est une parfaite illustration) ;
- **Que perd-elle à ne pas créer ce produit ?** Traitons tout de suite cette quatrième question qui recouvre un peu le domaine de la première mais représente un autre point de vue, essentiel lui aussi : perte de parts de marché, perte de la confiance des actionnaires, démobilisation des collaborateurs, statisme destructeur. Là encore, tous les inconvénients de l'immobilisme apparaissent rapidement et renforcent le désir de faire cette nouvelle crème. « Il n'y a que des avantages... On a tout à gagner et rien à perdre » sont des phrases agréables à dire et à entendre mais, hélas, elles peuvent conduire à des déconvenues sévères et lourdes de conséquences.

On doit toujours renoncer à quelque chose lorsque l'on va vers une autre situation.

Mettre des œillères et refuser de considérer ces incidences témoignent d'un défaut de réalisme. Ceux que l'on appelle souvent « les empêcheurs de tourner en rond » sont loin de n'être que ceux qui mettent des bâtons dans les roues. Ces avocats du diable qui voient les pièges, désillusions et failles possibles ont toute leur utilité ici. Il faut donc, avant toute innovation, envisager tous les aspects potentiellement « négatifs ». C'est d'autant plus difficile, et donc nécessaire, que le projet est enthousiasmant.

- **Que perd l'entreprise en créant cette nouvelle crème ?** Le confort de ce qui est connu et bien géré ? La sécurité des collaborateurs qui connaissent bien leur travail et sont donc performants ? La sécurité qui repose sur la gestion des produits ayant fait leurs preuves ? La sécurité financière ? C'est ici que la seconde question prend tout son sens et là encore de multiples aspects pourront être évoqués.
- **Que gagne l'entreprise à ne pas créer ce produit, c'est-à-dire à rester dans la situation actuelle ?** La tranquillité ? La performance bien assise ? Une trésorerie stabilisée ? Des équipes qui ronronnent ? Ici encore il y a un intérêt à explorer tous les recoins et tous les angles : comme dit le proverbe, « un tiens vaut mieux que deux tu l'auras » !

Lorsque ces quatre points auront été questionnés, la décision pourra se prendre en connaissance de cause. Si l'avenir n'est jamais complètement assuré et si l'on ne peut pas tout prévoir, le chemin sera largement déblayé et la vision plus claire et plus concrète. C'est un gage de sérénité s'il s'avère que l'objectif n'est pas atteint, et c'est une source d'arguments solides pour accepter l'échec si tel était le cas. Deux dernières questions méritent, elles aussi, un détour : lorsque l'objectif sera atteint, en quoi l'image de l'entreprise sera-t-elle changée ? Quelle nouvelle image l'entreprise aura-t-elle d'elle-même ?

Voilà les grandes lignes d'une stratégie d'objectif selon la grille proposée par la PNL. Elle n'est qu'un modèle parmi d'autres mais elle a largement fait ses preuves. Elle a le mérite d'une certaine simplicité qui permet cependant l'exploration de nombreuses parts de l'objectif et de ses conséquences.

Il va sans dire qu'un manager affûte ses atouts lorsqu'il a lui même conscience de ses propres objectifs et confiance en eux. Il doit savoir aussi que chaque individu a consciemment ou non ses objectifs personnels. Tout objectif remplit un objectif plus grand que l'on appelle en PNL le méta-objectif ou séquitor : c'est une valeur.

Le sens de la vie offre les séquitors ou méta-objectifs les plus élevés à l'être humain. Ce n'est pas ce qu'il y a de plus facile à mettre en évidence. L'entreprise est souvent le lieu où la rencontre des objectifs de l'entreprise et des objectifs personnels est explosive !

Et maintenant questionnez l'objectif que vous avez noté au début de ce chapitre à l'aune de l'exercice suivant.

- ✓ Il faut être conscient que si un état reconnu problématique ne donne pas lieu, ou difficilement, à des décisions de changement, c'est qu'il existe des moteurs de résistance qu'il faut absolument traiter sous peine de voir échouer un projet, aussi séduisant soit-il.
- ✓ Il n'y a de bon vent que pour celui qui sait où il va !

OBJECTIF SOUHAITÉ

....
....

Est-il formulé positivement ?

OUI NON

Trouver une formulation sans négation ni notion de renoncement.

....

Cet objectif est-il sous votre contrôle ?

OUI NON

Trouver la part qui dépend de vous pour arriver à obtenir ce que vous souhaitez. Énoncez ce nouvel objectif.

....

Faites-vous une image de cet objectif réalisé ; notez-en quelques caractéristiques :

est-elle nette ? ...... floue ? ...... claire ou lumineuse ? ...... sombre ? ...... proche ? ...... lointaine ? ......

Qu'est-ce qui vous fera dire concrètement que votre objectif est atteint ?

....

....

....

Quand souhaitez-vous qu'il soit atteint ? ....

Que gagnez-vous à atteindre l'objectif ?	*Que gagnez-vous à rester dans la situation actuelle ?*
....	....
Que perdez-vous à atteindre l'objectif ?	*Que perdez-vous à rester dans la situation actuelle ?*
....	....

Cet objectif vaut-il le coup ?

OUI

définissez les étapes	*définissez au moins une alternative*
1..	....
2..	....
3..	....

Exemple de questionnement sur l'objectif

Cas n° 8 : les problèmes que rencontre un manager de transition

Monsieur A. est associé dirigeant dans une société de redressement d'entreprises. Son rôle, comme celui de ses collègues, est de prendre la direction générale de ces entreprises en difficulté, après avoir été mandaté par les actionnaires, afin de mettre en œuvre un plan de redressement. Ses missions durent généralement entre 6 et 12 mois, suivant les difficultés rencontrées, et s'achèvent par le recrutement de son successeur qu'il effectue lui-même.

Monsieur A. est à la campagne dans la région lyonnaise pour le week-end lorsque le téléphone sonne. Une personne d'origine anglaise l'appelle pour solliciter ses services urgemment. Il s'agit de prendre la direction générale d'une entreprise en Picardie dès le lundi qui vient. S'il accepte, tous les papiers nécessaires seront disponibles le dimanche à son bureau parisien pour prendre le poste immédiatement. Le représentant des actionnaires anglais lui expose alors la situation de l'entreprise.

La société X emploie une centaine de personnes. Elle produit et commercialise, au travers d'un réseau de VRP, des chemises en coton de moyenne gamme sous une marque appréciée d'une catégorie de consommateurs âgés de 45 à 65 ans. Son positionnement et son style vieillissant lui ont valu des difficultés financières qui l'ont conduite à une situation proche de la cessation de paiement. L'actuel actionnaire, qui a racheté récemment l'entreprise, compte mettre en œuvre un plan de redressement, à définir conjointement et rapidement avec un nouveau dirigeant. Il vient en effet de s'apercevoir que Monsieur B., l'actuel PDG, en qui il avait toute confiance, concocte de son côté sa propre solution de reprise, appuyé en cela par une grande partie du personnel. Ce personnel (essentiellement féminin) apprécie en effet les qualités humaines et managériales de cet homme qui lui promet des jours bien meilleurs. Son plan, semble-t-il, consiste à pousser la société X au redressement judiciaire afin de présenter lui-même (avec l'appui de quelques VRP) une alternative de reprise au tribunal de commerce, fort de sa bonne image auprès des salariés.

Il faut donc reprendre « rapidement » la situation en main pour préserver les intérêts de l'actionnaire anglais. Monsieur A. accepte la mission. Il devra donc « débarquer » le lundi matin dans une société qu'il ne connaît pas, notifier au PDG, qu'il ne connaît pas plus, son licenciement immédiat et reprendre en main un personnel qui lui sera en grande partie hostile. Rude journée en perspective ! En attendant, le week-end est bien terminé...

Le lundi matin, Monsieur A. arrive très tôt à la société. Il rencontre d'abord le directeur financier auquel il explique la situation et lui demande de lui indiquer, quand il arrivera, qui est le PDG. Monsieur A. le rencontre alors et l'informe qu'il est relevé de ses fonctions *sine die*. Il lui demande de restituer tous les documents et objets appartenant à l'entreprise.

À la demande de Monsieur B., Monsieur A. accepte, bien qu'il n'y soit nullement obligé, qu'il rencontre le comité d'entreprise avant de partir, pour qu'il puisse donner son point de vue de la situation aux représentants du personnel. Monsieur A. le fait ensuite raccompagner chez lui par le directeur financier qui est chargé de récupérer la voiture de fonction appartenant à la société. Monsieur B. ne s'étonne pas des décisions prises à son égard, bien qu'il ne les attendît pas si rapidement ni brutalement.

Monsieur A. réunit ensuite sa première ligne hiérarchique, puis le CE et enfin, le soir, l'ensemble du personnel pour les informer des décisions de l'actionnaire. Il leur dit la vérité concernant les malversations de Monsieur B., et donc la décision prise par l'actionnaire. Il leur précise les nouveaux objectifs concernant la remise à flot de la société et la mise en place d'un plan de redressement qui sera défini avec les principaux responsables, conformément aux souhaits de l'actionnaire. Il pense, ainsi, avoir fait preuve d'humanisme comme de fermeté vis-à-vis de l'ancien président, tout comme il espère, par son discours franc et direct, s'être acquis la bienveillance de l'ensemble du personnel, dont il a besoin pour mener à bien sa mission.

Commentaires

Ce type de situation est vécu en général par les cadres et dirigeants ayant opté pour des missions de managements de transition, pour lesquelles ils sont amenés à prendre le pouvoir de l'entreprise dans le cadre d'un mandat social confié par l'actionnaire. Les valeurs humaines ou humanistes des mandataires sont, bien sûr, propres à chaque individu et feront que la situation sera vécue par les anciens dirigeants comme un traumatisme plus ou moins profond.

Les outils PNL applicables à ce type de problématiques

Le nouveau dirigeant devra s'assurer que sa communication est claire et bien comprise par son interlocuteur, en allant notamment chercher auprès de lui du feed-back. Dans le cas présent, il n'y a aucune ambiguïté à ce sujet.

En ce qui concerne le message passé au reste du personnel, la recherche de feedback ne semble pas avoir été entreprise. Or, seule une telle démarche permettra au nouveau dirigeant de s'assurer de la bonne compréhension de ses propos.

De la même façon, dans le cadre du plan d'actions proposé, il sera important de s'assurer que les objectifs fixés à chacun répondent aux différents critères PNL (objectif formulé positivement, sous le contrôle total de l'individu concerné...), en ayant soin de toujours faire la différence entre l'objectif lui-même et le résultat escompté.

Cas n° 9 : le licenciement d'un collaborateur

Monsieur X. est directeur administratif et financier de la filiale française d'un groupe étranger. Il couvre à la fois les fonctions de DAF, de RH et de responsable informatique. C'est dans ce dernier cadre qu'il embauche un informaticien chargé des mini-systèmes et des applications centralisées.

Quelques mois après son embauche, le siège décide de mettre en place des ERP, permettant notamment la centralisation des applications logistiques, commandes, livraisons et facturations. L'introduction de la micro-informatique rend les utilisateurs autonomes et rend inutile un service informatique local.

Monsieur X. ne voit donc plus comment utiliser les compétences de son responsable informatique. De plus, il sait que le groupe ne peut être intéressé par son éventuelle mutation, sachant qu'à son niveau, il externalise également nombre de ses applications. Le siège décide, d'ailleurs, de demander à ses directeurs de filiales de prévoir rapidement le licenciement de leurs responsables informatiques locaux.

C'est alors que le responsable informatique de Monsieur X. se met en arrêt maladie. Il dit avoir des pertes de la vue et son ophtalmologue déclare sa maladie psychosomatique. Cette situation est aggravée par un contexte familial difficile : sa femme ne travaille pas et il a trois enfants à charge.

Monsieur X. décide donc de surseoir à l'annonce du licenciement de l'intéressé pour cause de suppression de poste. Il le convoque même à plusieurs reprises pour le réconforter sur la pérennité de son poste. La situation va durer 6 mois.

À son retour dans l'entreprise, le responsable informatique est convoqué par Monsieur X. qui lui annonce son licenciement. Sa réaction est extrêmement vive, accusant Monsieur X. de lui avoir menti. Monsieur X. lui rétorque que, 6 mois auparavant, il était impossible, compte tenu de son état de santé, de lui dire la vérité qu'il n'aurait été en état ni de recevoir, ni d'accepter.

Une négociation s'engage dans un contexte particulièrement difficile, la femme du responsable informatique le poussant à formuler des demandes tout à fait excessives. Compte tenu du contexte, Monsieur X. accepte de lui payer une formation diplômante d'un an (MIAGE), de compléter, pendant toute cette période, ses indemnités Assedic afin que sa rémunération soit maintenue, de maintenir également pendant un an ses droits au niveau mutuelle entreprise.

Dès la fin de sa formation, ce responsable informatique retrouvera du travail au sein d'une entreprise internationale.

Commentaires

La première question qui est posée dans ce cas est de savoir si un manager peut se permettre de mentir à l'un de ses collaborateurs, même si l'intention, à savoir le protéger, est louable en elle-même. Reste, ensuite, le problème du licenciement d'un collaborateur que nous avons rencontré précédemment.

Les outils PNL applicables à ce type de problématiques

Il aurait été intéressant pour Monsieur X. de définir avec précision les objectifs qu'il recherchait en décidant de mentir à son directeur informatique et, ainsi, de voir ce qu'il avait à gagner d'une telle attitude et ce qu'il avait à y perdre. Ainsi aurait-il pu, alors, décider de la meilleure attitude à adopter. C'est ce que la PNL appelle l'écologie de l'objectif.

À cause à son mensonge, Monsieur X. doit reconnaître à son collaborateur le droit de se révolter et d'exprimer son désaccord par rapport à l'attitude de son patron. Il ne lui restera plus ensuite qu'à essayer de justifier son choix et à négocier au mieux les conditions de ce départ, ce qu'il semble d'ailleurs avoir fait avec humanisme et efficacité.

Chapitre 8

La stratégie d'exploration d'une situation problématique avec la méthode SCORE

Ce modèle, élaboré par Robert Dilts vers 1990, permet d'analyser les éléments d'un problème afin de définir le plus précisément possible les composants clés de l'espace qu'il représente pour créer des sources de résolution du problème. Il est utile à l'entreprise qui décide de mettre en place de nouveaux projets. Si définir un objectif, comme nous l'avons vu, est une étape essentielle et apporte une aide très concrète, explorer en amont et en aval ce qui entoure cet objectif garantira la bonne conception et le réalisme du projet.

Les lettres de ce modèle ont un sens :

- S = symptômes,
- C = causes,
- O = objectifs,
- R = ressources,
- E = effets

L'évidente logique de cette présentation n'est pas réductrice. En réalité, la rigueur avec laquelle chacune des rubriques sera remplie démontrera que, bien souvent, ce qui est évident est plus ou moins négligé. Un tour d'horizon, une formulation spécifique de chaque élément du problème et l'élimination de ce qui n'en fait pas réellement partie permettent de ne pas s'engager sur de fausses pistes, de concrétiser les *a priori*, de démonter les interprétations limitantes et de pointer les réels marqueurs du problème.

Il s'agit de définir l'espace problème le plus précisément et complètement possible.

L'espace problème ne comprend pas seulement les personnes, les tâches, les services concernés : les valeurs de l'entreprise, sa culture, son identité, ses relations doivent être prises en compte et éventuellement incluses dans cet espace. Pour chacun de ces marqueurs, une certaine complexité entre en jeu. Non seulement les différents services, postes ou départements de l'entreprise n'en sont pas exempts mais ils peuvent être différents, voire contradictoires. Il sera donc indispensable d'identifier à quel niveau de l'échelle de Dilts ils se situent (voir le chapitre 2 à ce sujet). Un ou des symptômes, par exemple, se situeront au niveau des compétences alors que les causes concerneront les valeurs de l'entreprise ou les comportements. Les ressources et les effets mobiliseront peut-être aussi différents niveaux. Et ainsi de suite.

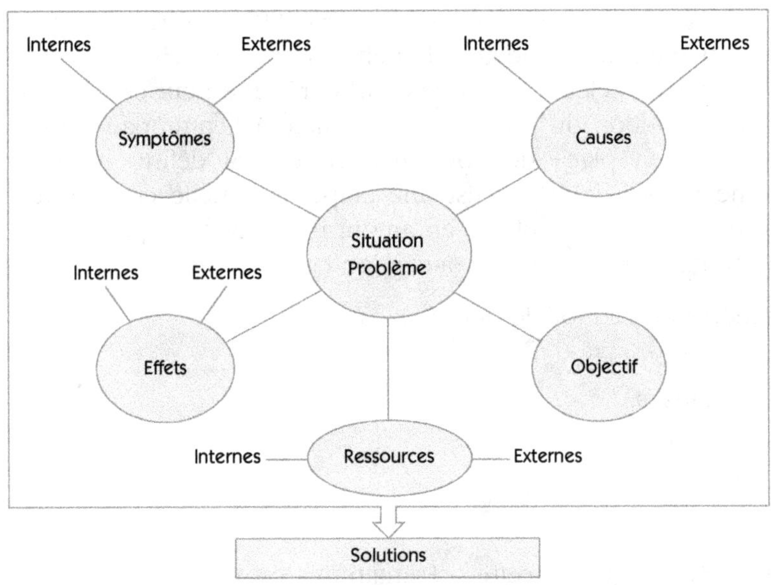

Le modèle SCORE

S comme symptômes

Les symptômes sont les éléments qui apparaissent de manière observable et/ou mesurable dans la vie de l'entreprise et qui sont perçus comme inhabituels, incompréhensibles, étranges, inattendus, etc. Ils font apparaître une différence et sont souvent les signes les plus repérables et évidents d'un problème existant.

Quelquefois les tout premiers symptômes ne sont pas franchement perceptibles et peuvent être négligés. Quand c'est possible, il est recommandé de noter ce qui semble sortir du fonctionnement habituel pour évaluer l'importance ou au contraire la faible incidence de divers signes.

Ce sont les symptômes qui permettent d'étiqueter les problèmes en fonction de leur aspect récurrent (les manifestations se produisent à plusieurs reprises, le problème est là en continuité) ou au contraire inopiné ou ponctuel. Cette différence a de l'importance car les moyens a mettre en œuvre pour résoudre le problème ne seront pas les mêmes.

Ces symptômes affectent les hommes, les relations internes et/ou externes, les tâches, les résultats, les projets, c'est-à-dire tous les aspects et secteurs de l'entreprise. Une baisse du chiffre d'affaire, une mauvaise gestion des stocks, une augmentation de l'absentéisme, des erreurs, une morosité inhabituelle, l'apparition de conflits plus fréquents, une augmentation des récriminations externes, une résistance inexpliquée à la réalisation de certaines tâches malgré un accord préalable..., de multiples signes tels que ceux-ci devraient éveiller l'attention et la vigilance. D'autres symptômes comme un préavis de grève sont éclatants.

Lorsqu'il s'agit d'entrer dans une nouvelle situation, de créer une nouvelle organisation, de modifier un contexte existant, le manager doit envisager les symptômes qui pourraient apparaître.

La réalité peut apporter son lot de surprises, auxquelles le manager ne sera pas toujours préparé, mais un tour d'horizon aussi large que possible de ce que le changement peut déclencher est une bonne préparation. Encore faut-il, et c'est un exemple des paradoxes et des défis à relever, avoir la souplesse de ne pas s'enfermer dans un ensemble prédictif trop rigide. « Je crains de ne pas être accueilli favorablement par l'équipe en place et je devrai sûrement faire face à des phénomènes de résistance, voire de rejet » : c'est une éventualité à prendre en compte sans perdre de vue l'option d'un accueil plus facile que prévu.

C comme causes

Les causes sous-tendent les symptômes. Elles sont d'origines multiples. Le recueil d'informations les concernant demande une certaine vigilance : en effet autant les symptômes qui sont la partie observable du problème peuvent être assez facilement relevés, autant les fausses pistes d'identification de causes sont un piège permanent. Elles risquent de faire perdre du temps et de conduire à une impasse. La précision et la spécificité d'un questionnement, comme celui que propose la PNL à travers le modèle du métamodèle (voir chapitre 6), sont les meilleurs garants d'efficacité, de rapidité et de pertinence.

Une des difficultés provient en particulier de ce que l'observation des faits n'est, en général, pas suffisante. Par exemple, lorsqu'un problème a pour cause des locaux inadaptés ou un environnement ergonomique inadéquat, on peut en faire assez objectivement le relevé et imaginer des solutions. Mais les causes relèvent aussi de phénomènes ou fonctionnements internes à une personne et/ou un groupe. Ce sont des éléments purement subjectifs. On entre alors dans le monde intérieur du système concerné (l'individu et/ou le groupe). La logique et le rationnel n'ont plus du tout la même place.

Ce qui entre en ligne de compte, c'est ce qui se passe dans la tête des gens et le fruit de l'histoire personnelle, de la culture du groupe. Toute l'organisation interne, les convictions, la hiérarchie individuelle ou collective des valeurs et des critères, bref, le système entier dans toute sa complexité, sera au cœur des réponses par rapport au changement. On ne peut pas faire l'économie de cette réalité-là. La prise de conscience de l'importance des présupposés (voir chapitre 1) est un préalable pour éviter les erreurs. Comme nous l'avons vu précédemment, cela implique de porter l'attention sur la différence entre ce qui est de l'ordre de l'observation (éléments objectifs) et ce qui est de celui de l'interprétation (éléments subjectifs).

Un manager pourra par exemple constater qu'un collaborateur n'exécute pas certaines tâches alors qu'il le devrait. C'est l'absence de réalisation de ces tâches qui constitue la partie observable. Cette absence peut être la cause d'un retard dans les livraisons. Que se passe-t-il pour que le collaborateur ne fasse pas ce qui est attendu ? Il peut manquer du matériel pour le faire (élément observable) mais il peut y avoir aussi une raison plus personnelle. Ou bien ce collaborateur exprime sa réticence, son découragement, son surmenage... ou bien il ne l'exprime pas. Plaquer alors des jugements plus ou moins expéditifs : « il n'est pas motivé, il pense plus à ses RTT qu'à son travail... Il ne s'investit pas ! » peut être tout à fait juste comme tout à fait faux. Nous sommes dans l'interprétation. Celle-ci se fonde, certes, sur des éléments observables mais elle ne naît que de notre propre compréhension des choses.

Faire de l'intuition une certitude, même en s'appuyant sur un faisceau d'éléments, est le plus sûr moyen de faire fausse route et de mettre en place des solutions inefficaces.

Personne ne peut réellement savoir avec certitude ce qui se passe dans la tête de l'autre. Même si plusieurs personnes sont d'accord sur une interprétation, ce n'est pas un gage de vérité. Mais la capacité d'imaginer ce que pense l'interlocuteur, ce que sont ses idées, ses convictions, donne une large ouverture sur le monde des possibles. Le tout est de ne pas devenir « accro » de ses propres déductions. Le grand défi à relever est de faire la part des choses. Ainsi, un manager persuadé de la mauvaise foi, des intentions négatives d'un partenaire perdra en souplesse et en créativité.

Recueillir le plus d'informations possibles, entendre les arguments sur les causes et décider de faire confiance ou pas est un des challenges d'un leader.

Quand un collaborateur dit : « J'ai trop de travail ! » et que son manager sait qu'une autre personne assure sans difficultés la même charge, il est tentant de dire que la cause du problème de retard réside dans le manque d'efficacité ou la paresse de ce collaborateur... Et c'est bien possible, après tout ! Mais ce n'est pas du tout certain. Prudence, alors ! Questionnez, laissez au collaborateur sa part de responsabilité en lui demandant quelle serait pour lui, précisément, la juste somme de travail, les solutions pour faire face à la demande. Dans tous les cas, trouver un accord est indispensable et évitera le blocage.

Une façon de faire est particulièrement intéressante. Il s'agit de classer les causes de dysfonctionnement et de trouver à quel niveau de l'échelle de Dilts elles se situent. Là encore les réponses sont multiples. Ces causes concernent-elles :

- L'environnement ?
- Les comportements ?
- Les compétences ?
- Les valeurs ?
- L'identité des personnes ou des groupes ?

En travaillant sur ces causes, le mode de résolution des problèmes sera alors bien différent. Dans notre exemple précédent :

- Le non-accomplissement des tâches relève des comportements ;
- Un défaut d'organisation relève des compétences ;
- Une résistance due à ce que le collaborateur ne voit pas l'intérêt des tâches relève des critères et valeurs ;
- une résistance due à ce que le collaborateur pense que ce n'est pas son rôle de faire cela relève de son identité.

Les réponses aux causes seront aussi multiples que les sortes de causes. Leur classement sur l'échelle de Dilts est toutefois un moyen adapté pour trouver le bon niveau du panel de solutions possibles :

- Si les causes sont au niveau des compétences, les solutions se déclineront en terme d'acquisition de compétences ;
- Si elles sont au niveau des critères et valeurs, elles impliqueront des négociations à ce niveau.

Répondre par un stage de formation à la gestion du temps aux difficultés d'un collaborateur débordé en permanence mais qui, en fait, ne se sent pas dans son juste rôle, ne sera qu'un coup d'épée dans l'eau.

O comme objectifs

Il s'agit des objectifs qui permettront aux symptômes de disparaître et dont la stratégie a été décrite au chapitre 7 consacré à ce sujet.

R comme ressources

Ce sont toutes les solutions possibles que le manager et l'entreprise, c'est-à-dire l'ensemble de ses membres, pourront trouver pour faire disparaître les causes des symptômes de la situation problématique et créer, maintenir ou réaliser les objectifs et leurs alternatives.

Là encore, on peut classer ces ressources par rapport à l'échelle de Dilts qui offre une aide efficace pour les cibler avec précision. En effet, les ressources répondent directement aux causes, soit sur le même niveau, soit au niveau supérieur. Elles peuvent se trouver dans l'environnement externe comme à l'intérieur du système de l'entreprise. Elles sont, bien entendu, de toute nature :

- Ressources humaines s'il s'agit de compétences ;
- Ressources matérielles ;
- Ressources organisationnelles, de l'ordre de l'apprentissage, psychologiques, culturelles…

E comme effets

Les effets sont les conséquences que produit à plus ou moins long terme l'objectif atteint. Il est utile de les envisager de manière multicontextuelle. Les effets secondaires inattendus peuvent en effet se révéler problématiques, voire catastrophiques. En termes d'assurance qualité, certains effets sont appelés « indices » et servent à valider les processus qualité. Ils sont donc en général choisis parmi tous les effets possibles.

Exercice sur le modèle SCORE

Énoncé de la situation problématique ....
....

SYMPTÔMES

dans l'environnement

QUI ? .... QUOI ? ....

OÙ ? ....

dans les comportements

QUI ? .... **fait ou ne fait pas QUOI ?**....................

dans les compétences

QUI ? .... **ne sait pas faire QUOI ?**......................

dans les critères et valeurs

QUI ? .... **ne montre pas QUOI ?**.........................

dans l'identité

QUI ? .... **est ou n'est pas QUI ?**.........................

CAUSES

POURQUOI les données ci-dessus se produisent-elles ?

À chaque paragraphe rechercher les causes possibles dans :

– l'environnement – les comportements – les compétences
– les critères-valeurs – l'identité

OBJECTIF ....
....

RESSOURCES

Rechercher les RESSOURCES possibles dans :

– l'environnement – les comportements – les compétences
– les critères-valeurs – l'identité

EFFETS

Rechercher les EFFETS possibles dans :

– l'environnement – les comportements – les compétences
– les critères-valeurs – l'identité

Cas n° 10 : le cas des fusions d'entreprises

En 2001, la société X est une entreprise française de 2 500 personnes, appartenant à un groupe. Dans son métier principal, elle est numéro un en France. Sa deuxième activité en importance n'est pas directement exercée au sein de l'entreprise, mais dans des filiales, acquises, toutes, dans les dix dernières années. Un des éléments de la stratégie de la société X est de devenir, essentiellement par croissance externe, l'un des deux leaders français dans ce deuxième métier.

En 1993, la société X avait acquis une première société, la société K, située dans l'Est de la France, laquelle va croître entre 1993 et 2001. À cette date la société K compte 300 personnes. Son siège est demeuré dans l'Est où elle figure parmi les entreprises bien en vue. Son modèle de gestion est depuis quelques années directement calqué sur celui de la société X. Après l'acquisition en 1999 et 2000 de plusieurs autres PME, est signé, début du second semestre 2001, le rachat de l'entreprise G en région Rhône-Alpes.

En septembre 2001 et après ces différentes acquisitions, la société X se trouve désormais, dans son deuxième métier, à la tête d'un ensemble de quatre sociétés, totalisant plus de 500 personnes, mais qui n'ont, à ce moment, aucun lien entre elles. De plus, deux de ces quatre sociétés sont hétérogènes et encore constituées d'entités locales quasi indépendantes. La société X décide alors de fusionner les quatre entreprises en une seule. Cette future société, X', doit voir le jour le plus tôt possible en 2002.

Cette fusion, qui doit être menée tambour battant, sera totale et devra en particulier comporter une fusion sociale. Celle-ci s'annonce complexe. Si toutes les PME récemment rachetées adhèrent à la même convention collective de la profession, la société K (la plus importante des quatre entreprises à fusionner) dépend, elle, d'une autre convention collective régionale.

Or, l'un des dirigeants propriétaires de l'entreprise G préside le syndicat national de la profession, responsabilité qu'il entend conserver après avoir réalisé la vente de son entreprise. Pour cela, il lui faut au minimum être administrateur d'une société adhérente. Aussi négocie-t-il et obtient-il, dans le cadre du protocole de rachat, une place d'administrateur de la future nouvelle société X'. Les dirigeants de la société X ne se voient pas lui faire l'affront de rattacher la future entreprise X' à la convention collective régionale. Donc, au terme de la fusion sociale à réaliser, c'est la convention collective de la profession qu'il faudra généraliser.

Le directeur général de la société K, *a priori* bien placé pour diriger le futur ensemble, est très inquiet devant la perspective de réaliser une fusion sociale difficile, notamment parce qu'elle remet en cause la convention collective de la société qu'il dirige. Il se déclare hostile au projet de fusion et perd la confiance des dirigeants de la société X. Ceux-ci se décident donc à embaucher un cadre extérieur pour mener la fusion et prendre ensuite la direction de l'entreprise X'.

Par ailleurs, la société G affiche d'excellents résultats, parmi les plus beaux de la profession et très supérieurs à ceux des autres entreprises alors dans le périmètre de la future la société X'. C'est une entreprise bien gérée qui fonctionne sur un modèle paternaliste.

La fusion

Le futur DG de la société X' est embauché fin novembre 2001. Son cahier des charges est notamment de :

- réaliser la fusion des quatre entreprises et créer la société X' dans des conditions telles que la fusion puisse avoir un effet rétroactif au 1er janvier 2002 ;
- réaliser la fusion sociale en faisant adopter la convention collective de la profession dans l'ensemble de la nouvelle entreprise, ce qui suppose la négociation détaillée d'un accord collectif.

Pour ce faire, le nouveau DG pourra embaucher un DAF et un DRH (il n'existe aucun cadre de ce calibre dans le périmètre à fusionner). Mais rien n'a été amorcé pour leur recrutement. Ces deux directeurs arriveront effectivement fin mai 2002. Le DG de la société X' réalise donc très vite qu'il ne peut compter que sur lui pour étudier et négocier la fusion sociale, et que le futur DRH ne pourra rejoindre les négociations qu'à un stade déjà avancé.

Aucune étude des différents statuts du personnel n'a été entreprise, pas plus qu'une étude sérieuse de la faisabilité, à un coût raisonnable, d'un passage de l'entreprise K. à la convention collective de la profession. Enfin, on est en plein dans le passage obligatoire aux 35 heures. Un accord est en place dans la seule entreprise K. Les autres entreprises en sont au point zéro de la négociation d'un accord sur les 35 heures, voire n'appliquent même pas la nouvelle durée de référence.

Finalement, grâce à un travail acharné, le DG de la société X' remplit en 13 mois la totalité des objectifs qui lui ont été fixés à l'embauche, ce qui lui vaut les félicitations de son conseil d'administration lors de sa dernière réunion pour l'année 2002.

Dans le même temps, le groupe d'appartenance de la société X' est repris par le groupe Z.

Les relations entre la société G et le DG de la société X' pendant la marche vers la fusion

Le directeur de la société G (l'un des deux propriétaires resté en place en tant que « directeur de région » pendant les 6 mois ayant suivi la fusion) a confirmé son départ en retraite au 31 décembre 2002. Pour des raisons d'ordre privé, il ne veut pas poursuivre au-delà sa collaboration avec la société X'. Le DG de celle-ci l'associe totalement à la recherche de son successeur et futur directeur de région Rhône-Alpes. Un cabinet de recrutement est mandaté. Tous les candidats présélectionnés sont simultanément vus par le DG de la société X', son DRH et le directeur de la société G.

En définitive, c'est un candidat introduit dans le circuit par le directeur de la société G lui-même qui est retenu. C'est un homme de la région, qui présente *a priori* de très bonnes garanties. Les renseignements sont excellents. C'est un homme posé, souriant, bon commercial et qui semble rassurant pour tout le monde. Il fait bonne impression à toute l'équipe dirigeante de la société X', le DAF y compris.

Le cahier des charges que donne le DG de la société X' à son nouveau directeur tient en une seule formule : « Conserver l'esprit et la dynamique de la société G, tout en faisant passer les directives et les méthodes de la société X'. »

Après fusion, la crise entre la société G, en charge de la région Rhône Alpes, et le DG de la société X'

En janvier 2003, auréolé de son succès dans la conduite de la fusion, persuadé d'avoir bien communiqué avec le personnel de la société G, notamment à la faveur de la négociation sociale, confiant dans les qualités réelles de son DAF et de son DRH et pensant avoir recruté un « bon » directeur Rhône-Alpes, le DG de la société X' commet alors l'erreur de considérer l'intégration de la société G comme terminée et passe à autre chose.

Plusieurs signaux parviennent cependant au DG de la société X' qui montrent que la situation n'est pas aussi simple qu'espérée. Face à ces signaux, il se construit une « représentation » de la situation. Il se persuade que son directeur nouvellement embauché est en fait influencé par la prudence légendaire de l'ancien directeur de la société G, encore présent à temps partiel dans l'entreprise. De ce fait, le DG de la société X' exhorte le directeur Rhône-Alpes à plus d'indépendance d'esprit vis-à-vis de son « prédécesseur ».

À la fin février 2003, un signal plus fort parvient encore au DG – en présence de son président – à l'occasion d'une réunion au syndicat professionnel. Le président du syndicat (l'autre ancien propriétaire de la société G.) y décrit une situation de grande confusion dans son ancienne entreprise, parle de discussions interminables autour de la machine à café, etc. Mais plusieurs éléments conduisent le DG de la société X' à ne pas en tenir compte : son président, lui-même, ne semble pas ému de ces propos et ne juge pas utile de s'en entretenir avec lui, lorsqu'ils quittent ensemble le siège du syndicat ; le président du syndicat est bien connu pour ses montées en pression rapides et ses prises de position radicales face aux évènements touchant le petit monde de la profession ; surtout, les évènements relatés sont, pour l'essentiel, datés du mois précédent et ont fait entre-temps l'objet de mesures correctives ou de clarifications.

La crise éclate lors du conseil d'administration de fin mars 2003. Alors que son intervention n'est pas inscrite à l'ordre du jour, mais profitant d'une prise de parole, l'ancien propriétaire de la société G. (et toujours administrateur de la société X') procède à la lecture d'un long papier qu'il a soigneusement préparé. Sur la base des résultats de février qui lui ont été communiqués à titre exceptionnel et à sa demande avant le conseil (à la condition expresse de ne pas en faire état devant les autres administrateurs), il procède à un amalgame entre la situation qu'il décrit dans son ancienne société et les résultats médiocres de la société X' sur les deux premiers mois de l'exercice (généralement peu significatifs dans le métier).

Ses conclusions sont sans appel : ce qui se passe dans son ancienne société n'est qu'un exemple de la situation catastrophique qui règne selon lui dans l'entreprise X' ; la bureaucratie est le moteur unique de son action ; l'ensemble illustre l'incapacité du groupe à intégrer correctement les PME qu'elle rachète ; les avantages qui ont été accordés au personnel de la société X', bien au-delà des dispositions de la convention collective de la profession, sont injustifiés, vont ruiner son ancienne entreprise et ne peuvent qu'entraîner d'abord la société, puis, par contagion, toute la profession vers le bas.

Contrairement à l'attente du DG de la société X', son président n'interrompt à aucun moment l'administrateur. Il le remercie même fort aimablement à la fin de son intervention. Il n'invite pas le DG à répondre et n'émet lui-même aucune objection quant à ce qui a été dit. Qui plus est, il glisse au passage qu'effectivement « il y a un manque de communication dans cette société ». Le DG de la société X' ne demande pas à intervenir, jugeant que ce serait accorder trop d'importance aux mots prononcés par l'administrateur qu'il juge infondés.

L'effet produit par les propos de l'administrateur est particulièrement désastreux, dans la mesure où siègent pour la première fois au conseil deux nouveaux administrateurs du groupe Z, dont le nouveau supérieur hiérarchique du président, un homme réputé dans le groupe pour jouer les « nettoyeurs ». Le conseil d'administration se termine dans une atmosphère lourde, et le traditionnel déjeuner associant les administrateurs, le DG et le DAF n'a pas lieu. À sa place, le conseil se prolonge par des conciliabules entre administrateurs, dont le DG et le DAF sont soigneusement écartés.

Le DG de la société X' est particulièrement outré par l'attitude de l'administrateur (et président du syndicat professionnel) car il l'a beaucoup aidé ces derniers mois dans l'animation du syndicat où il exerce lui-même plusieurs mandats, tant au niveau régional que national. C'est pourquoi, sous l'emprise de la colère, il rédige une lettre de démission de tous ses mandats au syndicat, qu'il remet séance tenante à son président, même si la forme en est courtoise et le motif : «… afin de me consacrer à 100 % à la société X' et à son redressement. » Son DAF, également écœuré, l'informe qu'il continuera de l'aider dans les mois difficiles qui s'annoncent, mais qu'il s'apprête à chercher un autre poste dans un environnement professionnel plus sain.

Pour ce qui est de l'attitude à tenir face au groupe Z, le DG de la société X' se donne le temps de la réflexion et demande l'avis de son ancien supérieur hiérarchique, également administrateur, avec qui il s'est toujours bien entendu depuis qu'il l'a embauché. Celui-ci lui conseille d'écrire à son président et aux autres administrateurs. Le DG de la société X' s'isole alors 48 heures pour rédiger une lettre qu'il pense habile. Il choisit en particulier de s'adresser à « MM. Les administrateurs du groupe Z », ce qui permet de ne pas mettre son président en porte à faux. Sur le fond, il ne se livre à aucune critique, mais rappelle au contraire tous les objectifs qui lui ont été fixés (et qu'il a remplis). Il prend enfin soin de faire relire sa lettre par son ancien supérieur, le seul *a priori* qui pourrait y trouver à redire dans la mesure où sont mises noir sur blanc les directives qu'il lui avait données à son embauche. L'ancien supérieur donne son accord et le courrier est posté à chaque administrateur destinataire. Quelques jours après, le DG de la société X' rencontre normalement son président qui lui dit alors sévèrement : « J'ai reçu votre lettre, je vais vous répondre. »

La réponse lui parviendra... cinq mois plus tard : « Veuillez prendre rendez-vous avec moi le plus tôt possible pour me rendre compte de la situation. » Il se rend au rendez-vous le lendemain, ayant déjà compris l'objet réel de l'entretien. Effectivement, son président lui annonce qu'un conseil d'administration extraordinaire va le relever de son mandat de DG, à moins qu'il ne préfère démissionner.

Cinq mois, c'était le temps nécessaire pour lui trouver un successeur, lequel arrivera dans l'entreprise moins de deux semaines après l'entretien. Les comptes 2003 montreront pourtant un redressement de près de deux millions d'euros du résultat d'exploitation de la société X'... soit le retour à l'équilibre.

Commentaires

La possibilité pour un manager, notamment quand il arrive dans une nouvelle entreprise, de concilier à la fois la volonté de l'actionnaire, le respect du carnet de route, la prise en compte des relations interpersonnelles des différents cadres dirigeants, le contexte social, est, dans tous les cas, une gageure, et particulièrement dans le cadre de fusions à répétition et donc de changement de référents.

Les outils PNL applicables à ce type de problématiques

En ce qui concerne le problème de convention collective, on peut se demander si le DG de la société a pris assez de temps pour explorer les plus et les moins de chacune des deux conventions, quitte, après cette analyse, à remettre en cause le « prin-cipe » de garder celle du syndicat de l'ancien dirigeant. De la même façon, il eut été intéressant d'explorer les inquiétudes liées à ce changement afin de savoir ce que cela remettait fondamentalement en cause (notion de pouvoir, volonté de ne pas perdre la face par rapport à ses pairs...), bref, explorer son modèle du monde.

Le nouveau DG de la société X' a, certes, parfaitement rempli sa mission et respecté le carnet de route qui lui avait été fixé, mais il a réalisé cette mission en vase clos, en termes PNL on pourrait dire dans un système fermé. Or on sait qu'un système fermé, c'est-à-dire un système sans communication interne, est un système en train de mourir. La PNL met l'accent sur l'importance de la prise de feed-back, l'écoute et la prise en compte des objections. L'application de ces principes à ses cadres, aux employés et aux autres acteurs appartenant à ce système aurait sans doute permis au DG de la société X' soit de reporter ou changer certaines de ses décisions, soit de prendre le temps de les expliquer et de lever les pièges qui lui étaient tendus – qui, finalement, lui ont coûté son poste. Son choix a été de ne prendre en compte que sa propre représentation de la situation en prêtant des intentions aux autres sans réellement prêter attention aux symptômes. L'utilisation du modèle SCORE lui aurait été utile.

Rappelons cependant un des grands présupposés de la PNL : chacun fait le meilleur choix à un instant T avec ce qu'il sait à ce moment-là. Il n'y a pas d'échec, il n'y a que du feed-back, et les erreurs sont les meilleurs leviers d'apprentissages.

Cas n° 11 : la gestion de crise

Nous sommes dans une entreprise de marketing téléphonique. Nouvellement entrée en tant que RRH groupe, Madame X. est au siège lorsqu'un coup de fil du RRH d'un établissement l'informe d'une agitation importante des syndicats avec un début de grève.

Sa première réaction est de s'informer en posant des questions précises : Quels sont les motifs de cette grève ? Y a-t-il des revendications ? Où sont les managers ? La production est-elle bloquée et à quel pourcentage ?

Une discussion téléphonique avec ce RRH, deux managers opérationnels et un manager fonctionnel lui permet d'avoir dans les 20 minutes qui suivent une idée de la situation et la raison annoncée de cet arrêt de travail. La raison invoquée est la suivante : 80 personnes achèvent un CDD au 31 décembre et les syndicats affirment qu'ils ne seront pas payés dans les temps. La dernière paie a, en effet, été versée en retard, ce qui a entraîné pour un certain nombre d'entre eux des agios et des difficultés bancaires.

Le constat de Madame X. est le suivant : le process de paie n'est pas au top et entraîne des retards de virements. De nombreuses erreurs ne sont pas rattrapées, le mécontentement est réel et justifié. À son arrivée sur le site, Madame X. constate :

- que 200 personnes sont dans la rue devant le bâtiment ; que les managers sont à l'écart ;
- que le mégaphone est en marche pour alerter les passants et que la presse a été prévenue. Madame X. entre dans la foule, monte sur une marche et prend la parole assez fort pour que les premières lignes l'entendent, puis baisse la voix afin qu'ils baissent la leur et l'écoutent.

Ses premiers mots : Madame X. constate qu'il y a des revendications sur des difficultés réelles qu'elle a, elle-même, constatées. Elle demande qu'une personne prenne la parole pour lui expliquer les raisons de cet arrêt de travail et prend le temps d'écouter. D'autres manifestants veulent également intervenir. Madame X. reprend alors la parole, invitant les délégués syndicaux à la rejoindre à l'intérieur des bâtiments. Elle s'engage à ce que les salaires et soldes de tout compte soient faits dans les temps, ce qu'elle déclare comme normal et obligatoire. Face à cette position, les manifestants ne peuvent qu'acquiescer. Madame X. demande alors aux deux managers opérationnels et au RRH du site de se joindre à la réunion. Elle demande aux grévistes de reprendre leur poste, affirmant que les représentants du personnel auront une communication à leur transmettre dans une heure. Puis elle va à la rencontre du journaliste pour relativiser les choses.

La réunion : n'ayant pas nié les difficultés, elle entre dans le vif du sujet, entend les craintes, en parle, s'engage pour tout l'encadrement et le service du personnel. Cet engagement écrit est le suivant : la paie de décembre sera faite pour le 31 décembre par virement bancaire le 3 janvier (ce qui fait un gros travail d'organisation pour tous les services qui remontent les informations sur les différentes primes très compliquées) ; Madame X. accepte que l'entreprise prenne à sa charge les agios dus pour la paie précédente en retard et définit le mode de traitement (qui fait quoi et comment). Ce document sera distribué par les syndicats à tous les postes de travail. La production de l'après-midi restera limitée mais l'ensemble du personnel est à son poste.

Dans le même temps, Madame X réunit tous les acteurs de la paie pour monter un rétro-planning et leur fait prendre conscience de cette chaîne (cinq services ou personnes différentes pour une paie). Elle les responsabilise et reste sur le pont avec eux, tout en donnant régulièrement des informations aux représentants du personnel et aux managers.

La paie est faite dans les temps grâce à des heures supplémentaires la nuit faites par les fonctionnels. Les équipes seront soudées grâce à des objectifs clairs. Madame X. tiendra à remercier personnellement chacun d'entre eux.

Les outils PNL applicables à ce type de problématiques

Voilà l'exemple même de l'application du modèle SCORE dans la résolution d'une problématique sociale avec la recherche des symptômes, de ses causes, la définition d'objectifs précis pour sortir de la crise, la mise en place des ressources et les effets induits.

On peut également relever l'excellente synchronisation qu'elle met en place quand elle s'adresse aux grévistes, tout comme le tri sur l'autre et l'excellent matching au niveau des revendications qui crée une atmosphère de confiance immédiate, les différents acteurs se sentant alors reconnus.

L'utilisation de l'ensemble de ces outils permet une sortie rapide de l'état problème mais concourt également, à coup sûr, à l'établissement d'un état d'esprit d'appartenance et de coopération entre les différentes populations de l'entreprise, permettant la résolution d'autres problèmes en évitant le paroxysme de la grève.

Chapitre 9

La prise en compte des critères ou besoins dans la négociation

La prise de conscience du besoin

Nous avons déjà longuement parlé des critères comme système d'évaluation d'une situation. Il en est un particulièrement important dans les situations nécessitant une négociation : c'est la notion de besoin. Nos besoins psychologiques sont exprimés en termes de nominalisation. Ce sont des critères car, selon qu'ils seront remplis ou non, une situation sera satisfaisante ou pas.

Attardons-nous un peu sur la notion de besoin. Beaucoup d'entre nous confondent en effet besoin et solution :

- **Un besoin** peut être défini comme un élément parmi d'autres sur lequel repose le fonctionnement d'un système. Autrement dit, s'il n'est pas rempli, le système ne fonctionne plus. Physiologiquement, il est facile de définir les besoins : l'eau et les aliments nous sont indispensables car, si nous en sommes privés assez longtemps, nous mourrons ;
- **La solution** est le moyen qui permet de remplir le besoin. Ce qui veut dire que, pour remplir un même besoin, plusieurs solutions sont possibles. Si, mourant de soif, nous refusions de boire de l'eau du robinet parce que nous ne voulons que de l'eau minérale, nous prendrions un risque vital et il serait dommage de nous focaliser sur une seule possibilité d'étancher notre soif.

Sur le plan psychologique, c'est la même chose. Tous les êtres humains, qui sont des systèmes, ont en commun un certain nombre de besoins : être aimés, communiquer, appartenir à, se réaliser, se sentir en sécurité, etc. (nous utilisons ici les verbes auxquels correspondent les nominalisations amour, communication, appartenance, réalisation, sécurité). D'autres besoins sont plus individuels : être valorisé, être utile, être reconnu, être au contact avec les autres, être protégé, et bien d'autres déclinaisons. L'important est de faire la différence entre ces besoins et leur traduction concrète :

- « J'ai besoin d'être aimée, et c'est lorsque mes enfants me téléphonent souvent que j'ai ce sentiment. »
- « J'ai besoin de communiquer et je ne peux pas passer une journée seule dans un bureau. »
- « Je trouve que l'uniforme montre bien qu'on fait partie d'une même famille. »

Cette traduction ou équivalence concrète représente très souvent la solution pour remplir le besoin. Ajoutons aussi que, sous le nom d'un même besoin, des différences peuvent exister d'une personne à l'autre. Par exemple, un individu se sentira reconnu dans son entreprise dès lors qu'on lui dira bonjour le matin. Pour un autre, ce bonjour ne sera qu'un automatisme et il lui faudra une poignée de main ou un sourire pour se sentir vraiment reconnu.

Le problème vient de ce que si une seule possibilité semble valable pour remplir un besoin, il n'y a pas de prise de conscience des autres opportunités de le remplir autrement. Rappelons-nous l'exemple du sportif qui ne pouvait plus faire de sport. Le besoin de dépassement de soi était tout à fait satisfait par la pratique sportive. Dès lors, ou la personne s'effondre et « sa vie est foutue ! » ou elle cherche une autre solution pour combler ce besoin de dépassement de soi.

Pourquoi ces notions sont-elles fondamentales lorsqu'on est en situation de négociation ?

- Tout d'abord parce que les conflits naissent de besoins non remplis et que ceux-ci sont au cœur du problème ;
- Ensuite, parce que chacun des protagonistes est souvent focalisé sur une solution et pas d'autres et que c'est à ce niveau que se créent les blocages si les solutions proposées par chaque partie sont ou semblent incompatibles.

Avant toute négociation, il faut prendre conscience de ses besoins dans le contexte du problème.

Ceci n'est pas seulement valable pour la négociation mais pour tout aspect de la communication (comment avoir une communication efficace si je ne sais ni quel est mon besoin ni quel est celui de l'autre ?).

L'élaboration et la mise en place de toute stratégie demandent la même prise de conscience : une stratégie, en effet, qui comprend plusieurs séquences, se termine par un test qui permet de vérifier l'adéquation entre le résultat produit (la solution trouvée) et le besoin qui était à remplir. Comment alors tester une stratégie si ce besoin n'est pas clairement identifié ?

Pour créer et maintenir le rapport comme nous l'avons décrit, cette prise de conscience des besoins en jeu de part et d'autre est tout aussi indispensable. On s'aperçoit souvent en démarrant une négociation que certains, voire tous, n'ont pas pris conscience de leurs besoins mais sont focalisés sur une solution ou contestent le projet. Il faut donc élargir le champ des possibles.

La définition du cadre du problème concerné

Un autre élément doit être clairement défini : le cadre du problème concerné par la négociation (les débordements qui amènent à sortir du cadre sont une perte de temps et d'énergie). Il faut donc savoir « recadrer » le débat.

Prenons un exemple : un plan de modification des plannings de travail est proposé aux équipes d'une entreprise de maintenance informatique car beaucoup de clients demandent cette maintenance le samedi : il y a refus. Le manager doit prendre conscience du besoin de l'entreprise : meilleure rentabilité ? Satisfaction du client ? Confort du personnel ? Il doit ensuite questionner les personnes qui refusent de travailler le samedi pour chercher quel est le besoin qu'elles sentent menacé : la tradition ? La liberté ? L'égalité ? Nombreux sont les critères qui peuvent être avancés pour rejeter le projet. Et, rappelons-le, il est inutile de chercher à discuter de la validité de ces critères.

Puisque la différence entre négociation et médiation repose essentiellement sur le fait qu'un négociateur est partie prenante, impliqué dans le conflit alors qu'un médiateur ne l'est pas, le fond des protocoles est le même.

L'expression, puis la reconnaissance des besoins dans le processus de négociation

Une autre étape essentielle consiste, en préalable, à faire en sorte que chacun puisse exprimer ses besoins, et pas seulement des solutions :

- Le manager : « Nous avons besoin d'avoir des plannings plus étalés sur la semaine et de travailler le samedi. » C'est une solution. « Nous avons besoin d'être disponibles à la demande de nos clients le samedi. » Voilà le besoin.
- Les employés : « Nous ne voulons pas travailler le samedi, c'est le jour réservé à la famille. » C'est une solution. Que remplit-elle ? Un besoin plus ou moins individuel et peut-être exprimé de manière collective. « Nous avons besoin de respecter notre vie familiale. » Voilà un besoin.

Les besoins sont des valeurs. Ils doivent être inconditionnellement reconnus !

La recherche d'une juste équivalence

Reconnaître ne veut pas dire être d'accord mais simplement accepter que cela soit vrai pour l'autre, et ne pas évaluer. Il y a une différence entre reconnaître un besoin et adhérer à sa traduction concrète (*la* solution). Une part importante du rôle de médiateur reviendra à créer l'espace pour ce faire en donnant la parole à chaque partie pour exprimer ses besoins et en usant de sa juste autorité pour demander à l'autre de les écouter et de les reconnaître. Dans la négociation, il faudra aussi que chaque partie s'exprime à ce niveau. Ensuite il faudra mettre à jour l'équivalence concrète (à quoi nous savons que le critère est rempli, comment…). Ce qui signifie, dans le cadre de notre exemple :

- Pour le besoin de l'entreprise, l'équivalence, dans l'esprit des dirigeants, est une permanence concernant toute l'équipe le samedi.
- Pour le besoin des employés, elle est d'avoir le samedi libre.

**Si chacun reste sur ses positions,
il n'y a probablement pas de solution négociée possible.**

À partir des besoins, il faut alors chercher quelles autres équivalences pourraient remplir chaque besoin, puis définir une ou plusieurs solutions communes. Toujours dans notre exemple :

- Organiser une permanence avec une seule personne, soit régulièrement par volontariat, soit par rotation. Seuls certains samedis seraient alors bloqués ;
- Chercher comment le respect de la vie familiale pourrait être satisfait avec des horaires particuliers et un aménagement qui tiendrait compte de seulement quelques samedis bloqués dans l'année.

Les ressources indispensables à la négociation

En cherchant d'autres possibilités de remplir les critères de chacun, on crée un espace solution plus grand que l'espace problème. La créativité est souvent la ressource la plus importante dans cette situation.

Quelquefois les besoins sont tellement antagonistes qu'il n'y a pas de possibilités de trouver immédiatement une solution satisfaisante. Il faut alors monter plus haut dans la hiérarchie des critères afin d'en trouver un plus fort sur lequel tout le monde serait d'accord et au nom duquel l'une ou l'autre des parties pourrait lâcher du lest sur sa première demande.

Dans le cadre de notre exemple, êtes-vous d'accord sur le fait que la demande de nos clients doit être prise en compte afin que notre entreprise remplisse son rôle d'assistance à la mesure des besoins de la clientèle, et cela pour notre prospérité ?

- Si oui, seriez-vous prêts à faire une proposition pour qu'il y ait une permanence effective le samedi ?
- Si non, il va falloir retravailler sérieusement le rôle et l'implication de chacun dans l'entreprise, les frontières à mettre. Il est probable que d'autres attentes ne sont pas satisfaites et traduisent un désengagement qui faute d'être traité posera problème à un moment ou à un autre.

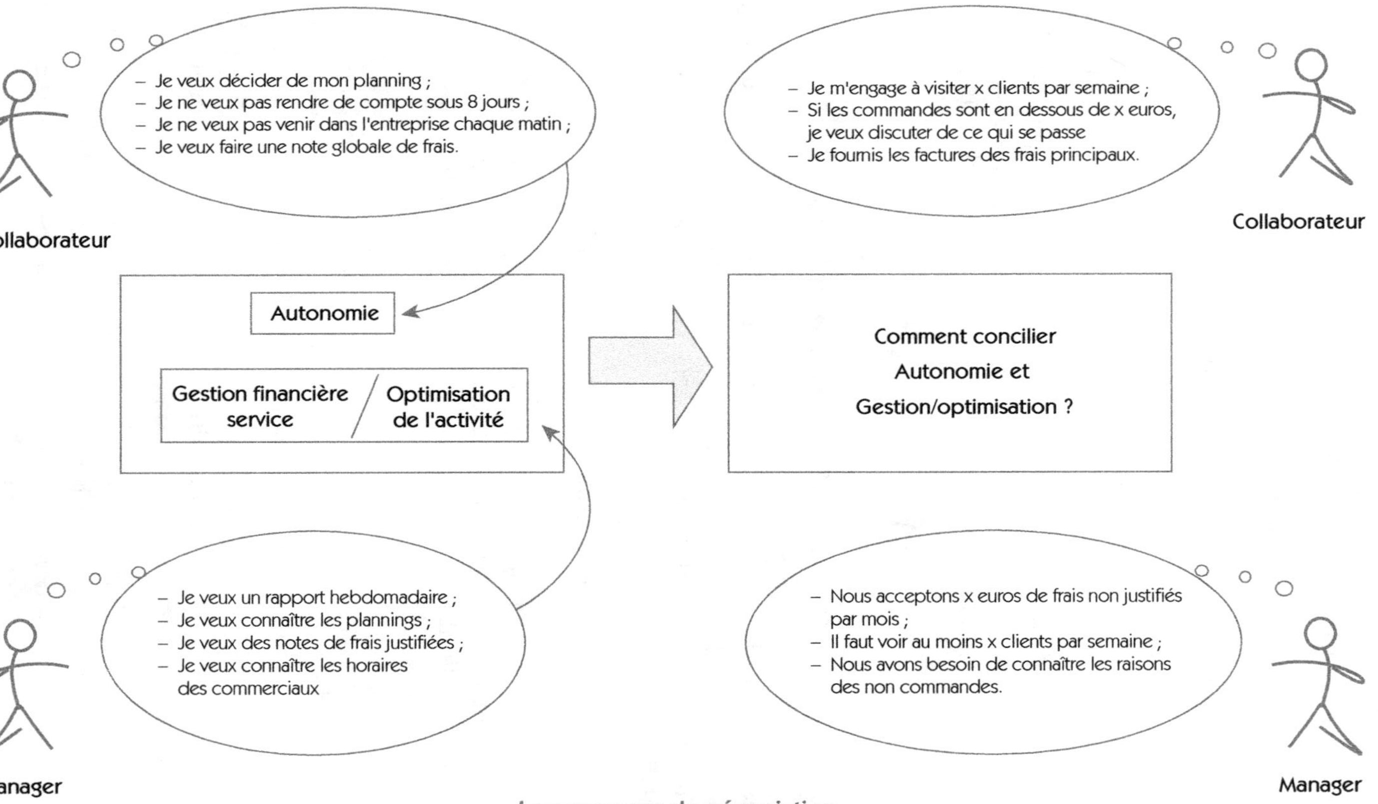

Le processus de négociation

Il est rare qu'un seul « critère-besoin » soit en jeu. La négociation cherchera à hiérarchiser ces valeurs pour permettre de renoncer à certains afin de remplir ceux qui sont les plus importants. Le manager devra ainsi définir quels sont les critères sur lesquels il est prêt à lâcher du lest et ceux qui ne sont pas négociables. Dans l'exemple ci-dessus, il pourrait renoncer à l'idée que tout le monde devrait à tour de rôle être présent (au nom d'une égalité) pour accepter que seuls les volontaires travaillent le samedi. C'est seulement une idée parmi d'autres. En revanche, remettre en question la maintenance du samedi n'est pas possible.

Le manager aura donc en tête une sorte de schéma dans lequel il se représentera la zone de négociation possible et celle où ce ne sera pas le cas. Il cherchera aussi auprès de ses collaborateurs ce qui est négociable et ce qui ne l'est pas. Un espace de négociation est ainsi déterminé, à l'intérieur duquel se feront les échanges.

Les qualités et attitudes essentielles dans la négociation sont la flexibilité, l'éthique et le respect du monde de l'autre.

Il est un autre élément qui prend toute son importance ici : ce n'est pas qu'avec les autres qu'il y a besoin de négocier. Le mal-être de quelqu'un provient, la plupart du temps, de ce qu'il est en conflit avec lui-même. Dans de multiples situations, nous nous sentons « partagés » plus ou moins gravement : en fait, une part de nous-même veut quelque chose quand l'autre veut autre chose. Et chacune tire à hue et à dia, ce qui nous met dans une situation pour le moins inconfortable et parfois déchirante :

- « Je sais que ce n'est pas bien mais je n'arrive pas à arrêter de fumer. »
- « Je suis mal parce que je trouve que ce collaborateur ne se comporte pas correctement mais je ne veux pas le blesser. »
- « J'arrive systématiquement en retard alors que je sais que les rendez-vous sont importants. »

Et il y a pléthore d'autres exemples de la sorte !

Ces conflits intérieurs peuvent nous miner et demandent d'être réglés. La PNL propose un outil qui s'appelle « la négociation des parties », que nous ne décrirons pas dans cet ouvrage car il demande d'être pratiqué physiquement pour être assimilé. Ses grands principes, cependant, sont ceux dont nous avons déjà parlé : découvrir les besoins de chaque partie et arriver à ce qu'elles trouvent une solution commune.

Résoudre un conflit intérieur provoque un sentiment renforcé d'unité et une manière de vivre plus congruente.

Les grandes étapes de la négociation

- ✓ Vérifier que tout le monde est d'accord pour négocier ;
- ✓ Faire en sorte que chacun puisse prendre conscience de ses besoins ;
- ✓ Que chacun puisse les exprimer et que ces besoins soient reconnus sans discussion ;
- ✓ Que chacun en exprime les équivalences concrètes, c'est-à-dire les solutions qu'il propose ;
- ✓ Que chacun communique clairement sur ce qui est négociable et ce qui ne l'est pas ;
- ✓ Travailler à chercher une solution commune.

Cas n° 12 : le droit de désobéissance d'un cadre dirigeant

Monsieur A. a pour mission de redresser la filiale allemande, déficitaire depuis plusieurs années, d'une holding française active dans l'instrumentation et l'appareillage électrique de moyenne puissance. Située dans la lointaine banlieue nord de Francfort, elle compte 50 personnes. La situation sociale y est calme. On ne s'inquiète pas du déficit, absorbé régulièrement dans les comptes consolidés du groupe. Le management est plus que routinier. Les cadres, cependant, s'étonnent du changement d'attitude des Français : tout se passait si tranquillement jusqu'à l'arrivée de Monsieur A. !

Monsieur A. supprime rapidement quelques avantages acquis délirants et prend très vite en charge le problème majeur : une gamme de composants (éléments électrothermiques) qui représente plus de la moitié du poste achats, avec un seul fournisseur, jamais mis en concurrence à cause, paraît-il, d'un « diktat du siège ». Monsieur A. découvre que ce fournisseur, exclusif depuis des années, est une autre filiale allemande du groupe français, filiale d'ailleurs florissante grâce, notamment, aux prix des composants qu'elle livre à l'usine, à des prix très largement supérieurs à ceux du marché.

Monsieur A. s'en ouvre au président français avec lequel il a des rapports cordiaux, lui démontrant, chiffres à l'appui, qu'un prix seulement supérieur à 5 % de celui du marché mettrait sa filiale en zone bénéficiaire, et que c'est, de plus, le seul levier significatif pour redresser la situation. Peine perdue, le président se décharge du problème en déclarant : « Voyez directement avec votre collègue et fournisseur. »

Monsieur A. rencontre donc, peu après, ledit collègue Monsieur B. qui, fort de son monopole, lui rit au nez. Monsieur A. lui annonce qu'il va devoir se fournir ailleurs. Il consulte alors, passant outre aux réticences de son acheteur interne, quelques autres fournisseurs et retient un petit constructeur danois. Concurrent sur une frange des produits distribués par la filiale, il fabrique lui-même ses éléments électrothermiques et accepte de coopérer dans les prix du marché.

Monsieur A. et ses équipes l'aident à bien assurer son organisation qualité, ce qui prend tout de même quelques mois pendant lesquels il utilise ses fournitures à dose homéopathique, essentiellement pour des essais. Les performances sont excellentes et stables. Monsieur A. décide alors, sans avertir le siège, ni son cher collègue de l'autre filiale allemande, de commander au nouveau fournisseur danois 80 % de ses besoins. En 3 à 4 mois, le stock d'anciens composants est à zéro, et le résultat mensuel de la filiale se redresse comme prévu. Aux questions du collègue sur l'affaissement de ses commandes, Monsieur A. fait répondre que son stock est trop élevé mais le pot-aux-roses est vite découvert.

Les résultats pour Monsieur A. sont les suivants : un collègue furieux d'avoir perdu une contribution facile et très positive pour son résultat d'exploitation ; un président irrité d'avoir été contourné, mais surtout d'avoir vu prendre, par un subalterne (Monsieur A.), une décision qui s'imposait et qu'il aurait pu prendre depuis longtemps. La conséquence étant « globalement positive », il est obligé de faire bonne figure.

En fin de compte (pression du président ou ajustement spontané ?), le cher collègue s'est aligné sur les prix de marché. Monsieur A. s'approvisionne aujourd'hui chez lui pour les deux tiers de ses besoins, le tiers restant venant du fournisseur danois qui, ayant été prévenu dès le départ de la situation, n'en a pas pris ombrage.

Commentaires

Il est souvent plus difficile, au sein d'un groupe, de régler des problèmes internes qu'externes, notamment lorsque des relations interpersonnelles, voire des règles occultes touchant parfois aux notions mêmes d'éthique, sont en jeu. La question est alors de savoir jusqu'où peuvent aller les décisions d'un manager – nous pourrions parler de droit de désobéissance –, sans remettre en cause sa survie même au sein de ladite structure.

Les outils PNL applicables à ce type de problématiques

Les règles de la négociation, au sens PNL du terme, auraient sans doute pu permettre à Monsieur A. de trouver une autre solution, notamment en essayant de comprendre les raisons profondes poussant Monsieur B. à adopter une telle attitude et quels étaient les intérêts réels qu'il défendait.

Avant de prendre toute décision, Monsieur A. aurait eu intérêt à procéder à une hiérarchisation de ses propres critères concernant à la fois les résultats escomptés et la qualité de ses relations, tant avec Monsieur B. qu'avec son supérieur hiérarchique. Dans tous les cas, il semble qu'il aurait pu s'attacher à essayer d'éviter la rancœur de Monsieur B. par une communication plus directe, autrement dit trouver un meilleur équilibre « relation/tâche ».

Cas n° 13 : rôle et responsabilité de l'encadrement

L'environnement

Le secteur équipementier automobile. Les usines des sous-traitants de rang un se trouvent en général proche des usines des constructeurs (plus ou moins 30 km) de façon à pouvoir livrer rapidement. Les principales qualités d'un équipementier automobile sont la créativité dans le développement et l'amélioration des pièces livrées, une haute qualité des produits finis, la qualité dans les délais de livraison.

L'usine concernée comprend 500 personnes avec trois lignes d'injection et peinture de pièces plastiques (carrosserie et boucliers) et une ligne d'injection et peinture polyester (carrosserie), une production en continu 7 x 7 et une logistique en 5 x 7. L'usine est implantée en zone agricole à 65 km de l'usine du constructeur, il n'y a aucune activité industrielle à 40 km à la ronde. Elle a deux jours de production en stock. Le syndicat CGT y est très majoritaire, le climat social est correct.

Le contexte

La ligne de production polyester a été construite principalement pour la fabrication de pièces de carrosserie. Cette ligne a fait la renommée de cette usine. Mais, en 2000, cette ligne qui produisait jusqu'à 800 pièces par jour n'en produit plus que 400 par an, uniquement pour des pièces de rechange. Cette ligne occupe 25 % de la surface de l'usine et est très polluante.

Afin de réaménager la circulation des flux au sein de cette usine, la direction du groupe a décidé de supprimer la ligne polyester, ce qui entraîne la suppression d'une vingtaine de postes.

La problématique

Afin de préparer l'étude économique préalable à toute demande d'investissement, la direction de l'usine a invité plusieurs sous-traitants à venir visiter les locaux pour élaborer leurs devis. Il y a donc eu plusieurs visites de tiers dans les ateliers au vu et su de l'ensemble des salariés. La direction avait informé le CE de ces visites et de leur but, dans des termes clairs et précis, sans toutefois dévoiler les conséquences ultimes du réaménagement industriel de l'usine. Aucune information réelle n'était redescendue vers le personnel. Entre le moment de ces visites et l'accord budgétaire définitif pour le réaménagement industriel, il s'est passé deux années.

C'est donc avec une certaine surprise que le CE a appris le démantèlement de la ligne d'injection polyester et son ferraillage pur et simple, ainsi que l'existence d'une vingtaine de suppressions de postes. La direction de l'usine pensait que ce dossier, favorable industriellement à l'usine, devait bien se passer avec les syndicats.

La première réunion du CE, un lundi, a été extrêmement houleuse, la CGT accusant la direction de démanteler l'usine de ses outils et d'un savoir-faire dont elle pourrait avoir besoin dans l'avenir. Au bout de quelques jours de réunions, les éléments les plus durs du syndicat ont convoqué les médias pour leur annoncer la fermeture de l'usine. Les salariés prenant peur se mettent en grève le vendredi après-midi. Le mercredi suivant, à 14 h 00, le travail reprend.

Les raisons de ce revirement de situation

Le DRH du groupe, lors de sa prise de fonction, avait relevé un certain nombre de manquements managériaux et avait proposé, après reconnaissance de cette situation par le comité de direction, un plan d'actions spécifiques. La liste de ces manquements managériaux mettait l'accent sur :

- Des cadres qui répartissaient leur temps de travail en 50 % de gestion, 25 % de technique et 25 % de RH. Or s'ils étaient formés à la technique, ils l'étaient imparfaitement sur les trois-quarts de ce que l'on attendait d'eux ;

- Une maîtrise qui assurait au quotidien la production et le management des équipes mais qui avait du mal à se positionner ;
- Un renvoi systématique vers les RH des questions relatives au personnel ;
- Une absence de culture économique.

Le DRH avait lancé un vaste plan de formation basé sur deux thématiques complémentaires : le renforcement des capacités managériales de l'encadrement (cadre et maîtrise supérieure) et la compréhension de la marche économique de l'entreprise. Les deux tiers de l'encadrement de l'usine avaient suivi la formation. Certains progrès avaient été observés. Cette grève était donc l'occasion pour l'encadrement de mettre en pratique la formation suivie.

Durant tout le week-end, l'encadrement, volontaire, se réunit avec le DRH, le directeur, ainsi que le contrôleur de gestion de l'usine, pour élaborer des fiches argumentaires destinées à alimenter les discussions avec le personnel.

Ce faisant, par une présence terrain de la presque totalité de l'encadrement, par l'utilisation de fiches argumentaires uniques et uniformes, il a été possible dans un premier temps de ramener le projet à sa juste dimension, puis de démontrer l'intérêt industriel du réaménagement. Le grand bénéficiaire de cette opération a été l'encadrement :

- Tout d'abord un peu contraint, il s'est réapproprié son rôle de manager, vecteur de communication ;
- La maîtrise supérieure a enfin pu réaliser qu'elle était sa place dans l'entreprise, c'est-à-dire définitivement dans l'encadrement.

Toute victoire a son revers, ce cas grandeur nature a généré diverses réactions : conscient de ses pouvoirs et devoirs, l'encadrement est devenu exigeant sur la qualité des informations qui lui étaient destinées. Mais est-ce un revers ?

Commentaires

La grève est, à juste titre, considérée comme la voie ultime lorsque toutes les tentatives de négociation ont échoué. Ce cas montre cependant que des situations de crise graves peuvent aussi engendrer des améliorations notoires, tant dans les comportements que dans la communication globale de l'entreprise. Il faut, pour cela, qu'elles soient gérées par des cadres compétents et restent, autant que faire se peut, sous contrôle, dans le respect des règles, d'une part, mais, avant tout, des personnes, de leur modèle du monde et de leurs croyances.

Les outils PNL applicables à ce type de problématiques

Toute communication répondant aux vraies questions permet de trouver des solutions adaptées à une situation problématique.

Il en est de même lorsque des liens étroits entre le management et le reste du personnel existent. Le relationnel de qualité, une fois de plus, est d'une importance majeure et doit être cultivé.

Et pourtant, dans le cas présent, une grève éclate, obligeant le management à mettre en place une stratégie d'objectif précise permettant de répondre aux questions des ouvriers, à travers lesquelles ils expriment plus ou moins directement leurs besoins. Notons que la PNL insiste sur « l'écologie » qui existe à ce moment précis de la crise. Il est, en effet, indispensable de bien voir ce que les ouvriers vont gagner en acceptant la reprise du travail, mais également ce qu'ils vont perdre. Seule une telle analyse préliminaire permettra au management de proposer les bonnes solutions pour sortir de la crise.

Lorsque l'on voit le travail effectué pendant le week-end par l'encadrement, on peut regretter qu'il n'ait pas été réalisé plutôt car, dans tous les cas, il aurait peut-être désamorcé le malaise et évité la grève.

Si, malgré le travail effectué, les ouvriers avaient décidé de poursuivre leur mouvement de grève, alors les deux parties seraient entrées dans une phase de négociation pour proposer un nouveau projet correspondant aux demandes des ouvriers.

Deuxième partie

À chaque problématique, le bon outil PNL

Nous voudrions, dans cette partie, reprendre les différentes problématiques recueillies auprès des managers et, maintenant que vous connaissez les principaux outils PNL à votre disposition dans votre métier de manager, vous indiquer, pour chacune de ces problématiques, ceux que vous auriez pu utiliser et qui vous auraient alors permis de garantir la qualité de la communication. Nous ne parlerons pas ici, à proprement parler, de « résultats » car la communication n'est pas à sens unique. Même si le manager utilise à bon escient les outils PNL, son interlocuteur, lui, peut soit ne pas les connaître, soit, même, ne pas avoir l'intention que cette communication se passe au mieux des intérêts de chacune des parties.

Le lecteur pourra, cependant, y trouver un outil précieux pour mettre toutes les chances de son côté. Malheureusement, comme le dit le proverbe, qui s'applique parfaitement à la communication : « Pour les miracles, il faudra revenir demain ! »

Chapitre 10

Gérer les problématiques individuelles au quotidien

Les problèmes relationnels

Rappelons qu'une des premières choses à faire lorsque la relation se crée est d'établir le rapport. Il en va de même pour le respect de l'éthique et pour la congruence. L'estime de soi est un préalable absolu. Ceci étant dit, nous donnerons assez souvent des exemples de dialogue possible. Ce ne sont que des exemples, ils sont là plus pour insuffler une idée que pour servir de modèle.

Améliorer les relations avec son supérieur hiérarchique ou avec un subordonné

De nombreuses raisons peuvent être à l'origine de relations difficiles entre un collaborateur et son supérieur hiérarchique. Cette situation nécessite de s'interroger à plusieurs niveaux :

- Le problème vient-il de moi ou de mon supérieur ? En ce qui me concerne, il y a plusieurs raisons, entre autres :
  - Le manque d'estime de moi, et/ou de confiance en moi. Je ne me considère pas comme son égal en tant qu'être humain parce qu'il n'y a effectivement pas d'égalité dans les compétences ou le statut ;
  - Mes émotions qui sont limitantes ;
- En ce qui concerne mon interlocuteur, il peut s'agir de :
  - Ses comportements ou les valeurs qu'il met en avant et qui ne me conviennent pas ;

– Ses critères que je ne partage pas ;
– Sa façon de faire les choses avec laquelle je ne suis pas d'accord.

Les outils PNL

- Définir à quel niveau de l'échelle de Dilts se situe la difficulté relationnelle.
- Éclaircir les présupposés que l'on prête à l'autre.
- Définir l'objectif de l'amélioration (à quoi saurai-je que notre relation est améliorée ?).
- Utiliser le modèle SCORE pour mettre en place des solutions.

Garder son rôle de leader ou respecter sa structure hiérarchique

Comment garder son rôle de leader en maintenant une dose de proximité avec ses collaborateurs, et ce sans perte de pouvoir ? Comment respecter sa structure hiérarchique tout en ayant une relation directe avec les échelons inférieurs ?

Ces questions en appellent deux autres :

- Quel niveau de partage et de proximité est adapté entre personnes de statut social différent ? Le niveau de ce qui peut se partager dans ce contexte est éminemment individuel et dépend des frontières que chacun décide de mettre, à quel moment, sur quoi et à quel niveau de l'échelle de Dilts. Les questions à se poser pour faire un choix astucieux sont si l'on veut, par exemple, discuter de telle ou telle chose avec un ou plusieurs collaborateurs : en quoi est-ce utile pour moi ? En quoi est-ce utile pour lui ou eux ? La seule véritable réponse sera donnée par la suite des événements. Il faudra donc savoir les observer et les prendre en compte pour continuer, amplifier ou au contraire rectifier en le diminuant, ce qui est partagé ;
- Qu'est-ce que le pouvoir ? La véritable hiérarchie, donc un pouvoir plus grand, est, normalement, apportée par un niveau de compétences plus élevé. Elle ne remet jamais en cause les compétences réelles des autres, ni leurs valeurs et encore moins leur identité.

Un leader peut perdre son pouvoir lorsque ses compétences sont défaillantes. En aucun cas il ne peut le perdre en reconnaissant les compétences des autres ou en avouant qu'il ne les a pas. Par exemple, un manager peut reconnaître les compétences d'un ouvrier sur le maniement d'un appareil et même lui demander de lui expliquer certaines choses. Sa compétence de manager étant ailleurs, son pouvoir n'est pas remis en cause. L'ouvrier garde le sien sur sa machine.

C'est pourquoi il est tout à fait acceptable et accepté qu'un manager qui doit savoir ce qui se fait dans son entreprise ne sache pas le faire lui-même (on dit pourtant qu'être passé par tous les échelons de l'entreprise est un des atouts d'un bon patron mais ce n'est pas toujours possible). Inversement, si un manager ne démontre pas les compétences qu'il est censé posséder, il pourra se montrer aussi autoritaire que possible, il ne parviendra pas à avoir ce pouvoir naturel qu'il souhaite. Mais si en augmentant la proximité, on induit un doute sur ses propres compétences, l'autorité naturelle du leader peut en souffrir.

Les outils PNL

- Utiliser l'échelle de Dilts pour déterminer à quel niveau se situe ce que je souhaite faire entrer dans la proximité ? À quel niveau se situe ce que je crois être un pouvoir ?
- Définir les frontières et les limites du partage : qu'est ce que je souhaite faire partager à mes collaborateurs ? Sur quoi porte la relation directe ?

Faire comprendre à un collaborateur que son manque d'hygiène indispose ses collègues

La gêne est probablement liée à un fait observable : la vue ou l'odeur. Il est important de pouvoir donner du feed-back à la personne dont l'hygiène semble défectueuse. Il faut rester au niveau de l'observable et surtout ne pas interférer sur celui des valeurs et des présupposés. Établir le rapport solidement est fondamental ici.

Quelque chose comme : « Plusieurs personnes ont ressenti une odeur autour de vous qu'elles trouvent désagréable, une odeur de sueur très forte, selon elles. Nous sommes tellement habitués, tous, à notre propre odeur que très vite nous ne la sentons plus. C'est vraiment utile d'avoir le feed-back des autres quelquefois pour s'en rendre compte. Pourriez-vous changer quelque chose dans vos habitudes qui modifierait cela et vous conviendrait aussi ? »

Les outils PNL

- Pratiquer le feed-back sur ce qui est observable (environnement ou comportements) : « Je dois vous faire part d'une observation dont je prends la responsabilité. Je suis gêné par votre odeur corporelle. »
- Attribuer aux autres ce qui leur appartient (les collègues *trouvent* l'odeur désagréable, elle n'*est* pas désagréable).
- S'arranger pour ne pas faire perdre la face à l'intéressé : « Aucun de nous ne perçoit sa propre odeur contrairement à notre environnement. C'est pourquoi je vous demande de faire quelque chose pour changer votre odeur. »

Garder ses distances émotionnelles dans des relations interpersonnelles fortes

Lorsque nous avons de l'amitié, voire de l'affection pour une autre personne, nous sommes beaucoup plus facilement affectés par les événements que lorsque les relations sont plus distantes.

Il n'est pas interdit d'éprouver ni de montrer une émotion importante dans certaines situations. La difficulté peut provenir plutôt du débordement émotionnel qu'elles engendrent. Les émotions, comme nous l'avons vu, sont des messagères. En comprendre le sens, le niveau de conviction par rapport à l'échelle de Dilts sur lequel elles se produisent va permettre de comprendre ce qui se passe, et donc de réagir de manière adaptée.

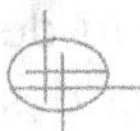

Les outils PNL

- Travailler sur l'émotion : nommer précisément l'émotion dans un contexte donné. Est-elle adaptée à la situation ? Idem pour son intensité.
- Mettre de bonnes frontières : je suis moi et pas l'autre. Je peux compatir sans me confondre avec lui.

Mettre son personnel en confiance afin de lui permettre de dire ce qu'il pense

On peut dire ce que l'on pense, donc donner son feed-back, si l'on ne craint ni le jugement d'autrui ni des conséquences fâcheuses.

Pour créer, au mieux, les conditions de cette confiance qui rend possible de livrer le fond de sa pensée, il faut que le manager soit congruent avec lui-même. Il peut s'engager sur le non-jugement et doit alors le pratiquer sans retenue, en étant attentif à toujours accueillir les idées sans émettre aucune critique (rappelons qu'accueillir le feed-back ne veut pas dire être d'accord). Il doit rassurer, autant que possible, en particulier en s'engageant à ne pas faire suivre les échanges de sanctions ou pénalisations diverses.

Sans être une règle PNL, la règle des 3P (puissance, permission, protection) est utile : elle donne à celui dont on sollicite l'avis la possibilité d'influencer, donc d'avoir un certain pouvoir (puissance) ; elle crée l'espace où tout peut être dit (permission) et interdit toute critique, non seulement à soi-même mais aux autres (protection). La confiance se renforce d'autant plus que des expériences précédentes ont été bien vécues, elle se créera ou se renforcera si c'est une première expérience qui se révèle fructueuse.

Les outils PNL

- Être profondément congruent : je pense réellement ce que je dis. Mes actes ne démentent pas mes paroles.
- Définir le niveau sur lequel on veut une réponse (échelle de Dilts) et le faire savoir : je vous demande ce que vous pensez des actions mises en œuvre, reflètent-elles l'esprit, les valeurs de notre entreprise ?
- Recadrer les interventions inadaptées. Par exemple : les prospectus sont trop colorés ! En quoi cela nuit à l'image, aux valeurs de notre entreprise ?

Refuser l'embauche d'un pistonné imposé par son supérieur hiérarchique ou un actionnaire

Chaque fois qu'un critère, et *a fortiori* une valeur importante pour un manager, se verra malmenée au nom d'intérêts dits supérieurs, il y aura conflit. Si le manager pense que l'embauche est une erreur et s'il a le pouvoir d'infléchir la décision d'embauche, il pourra la refuser :

- En ayant d'abord évalué l'importance des critères en jeu : pourquoi le supérieur veut-il embaucher ? Pourquoi ne suis-je pas d'accord ?
- En prenant garde de ne pas juger, critiquer ou faire perdre la face à son supérieur, et cela d'une manière très authentique. Les critères au nom desquels ce supérieur voulait embaucher sont les siens et ont de l'importance pour lui. Respectons cela et appliquons le principe d'accompagner et de conduire. Dire par exemple : « Vous m'avez fait part de votre désir d'embaucher Monsieur X. que vous connaissez bien et en qui vous avez toute confiance. Cependant je me suis fait une opinion, qui est la mienne bien sûr, selon laquelle ce monsieur ne peut pas convenir à ce poste parce que... »

Si le manager n'a pas le pouvoir de faire changer la décision et qu'il doit l'accepter, il peut chausser d'autres lunettes pour oublier le ou les critères qui lui faisaient voir cette embauche comme une erreur et chercher des critères différents qui lui permettront de voir la situation sous un autre angle. Contre mauvaise fortune, bon cœur n'est pas toujours synonyme de résignation mais permet de vivre réellement une situation différemment, voire sereinement.

Les outils PNL

- L'échelle de Dilts permet de situer « les raisons » de l'embauche aux justes niveaux sans jamais atteindre la personne dans son identité.
- La hiérarchie des critères pour déterminer un argumentaire.
- L'utilisation d'une palette de critères pour évaluer la situation.

Annoncer un licenciement

Ce qui rend difficile l'annonce d'un licenciement, c'est la crainte que cette annonce soit très mal vécue par la ou les personnes concernées. C'est en effet souvent le cas mais pas toujours. Le licenciement peut représenter pour certains le meilleur choix possible dans une situation, ou bien il peut être attendu et déjà accepté. Mais s'il est réellement dommageable, on peut tenter d'en minorer les effets et faire en sorte que la personne concernée retrouve un état-ressource.

Il est important de réserver un espace de temps suffisant pour cet entretien ; important aussi d'avoir préparé un argumentaire de qualité portant sur des faits observables. De donner les éléments concrets (et vérifiables) qui sont à l'origine du licenciement, de prendre le temps de laisser la parole à celui qui est licencié, d'entendre ses reproches et critiques. La situation est plus délicate si le manager lui-même n'est pas d'accord avec ce licenciement car il y a résonance entre les critiques de la personne licenciée et celles que le manager s'adresse à lui-même.

Il est possible de dire à la personne licenciée quels sont les talents, les qualités que l'on a observés chez elle. Le manager insistera sur le fait que ce sont des événements extérieurs qui sont la cause de son licenciement, et non son identité. Il est important de ne pas lui faire perdre la face tout en étant sincère.

Les outils PNL

- Situer le niveau de la faute ou de la raison du licenciement sur l'échelle de Dilts.
- Utiliser cette échelle pour donner à chaque parole sa place.

Réagir à une injustice qui nous concerne

Le point de vue de l'autre peut ne pas nous satisfaire et une critique que nous n'approuvons pas nous apparaît injuste. Il est utile d'évaluer les conséquences de cette injustice et leur importance en en discutant avec son auteur. Le niveau sur lequel se situe l'injustice est fondamental :

- Si c'est un comportement, une compétence ou une stratégie qui est injustement critiqué ou remis en cause, il sera relativement facile de comprendre pourquoi nous trouvons cela injuste. Tout d'abord il est nécessaire de vérifier la réelle discordance de points de vue. Pour cela, faites un petit exercice en pensant à une situation que vous avez ressentie comme injuste : faites-vous, en le situant à gauche, un film du comportement tel que la critique le décrit. Par exemple : « Je donne le secteur X à Madame Y. car vous n'êtes pas assez performant. » Demandez-vous alors sur quels éléments est évaluée l'insuffisance de performance. Puis construisez le film de ce qui vous est dit comme cela vous est dit (par exemple vous vous voyez agir lentement, être peu tonique au téléphone et refermer le dossier sans aucune commande). Puis faites-vous, en le situant à droite, le film tel que vous-même avez perçu votre comportement.

Comparez les deux. Vous pourrez accepter la critique sur les points où les deux films sont semblables. Elle ne semblera plus injuste. Sur les différences, vous pourrez alors argumenter (par exemple au lieu de vous voir « peu tonique », vous vous voyez calme et patient avec votre interlocuteur, certes le dossier ne présente aucune commande immédiate mais il est soigneusement gardé à proximité pour un prochain contact, etc.) ;

- Il en va autrement lorsque la critique s'adresse à des critères ou valeurs, à votre rôle et votre identité : « Vous n'êtes pas consciencieux... Vous vous moquez du monde... Vous deviez vous montrer plus agressif. » Ce reproche relève de la pure interprétation. Après avoir fait expliciter clairement le comportement qui a motivé ce reproche, vous pouvez argumenter en expliquant, en particulier, que vous soyez d'accord ou pas avec l'inadaptation du comportement, que vous pouvez comprendre un point de vue sur votre comportement mais qu'en aucun cas il n'est légitime de vous prêter une intention. Vous pouvez cependant pointer les critères que vous avez mis en jeu pour agir comme vous l'avez fait et décider si vous maintenez la justesse de votre décision ou si vous acceptez de reconnaître qu'une prochaine fois en effet vous utiliserez un autre critère.

Mettez de toute façon de bonnes frontières pour différencier les contextes, votre point de vue et celui de l'autre. Une bonne estime de soi se traduit souvent par une réceptivité plus nuancée aux critiques et aux reproches.

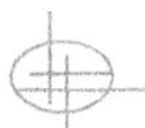

Les outils PNL

- Une évaluation concrète de son niveau de responsabilité : une représentation mentale de ce qui vous est reproché permet une comparaison objective de la situation.
- Le métamodèle pour recueillir des informations puisque, derrière les mots, la signification peut être différente d'une personne à l'autre.

– Les frontières et l'estime de soi qui vous aident à prendre conscience des différences de modèle du monde et de rester en accord avec vous-même (harmonie entre valeurs et comportement, notamment).

– Le cadre de référence interne qui donne la possibilité d'être en lien avec ses valeurs et de montrer quelle importance vous y attachez.

Un outil n'a pas été décrit dans ce livre car nous avons fait une sélection : c'est celui par lequel on apprend à se mettre à la place de l'autre pour prendre conscience de son point de vue puis dans la position d'un observateur extérieur pour évaluer la situation avec un autre regard encore. On l'appelle « les positions perceptuelles ». C'est un outil très performant qui demande d'être enseigné en le pratiquant. La lecture seule de la procédure ne permet pas d'en acquérir toutes les nuances.

Réagir à une injustice concernant l'un de ses collaborateurs

Le processus est le même que précédemment. Une nuance cependant, il n'est jamais payant de dresser les individus les uns contre les autres. Assurez le collaborateur de votre compréhension et entendez réellement, voire partagez son sentiment d'injustice et aidez-le à renforcer l'estime de soi.

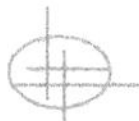

Les outils PNL

– Définir le champ d'action de l'injustice en le décrivant en termes concrets (quoi, quand et où ?) et en le plaçant sur le niveau de l'échelle de Dilts.

– Faire une représentation mentale de la situation sous plusieurs angles, imagée ou réfléchie.

– Garder ses frontières. C'est votre collaborateur, et pas vous, qui est concerné par le problème. Très souvent, une injustice faite à quelqu'un d'autre a une résonance en nous. Il est indispensable d'en prendre conscience pour éviter que le problème de l'autre devienne le nôtre.

Gérer le relationnel au cours des premiers jours de sa prise de fonction

Le plus important est d'établir des relations de confiance. Cela passera par un usage immodéré des outils du rapport. Tout en sachant mettre de justes frontières, humaines et hiérarchiques, se faire confiance et pratiquer l'estime de soi.

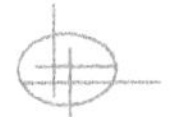

Les outils PNL

- Prendre le feed-back : le seul moyen que nous ayons pour « rectifier le tir » rapidement et efficacement est d'être attentif aux différents feed-back qui sont les manifestations de la façon dont les messages ont été reçus.
- Créer le rapport : le climat est le meilleur terreau pour que germent les interactions satisfaisantes.
- Être soi-même en position alignée : lorsque les actes sont imprégnés de valeurs authentiques, l'impact de la congruence est important.

Faire accepter des idées nouvelles, convaincre d'un changement nécessaire

Tout changement est générateur d'anxiété. Que ce soit pour nous-mêmes ou chez les autres, les idées nouvelles n'ont pas encore fait leurs preuves et tout ce qu'elles entraînent n'est pas toujours bien perçu. L'acceptation d'idées nouvelles ou l'adhésion à un changement nécessaire n'est pas sous le contrôle du manager. Mais il peut mettre toutes les chances de son côté pour obtenir ce résultat.

Il est indispensable de relier les idées à un ou plusieurs objectifs concrets PNL, tout en présentant les résultats escomptés. Décrivez aussi les changements qu'elles impliquent à tous les niveaux de l'échelle de Dilts et insistez sur les niveaux qu'elles ne toucheront pas, si c'est le cas. Par exemple, pour la mise en place d'une démarche qualité, décrivez qui s'en occupera, quand et où, ce que cela entraînera comme changement de comportement chez les intéressés, quelles nouvelles compétences seront à acquérir, et expliquez que l'entreprise entend garder des conditions de travail de qualité ou maintenir tous les emplois. Recueillez le plus vite possible toutes les objections qui pourraient être des obstacles au changement.

 *Les outils PNL*

- Des objectifs bien définis : la grille de la stratégie d'objectif met à la disposition des collaborateurs des projets dont ils peuvent être les gestionnaires et qu'ils peuvent faire leurs. C'est un facteur majeur de motivation.
- L'échelle de Dilts : elle apporte des atouts fondamentaux pour repérer les niveaux des objections potentielles, et donc pour y remédier.
- Le feed-back : vendre une idée nouvelle, un changement, les yeux fermés est le meilleur moyen d'aller au-devant de déconvenues car les résistances vont émerger à un moment ou à un autre sans que vous y soyez préparé.

Acquérir de la confiance en soi

Voir le chapitre 3 sur ce sujet, p. 65.

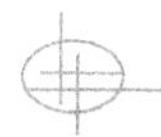 *Les outils PNL*

- Faire la différence entre confiance en soi et estime de soi, même si ces mots peuvent recouvrir plusieurs sens.
- Être aligné, apprécier le chemin parcouru, se donner des défis et des objectifs réalistes : lorsque des valeurs significatives animent nos actes et l'acquisition de compétences, il y a une harmonie profonde qui donne de la force.
- Se rappeler que les erreurs sont source d'apprentissage.

Créer du respect mutuel

Avoir du respect pour autrui dépend de nous, nous pouvons donc nous fixer cet objectif avec tous les critères décrits dans le chapitre 7 consacré à ce sujet. Faire que l'autre nous respecte ne nous appartient pas. Nous pouvons espérer, en observant nous-mêmes le respect, l'éthique et la congruence, attirer ce respect.

Il est important toutefois de bien définir pour nous-mêmes ce qui, concrètement, nous fait dire que nous nous sentons respectés. Conscient de ces données, nous pouvons alors formuler des demandes et mettre des limites de qualité : « Lorsque je vous explique quelque chose, vous m'interrompez souvent. Je vous demande de me laisser juste terminer ma phrase avant de le faire. »

Les outils PNL

- La différence entre objectif et résultat : être bien conscient de ce qui m'appartient et de ce qui ne m'appartient pas. Les résultats correspondent en quelque sorte à nos attentes. La satisfaction de celles-ci est le plus souvent aux mains des autres.
- La notion de la nominalisation (critère) et de la nécessité d'en connaître l'équivalence concrète : si je ne sais pas ce que je veux, j'espère, j'attends, il y a de grandes chances que je ne puisse pas le reconnaître venant de l'autre. De plus, je serai incapable de formuler une solution permettant à mon interlocuteur d'y répondre plus facilement.

Gérer un supérieur impossible, voire à demi-fou

C'est une situation difficile qui conduit à se demander pourquoi rester dans une entreprise où existe cette situation.

Installez et maintenez des frontières de qualité, sachez dresser des murs quand la charge devient trop forte. Soyez en lien avec votre cadre de référence interne. Évitez autant que possible le mismatching pour préférer le « accompagner-conduire ».

Des outils non PNL peuvent être utilisés : l'esquisse de la personnalité du supérieur et donc des leviers possibles d'approche. Ils doivent être maniés avec prudence et dans un souci d'éthique.

Les outils PNL

- Être aligné : l'alignement qui donne une « consistance » intérieure apporte une stabilité psychologique forte et protège d'une réactivité rigide. L'agressivité de l'interlocuteur n'est plus ressentie comme un choc frontal mais est amortie.
- Mettre de bonnes frontières : l'attaque peut être quelques fois si forte que le cortex n'a pas le temps d'élaborer la situation. Se rendre imperméable est un bon moyen pour ne pas devenir vulnérable.
- Utiliser avec énergie les outils du rapport : la folie, aussi impressionnante soit-elle, est un système cohérent mis en place par votre interlocuteur pour survivre. Essayez de lui donner un espace de confiance.

Soutenir le moral de collaborateurs cyclothymiques

Les alternances répétées d'un moral haut et d'un moral bas sont le signe d'un manque de confiance en soi et d'une estime de soi basse. Elles sont, très souvent, liées à une histoire personnelle, qui a entamé l'espoir et la confiance dans la vie. Il n'appartient pas au manager de rentrer dans ce qui est propre à la vie de ses collaborateurs. En revanche, après avoir cherché les raisons de la baisse de moral et décidé de les prendre en compte si elles concernent l'entreprise, il sera utile de :

- Rappeler les objectifs, insister sur leur réalité, leur intérêt, et différencier objectif et résultat ;
- Redire que l'échec et l'erreur ne sont que des sources d'apprentissage et de mieux faire ;
- Encourager en faisant émerger les critères en jeu ;
- Recueillir des informations : « De quoi avez-vous besoin pour garder un moral fort ? » ;
- Donner les moyens, si c'est possible, pour répondre à ces besoins.

Les outils PNL

- Explorer l'état présent/problème (déclencheur, critères…) : aider un collaborateur à comprendre ce qui se passe très concrètement est déjà une marche vers le changement.
- Rappeler les objectifs et les critères qui les sous-tendent : c'est ouvrir la voie au futur et à la motivation.

Trouver la juste attitude à adopter si l'on surprend son président en flagrant délit de mensonge vis-à-vis d'un actionnaire ou d'un collaborateur

Mentir peut cacher une intention positive, c'est-à-dire remplir un besoin, propre au supérieur ou à l'entreprise. Avant de s'offenser de ce mensonge, il faut en rechercher l'intention.

Cependant se protéger ou protéger l'entreprise aux dépens d'autrui n'est jamais profitable, ne serait-ce que parce qu'il est difficile de bafouer sa propre loi intérieure. Le mensonge qui a pour intention de nuire à l'autre ou qui est fait pour se protéger n'est pas juste. Il devient le problème de celui qui le profère, et ceci malgré les apparences. Cette question rejoint en réalité la suivante.

Les outils PNL

- Communiquer directement avec le président : prenez votre courage à deux mains ; avec les outils du rapport, exprimez clairement ce que vous ressentez devant ce message et explorez ce qui se passe pour lui.
- Rechercher l'intention positive.
- Différencier intention et comportement : « Vous avez dit... je vous demande d'expliquer ce mensonge car j'ai besoin de comprendre. »

Comment réagir lorsque son supérieur ordonne une action contraire à l'éthique ou à la déontologie de la profession

C'est probablement un des problèmes les plus épineux et les plus difficiles à résoudre car il met en jeu une opposition à un niveau élevé, celui des valeurs. Il va donc falloir chercher quelles sont celles qui entrent en jeu et les situer sur une échelle hiérarchique. Ceci permettra au manager de décider s'il valide l'action demandée.

Par exemple, un supérieur demande à un collaborateur de faire livrer un produit ne correspondant pas à la qualité demandée par le client parce que c'est urgent et que celui-ci ne s'apercevra pas du problème. Si le client était informé que le produit n'est pas disponible, il pourrait s'adresser ailleurs. Les valeurs mises en jeu ici pourraient être les suivantes : d'un côté, l'honnêteté vis-à-vis du client et la sécurité de l'usage du produit ; de l'autre, avec le risque de perdre un client, la bonne marche de l'entreprise.

Rappelons qu'entre les deux pôles d'un critère (honnêteté/tromperie), nos convictions définissent un point intermédiaire qui remplit suffisamment bien un de ces pôles pour que ce soit acceptable (par exemple faire la différence entre tout dire et ne dire que ce qui nous semble juste pour le moment). Il n'est ni possible, ni souhaitable de vouloir que le critère soit rempli à 100 % ou de penser qu'une autre personne le viole à 100 %.

Si c'est possible, le manager devra tout d'abord tenter de comprendre réellement ce qui motive précisément l'ordre du supérieur dans cette situation : trier sur lui pour avoir des informations, avec curiosité et respect. Puis expliquer à ce dernier en quoi cette action va à l'encontre de son sens de l'éthique ou des règles de déontologie. Rechercher quels sont les critères qui doivent absolument être remplis et jusqu'où pour choisir.

L'objectif est de trouver une solution qui soit satisfaisante à la lumière de ces critères. Si la sécurité du produit est le critère le plus important, peut-on alors accepter de ne pas être tout à fait honnête avec le client et de ne pas l'informer du changement de qualité si le produit livré est impeccable et correspond au besoin du client sans avoir la qualité du produit commandé ? Autrement dit, si le critère sécurité est suffisamment rempli, on peut peut-être opter pour une dose de non-franchise (l'idéal reste de pouvoir en parler ouvertement avec le client et d'argumenter techniquement et commercialement). Si le produit n'est pas aussi sûr, il y a un véritable problème à tromper le client. Au nom de l'alignement, c'est-à-dire cette harmonie entre qui il est, ses valeurs et ses actes, le manager aura intérêt à refuser d'obéir ou de faire obéir à l'ordre. Les risques d'être licencié, écarté, humilié sont énormes. Mais la pire humiliation est de se mépriser soi-même, ce qui peut arriver lorsqu'on bafoue ses propres valeurs. Donc il faut évaluer le dommage que l'obéissance peut causer à l'estime de soi, évaluer les risques potentiels d'un refus d'obéissance et décider en fonction de ses convictions.

Les outils PNL

- Hiérarchiser les critères.
- Se donner des frontières : c'est le meilleur moyen d'être serein et de défendre son point de vue avec justesse.
- Rester fortement en contact avec son cadre de référence interne, tout en prenant des informations : cela donne la solidité intérieure qui permet de prendre du feed-back et de maintenir le rapport.

Les tâches et résultats

Fixation des objectifs individuels

Se fixer des objectifs personnels est courant ; cela se fait souvent inconsciemment et l'on ne connaît pas toujours les objectifs que l'on poursuit. Mais il vaut mieux savoir fixer et déterminer des objectifs valables.

Les outils PNL

La stratégie d'objectif en est le meilleur garant.

Faire adopter ou décider par les autres ses propres choix stratégiques

Autrement dit comment convaincre de la validité de ses choix stratégiques ? Tout d'abord en les ayant soigneusement préparés à la lumière des objectifs qu'ils vont remplir et en étant soi-même convaincu de leur validité. Puis en apprenant à les présenter de manière efficace : pour cela repérez, très honnêtement, les critères qui ont de l'importance pour vos interlocuteurs et argumentez les projets à la lumière de ces critères. Mettez en exergue des critères plus haut dans la hiérarchie s'il y a des objections. Par exemple :

« Nous allons mettre en place une formule d'enquête de satisfaction de nos clients.

— C'est du temps perdu car seuls les mécontents répondront et nous n'aurons pas de véritable point de vue.

— Votre remarque se défend et il faudra y être attentif. Pourtant à travers cette enquête nous nous donnons la possibilité d'aller plus loin dans le lien avec nos clients. »

Les interlocuteurs seront peut-être sensibles et convaincus de l'importance du lien avec la clientèle.

Développer toute une argumentation qui ne touchera pas vos interlocuteurs est une perte de temps et d'efficacité. Un petit exemple personnel, très classique : un vendeur de voiture qui me fera un descriptif très large de toutes les qualités marketing d'un véhicule et insistera sur sa ligne et sa couleur, alors que seules m'intéressent sa fiabilité mécanique et sa sécurité, aura toutes les chances de m'agacer et de me voir repartir sans acheter.

Bien évidemment il faut aussi que vous croyiez à vos choix : il en découlera la congruence qui est ici un atout majeur.

Les outils PNL

- Une stratégie d'objectif très complète : elle consiste à intégrer la grille de l'objectif avec l'échelle de Dilts. Les objectifs et le modèle SCORE sont appliqués à chaque niveau.

- La concordance entre un méta-objectif de la stratégie et au moins un critère propre à chaque personne : ce qui est un déclencheur de la motivation.
- Une éventuelle négociation.

Justifier du refus d'une augmentation ou d'une gratification de fin d'année

Le refus d'une augmentation est subordonné à différents facteurs propres à chaque entreprise et à son contexte. Il peut être lié aussi à la non-performance de la personne concernée. Ce refus devra toujours être argumenté à partir d'éléments concrets et descriptifs : tâches sous contrôle non remplies, incompétences notoires, bénéfices insuffisants, etc.

Une des difficultés majeures à accepter ce qui semble injuste est de ne pas avoir les moyens de comprendre. En sachant que les erreurs, les défaillances sont un moyen d'apprendre et d'évoluer, une explication claire portant sur des faits observables sera mieux admise, même s'il n'y a pas accord, qu'une explication floue appuyée sur l'interprétation et, *a fortiori* pas d'explication du tout. Il est important aussi de laisser des portes ouvertes à celui à qui on refuse cette gratification. Donc de savoir lui proposer un futur possible.

Les outils PNL

- Définir des critères qui vous font refuser la demande par rapport aux critères de l'autre : ceux-ci seront d'autant plus admissibles que la personne qui demande y adhère.
- Préparer très clairement les raisons « objectives » du refus, des arguments, en restant impérativement dans l'observable et le concret. Parler des valeurs et de l'identité de la personne est un risque majeur de toucher à sa dignité.

Garder un collaborateur sous-payé

Il n'y a pas moyen d'être congruent si les raisons de cette sous-évaluation du salaire ne sont pas justes, et si vous n'êtes pas réellement convaincu qu'il n'est pas possible de faire mieux. Bien sûr, l'argent est à la fois un moyen mis à la disposition d'un employeur pour reconnaître le travail d'un collaborateur et un moteur puissant d'implication pour de multiples raisons. L'une des plus importantes est la sécurité économique. Cependant, il n'est pas le seul levier de réussite professionnelle et de satisfaction. À partir du moment où les besoins primaires (tels qu'ils sont décrits dans la pyramide de Maslow) sont remplis, on peut s'élever à d'autres niveaux. En effet, lorsqu'on se penche sur ce qui est nécessaire dans la vie d'une personne, on se rend compte de l'importance de plusieurs critères. Nous avons besoin de :

- Être reconnus, remarqués, respectés ;
- Avoir un but et être en lien avec ce qui est essentiel pour nous, y compris dans l'accomplissement de notre vie professionnelle ;
- Être stimulés et apprendre ;
- Se sentir appartenir à un groupe, faire partie de manière vivante d'une communauté d'amis mais aussi d'une équipe professionnelle ;
- Avoir des relations personnelles satisfaisantes.

Vous pouvez rechercher quels sont les critères personnels forts que votre collaborateur veut remplir dans sa vie professionnelle (il pourrait y en avoir d'autres que ceux énumérés ci-dessus). Si vous avez la possibilité de proposer, honnêtement, un emploi qui remplisse bien un ou plusieurs de ces critères, vous aurez peut-être une chance de garder votre collaborateur. Mais faire briller « le miroir aux alouettes » n'est pas éthique.

Les outils PNL

- Le métamodèle et l'équivalence concrète des critères : si le salaire ne permet pas de vivre décemment, ces besoins personnels doivent être pris en compte. S'ils sont remplis, c'est dans le cadre professionnel que vous chercherez ceux qui motivent votre collaborateur. Ces outils permettront de les rendre tangibles et donc d'y apporter une réponse adaptée.
- La motivation à d'autres niveaux ou à un niveau supérieur dans l'échelle des valeurs. L'argent n'est pas le seul moyen de vivre « richement ».

Bien mener un entretien d'embauche

Une embauche correspond à un besoin en termes de tâches. C'est donc un objectif : on embauche quelqu'un pour faire telle ou telle chose et cet objectif doit être sous le contrôle de celui qui accomplira les tâches. Évidemment, celui qui conduit l'entretien d'embauche doit avoir clairement ces éléments à l'esprit et avoir une idée très précise des résultats attendus ou espérés.

Toute tâche requiert des compétences, éventuellement soutenues ou animées par des valeurs sous-jacentes. La difficulté sera de prendre et de donner des informations suffisamment claires pour tenter de vérifier l'adéquation entre les compétences et les valeurs demandées et ce que propose le candidat. Ce qui peut être relativement simple au niveau des compétences, l'est un peu, voire beaucoup moins au niveau des valeurs ou de la motivation. Tous les outils du rapport, du questionnement pertinent et de l'écoute devront être particulièrement affûtés.

 ***Les outils PNL***

- Établir le rapport : comprendre que la personne qui sollicite le poste n'est peut-être pas très à l'aise conduit à adopter une attitude humaine, ce qui ne veut pas dire s'apitoyer. Évaluer n'est pas juger.
- Connaître précisément l'objectif à travers la grille PNL.
- Définir précisément les critères-valeurs souhaités : c'est le terrain le plus délicat car rien ne vous fera savoir avec certitude quelles sont les valeurs du candidat, même si celles qu'il affiche sont sincères. C'est plus tard que cela se révélera. Vous pouvez, cependant, jouer la carte de la confiance.
- Trier sur l'autre et trier sur soi : savoir alterner les questions pour explorer le monde du candidat et exprimer ce que l'entreprise a à dire.

Évaluer les résultats d'un collaborateur

Cette question rejoint indirectement la précédente : ce que l'on attend d'un collaborateur doit être différencié de ce qu'on en espère. Autrement dit un ou des objectifs au sens PNL doivent lui être fixés, avec leur cortège de données concrètes et d'alternatives. Ce qui est espéré est le résultat. Il n'est jamais certain, même s'il est très probable et lié au travail du collaborateur.

Nous demandons souvent aux étudiants : « Obtenir votre examen est-il un objectif sous votre contrôle ? » En général la réponse fuse : « Oui, bien sûr si j'ai bien travaillé, je suis presque sûr de l'avoir. » Le

« presque » prend toute sa place ici. « Bien travailler », c'est-à-dire mettre en place un programme d'apprentissage, des systèmes de vérification qui permettent de savoir que l'on sait… c'est cela le véritable objectif de l'étudiant. Ensuite, il y a une part qui dépend tout de même de l'examinateur. Or, celui-ci n'évalue que le savoir (compétences, connaissances ou savoir-faire) au moment de l'examen et seulement à ce moment-là. Une mauvaise note peut alors sembler injuste au regard du travail fourni. Dans l'entreprise, le manager a habituellement plus de temps pour faire son évaluation.

C'est sur les éléments concrets de l'objectif (donc compétences et comportements) que l'on peut évaluer et définir si les objectifs ont été remplis ou non. Le résultat est souvent le premier signe auquel les responsables prêtent attention : ce sont les résultats qui sont les « indicateurs » du succès ou de l'échec d'une stratégie d'entreprise. Ils sont donc bien évidemment importants et il n'est pas question de ne pas en tenir compte. Cependant, s'ils ne sont pas obtenus, on ne peut pas se contenter de blâmer le collaborateur. Il faut vérifier que ce à quoi il s'était engagé a été fait (c'est là encore l'intérêt d'un travail précis sur l'objectif). Si ce n'est pas le cas, l'évaluation en tiendra compte. Si au contraire les modalités à mettre en œuvre pour obtenir le résultat ont été respectées, il faudra chercher ailleurs les raisons de l'insuccès. En se rappelant encore que tout problème peut être l'opportunité de solutions créatives.

Un manager devrait aussi définir clairement les limites au-delà desquelles une inadéquation entre les compétences et les comportements d'un collaborateur et ce qui est attendu de lui, ne pourront pas être repoussées. Ceci pourrait conduire, s'il y a dépassement de ces limites, à se séparer du collaborateur.

Les outils PNL

- Définir les objectifs et les résultats : les formuler, les écrire, au moins succinctement, pour vérifier l'accord de chacun et servir de référence s'il y a des difficultés.
- Évaluer les comportements et les compétences : c'est le pourquoi des fiches de poste.
- Savoir se servir du feed-back du collaborateur pour améliorer les résultats. Toute personne qui travaille a quelque chose à dire sur ce qu'il fait. Tenir compte de ses remarques et suggestions enrichit la perception du problème.

Rendre positif des reproches à faire à un collaborateur

Rappelons tout d'abord qu'établir le rapport, savoir communiquer, n'est pas synonyme d'« être gentil ». Un reproche est un feed-back. Beaumarchais a écrit, à ce sujet une phrase intéressante : « Sans la liberté de blâmer, il n'est point d'éloge flatteur. »

Le tout est de bien préciser ce que l'on met sous le verbe « blâmer » (verbe non spécifique si vous vous référez au métamodèle). Après avoir décortiqué l'échelle de Dilts, vous savez maintenant que, ce à quoi il ne faut pas toucher, ce sont les valeurs et l'identité des gens. Si un reproche se fait sur le mode « vous êtes un incapable ! » ou « décidément, vous n'avez aucune véritable motivation dans votre travail ! » ou « vous n'en avez rien à faire qu'on ait perdu un client ! », il sera blessant et humiliant (rappelons que l'humiliation consiste à réduire une personne à ses compétences et ses comportements, l'humilité étant la reconnaissance que nous sommes des êtres humains, ni plus, ni moins).

« Vous n'avez manifestement pas su vous y prendre dans cette affaire » ou « j'ai l'impression, et ce n'est que ce que je ressens, que vous êtes moins motivé en ce moment » ou « nous avons perdu un client et vous savez que c'est parce que vous ne lui avez pas fait livrer ses produits dans les délais promis », voilà qui rend le reproche acceptable. Il se peut que votre interlocuteur ressente de la peine, de la tristesse devant son échec. C'est humain et normal. Le blâme ou le reproche ne devraient pas déclencher d'autre souffrance que celle-là.

Qu'est-ce que rendre positif un reproche ? C'est faire en sorte qu'il ouvre la porte à un changement au lieu d'écraser le collaborateur. Il ne s'agit pas de minimiser les conséquences de sa conduite ou de l'excuser mais de le guider pour qu'il change ce qu'il peut changer.

Les outils PNL

- Rester au niveau des compétences et des comportements : ne pas mettre en cause ni les valeurs, ni l'identité.
- Retravailler l'objectif avec le collaborateur ou lui demander de le faire : il y a peut-être une étape qui mérite d'être précisée.
- Lui demander ce dont il a besoin pour le changement, c'est lui manifester de la confiance ; présupposer qu'il y a là forcément de la mauvaise volonté et qu'« il n'y a qu'à » pour réussir est une façon de nier l'autre.

- Montrer qu'on a conscience de ses compétences et de ses succès et que ceux-ci sont importants : c'est un feed-back valorisant.
- Donner la priorité à l'humain sur la performance. Là encore, ce n'est pas laxiste, c'est avoir une attitude respectueuse.

Remettre en cause un objectif pourtant négocié et accepté par les deux parties

Pour remettre en cause un objectif négocié et accepté, il faut avoir des raisons explicites. Le manager doit être clair et congruent avec ces raisons, en identifier le niveau sur l'échelle de Dilts et les exprimer clairement à ceux qui sont concernés.

Rappelons que chacun prenant sa responsabilité pour ses actions peut exprimer son désaccord et faire une demande de changement, et/ou commenter ce qui se passe. S'obstiner dans un projet qui se révèle inadapté peut s'avérer plus dommageable que reconnaître la nécessité de modifier, voire retirer, l'objectif initialement prévu.

 *Les outils PNL*

- Définir des alternatives lors de la définition de tout objectif. Les surprises ne manquant pas, on ne peut jamais tout prévoir.
- Être clair sur les raisons de la remise en cause.

Justifier une sanction positive ou négative sans perdre le pouvoir ni la considération du collaborateur concerné

Dans une entreprise, comme dans tout système, il y a diverses conditions qui sont les attributs d'un système fonctionnel : chacun y a son espace ; les rôles sont définis et clairs, et il existe une hiérarchie reconnue ; les règles sont présentes – humaines, explicites et modifiables s'il en est besoin.

Le rôle d'un manager, qui a une vision plus large et synthétique sur les différents intervenants, a pour mission aussi d'évaluer les actions de ses collaborateurs. La sanction positive ou négative fait partie de ses prérogatives. Pour perdre éventuellement son pouvoir en utilisant celles-ci, il faudrait qu'il perde son « alignement » : la sanction ne serait pas en accord avec ses convictions profondes. Elle ne serait donc pas juste, ce qui pourrait entraîner un jugement de la part du collaborateur. Il est important également que la sanction soit correctement cadrée, contextualisée, en particulier en tenant compte, là encore, de l'échelle de Dilts.

Récompenser un collaborateur pour une action efficace n'est pas s'exprimer de la sorte : « Je vous donne ceci parce que vous *êtes* efficace. » « Vous n'aurez pas de prime cette année car vous n'avez pas rempli vos objectifs » ne sonne pas du tout comme : « Vous n'aurez pas de prime car vous avez manqué de persévérance ». Les sanctions, les récompenses, les compliments doivent être contextualisés pour être justes et recevables.

« Si je complimente l'autre, je risque de me diminuer moi-même » ou, mieux encore, « si je reconnais que je me suis trompé et qu'il avait raison, je perds la face », voilà les fausses croyances les plus couramment constatées tant que nous n'avons pas compris ce qu'était vraiment l'estime de soi : combien d'entre nous ont besoin de dévaloriser l'autre pour se sentir exister ? Ressentir et vivre les erreurs, aussi douloureux cela soit-il, comme des tremplins vers une évolution (ce sont les seuls moyens) est humain. Reconnaître à l'autre sa compétence dans un contexte donné est valorisant. Mais quand il y a relation de pouvoir, au sens le plus contraignant du terme, et tyrannie, l'escalade se produit, chacun essayant d'enlever du pouvoir à l'autre pour mieux assurer le sien.

Les outils PNL

- Les mêmes que le cas précédent.
- Éviter le jugement de valeur qui n'exprime rien d'autre que son point de vue et dévalorise toujours votre interlocuteur.

Hiérarchiser des objectifs

D'une manière très systémique, un objectif n'est jamais qu'un pas vers un autre objectif plus grand : le méta-objectif appelé aussi « séquitor ». Par exemple, développer tel département a pour méta-objectif d'accroître la puissance commerciale de l'entreprise. Organiser de manière plus souple les horaires des employés aura comme méta-objectif une meilleure productivité.

Qu'est-ce qui est plus important, alors : augmenter la puissance de l'entreprise sur le marché ou sa productivité ? Il y a obligatoirement au moins une petite différence. C'est le meilleur moyen de rester dans l'immobilisme que de prétendre que ces deux objectifs sont équivalents. On peut aller plus loin encore en se demandant ensuite : quel est le méta-objectif d'accroître la puissance de l'entreprise ? Quel est le méta-objectif d'augmenter sa productivité ? Et ainsi de suite... À un moment donné la lumière se fera sur ce qu'il est nécessaire de mettre en chantier en premier.

Les outils PNL

La stratégie d'objectif en mettant en lumière son méta-objectif : la cascade des critères ou besoins, qui sont les véritables objectifs, représente la hiérarchie.

Retenir une personne qui donne sa démission

Si une personne donne sa démission, c'est que quelque chose ne lui convient plus au sein de l'entreprise et/ou qu'elle a trouvé mieux dans le cadre de sa vie professionnelle ou personnelle. Il faudra la questionner sur les motifs de sa démission et ne les contester en aucun cas. Ensuite, essayer d'argumenter, soit sur les mêmes critères, soit sur d'autres, en proposant un changement plausible de sa situation. Cependant il n'est pas toujours possible d'y changer quelque chose. Le manager recherchera alors les critères plus importants qui pourraient le faire renoncer à cette démission et en discuter avec elle.

Savoir lâcher prise et laisser partir quelqu'un fait partie des apprentissages quelquefois difficiles mais nécessaires. Rien n'est plus préjudiciable que de faire des promesses qui ne seront pas tenues. Choisir de garder une attitude réaliste, quels que soient les regrets de voir partir un collaborateur, est un acte de respect mutuel. Tout comme un vendeur aura toutes les chances de gagner la confiance, de fidéliser et de susciter la considération d'un client envers lequel il renoncera à une vente parce qu'il n'a pas le produit qui correspond à son besoin.

Les outils PNL

- Trier sur la personne pour connaître les raisons de sa démission, c'est-à-dire explorer vraiment son modèle du monde.
- Argumenter sur ces critères et en chercher éventuellement d'autres. Cela demande le tact de ne pas critiquer ses arguments.

Motiver un collaborateur qui a plus de droits que de devoirs, améliorer sa motivation au quotidien

Rappelons qu'un manager ne peut pas tout faire à la place d'un collaborateur. Il est nécessaire de chercher comment le motiver mais le résultat n'est jamais certain ! En établissant et en maintenant un solide rapport avec celui-ci, le manager peut commencer à donner du feed-back en prenant la responsabilité de ce qu'il donne comme information et en s'appuyant sur des faits observables.

Marshall Rosenberg donne la structure de ce qu'il appelle « la communication non violente »[1] : « *Quand je vous entends dire que vous avez le droit de prendre vos congés quand vous le désirez alors que l'équipe n'a pas encore exposé ses propres souhaits, je pense que ce n'est pas juste et je vous demande de discuter de cela avec vos collègues. [...] Quand vous n'arrivez pas à l'heure aux rendez-vous, je ne me sens pas respecté et je vous demande de faire en sorte d'être ponctuel.* » Ce qui est notable dans cette formulation, c'est que :

- L'on part de faits observables ;
- L'on assume son ressenti ou impression ;
- L'on formule une demande spécifique et concrète.

Quant à le motiver, il faudra utiliser les outils de questionnement pour recueillir des informations à ce niveau. Cette motivation passe, comme nous l'avons déjà évoqué, par l'existence d'un objectif, une espérance d'évolution et un lien fort avec le cadre de référence interne. Autrement dit, quelqu'un est motivé s'il va vers un objectif séduisant et/ou bénéfique pour lui, s'il a le sentiment qu'il apprendra quelque chose et grandira d'une manière ou d'une autre, et si le ou les critères qui sous-tendent ce choix viennent de lui ou sont en accord avec ses propres valeurs.

Les outils PNL

- La stratégie d'objectif : les objectifs doivent être sous le contrôle du seul collaborateur.
- Le cadre de référence et la hiérarchie de critères du collaborateur : ils permettent d'élaborer des solutions pertinentes.

1. Marshall B. ROSENBERG, psychologue clinicien, fondateur du centre pour la communication non-violente, *Les mots sont des fenêtres (ou des murs)*, Jouvence, 2005.

Concilier motivation individuelle, d'équipe et d'entreprise dans un même système d'intéressement

Comme il a été noté dans la question précédente la motivation résulte de trois facteurs. L'argent et donc la rémunération sont des éléments de motivation puisque c'est un bénéfice non négligeable qui pourra être obtenu d'une manière ou d'une autre.

La motivation d'équipe implique la notion d'appartenance à un groupe qui n'est pas sous le contrôle du manager mais sous celui de chaque individu constituant ce groupe. Plus ce critère est important pour chacun, plus il est facile de faire accepter des systèmes d'intéressement liés aux résultats de l'équipe entière et non plus aux résultats individuels.

Il en est de même de la motivation d'entreprise qui représente une entité encore plus large que chacun peut positionner différemment dans sa séquence de critères. Si l'imbrication de ces systèmes est purement technique, il n'en est pas de même de son acceptation individuelle. Chaque manager doit donc essayer de connaître les hiérarchies de critères mises en œuvre par ses différents collaborateurs pour essayer de leur « vendre » au mieux les systèmes décidés par l'entreprise.

Les outils PNL

- Hiérarchiser les critères de chaque personne impliquée, au moins sur les critères les plus importants.
- Définir de ce qui est important et ce que l'on peut lâcher, un préalable à toute négociation.

Gérer son temps

Les journées sont occupées par des tâches variées et souvent sans lien les unes avec les autres. La gestion du temps passe par un listing de ces tâches, une représentation concrète de la durée de chacune et de leur répartition dans le temps. Rappelons que le verbe « gérer » n'est pas spécifique et que « gestion » est une nominalisation. L'équivalence concrète de « gérer le temps » peut varier de façon importante d'une personne à l'autre.

Chaque tâche représente un objectif. La gestion du temps en est un. Il faut classer ces tâches selon leur importance en fonction d'un critère choisi. Paradoxalement, il faut commencer par les tâches les moins importantes que l'on a tendance à reporter d'un jour sur l'autre. Et cela traîne...

Comme dans toute stratégie, quel que soit l'objectif, il est nécessaire de prévoir des alternatives et, pour celles qui dépendent des disponibilités de temps, des marges de manœuvre : un rendez-vous peut être annulé, durer plus longtemps que prévu, une tâche ne peut pas être faite faute de documents nécessaires et d'autres imprévus...

Les stratégies de gestion du temps, en termes PNL, sont basées sur une représentation sensorielle (images ou film mental, images réelles comme des plans, agenda, etc.).

Les outils PNL

- Fixation d'objectif avec tous les critères de la stratégie d'objectif sur le thème « gérer le temps ».
- Hiérarchie des critères.
- Travail sur la ligne du temps avec la représentation des tâches à accomplir.

Assumer un deuil professionnel

Le deuil ne concerne pas seulement la perte de quelqu'un. C'est aussi renoncer à une foule de choses. La vie est une suite de renoncements (renoncer à l'enfance, à l'adolescence, au célibat dans certains cas, à la vie professionnelle lorsque sonne l'âge de la retraite ou lors d'un licenciement...). Si ces renoncements sont le passage nécessaire pour aller vers une autre étape où il y aura d'autres choses à apprendre et à vivre, ils n'en sont pas moins difficiles, voire douloureux. D'autres renoncements peuvent nous être demandés alors que nous n'y étions pas préparés, en particulier les pertes dans notre entourage.

Tous les renoncements demandent un processus d'intégration. Ce processus, appelé processus de deuil, demande un certain temps et passe par différentes étapes bien identifiées (la colère, la tristesse, la dépression et l'acceptation en sont quelques-unes). Ce temps est extrêmement variable d'une personne à l'autre. Il est difficile de donner une « norme » de temps dans lequel le deuil devrait être accompli. Cela peut se faire en quelques jours ou en plusieurs mois. Il est important de respecter le rythme de chacun. La fin du processus se traduit par une reprise de l'activité personnelle et sociale de bonne qualité. Rappelons que « faire le deuil » ne signifie pas oublier mais accepter l'absence physique des personnes ou la perte d'une activité ou d'une capacité, par exemple. Lorsque ce processus n'est pas accompli dans sa totalité, des séquelles apparaissent qui peuvent compromettre la qualité de la vie personnelle et sociale. Le travail, en particulier, risque de s'en ressentir à travers toutes les formes de dépressions plus ou moins larvées.

Dans l'entreprise, il y a de multiples occasions où il est nécessaire de faire un deuil : disparition de personnes, départ à la retraite, changement de service ou d'activité, licenciements et perte d'emploi… La pudeur, la peur d'être jugé peu courageux, le désir de ne pas embêter l'autre sont souvent des raisons de garder pour soi ce qui se passe à l'intérieur. Sans utiliser de protocole codifié permettant d'aider quelqu'un en difficulté dans le cadre d'un travail individuel, il est tout à fait possible, au sein de l'entreprise, de mettre en place quelques actions qui aideront à dépasser ces situations.

Tout d'abord, il faut que la parole soit possible et respectée. Lorsqu'une équipe perd un de ses membres (décès, licenciement ou simple départ en retraite), le système formé par cette équipe perd un de ses éléments. Il doit se créer un nouvel équilibre dynamique du système. Il est possible que ce soit triste pour tous ou pour certains : il faut que les membres de cette équipe puissent en parler ensemble s'ils en ont envie. Qu'ils aient du temps et de l'espace, appropriés bien entendu aux possibilités de l'entreprise et à ses contraintes, pour que soient accueillies et entendues les émotions et pensées de ces moments-là.

Lorsque quelqu'un est licencié, il doit renoncer à cette activité qui était la sienne : on peut l'aider à chercher (et c'est ce qui est fait en grande partie dans les *outplacements*) l'essence de ses talents et de ses compétences car c'est ce qu'il pourra l'aider à rebondir.

Une situation particulière, celle de traumatismes se produisant dans le cadre de l'entreprise, doit être prise en compte. Elle demande un travail avec toutes les personnes ayant vécu ce traumatisme, si elles le souhaitent, plutôt en groupe mais quelquefois individuellement. Ce travail permet que l'événement prenne sa juste place dans le passé, pour ne pas interférer avec le présent et favoriser le retour à une vie normale. Il est mis en place très rapidement (dans les jours qui suivent) par des spécialistes car il suit un protocole bien défini. Il permet ainsi d'anticiper les séquelles post-traumatiques qui entravent la reprise normale du travail.

Les outils PNL

- Différencier et reconnaître le modèle du monde de chacun : chaque être humain a sa propre vie, et ce qui arrive à l'autre peut vous toucher sans qu'il y ait confusion.
- Mettre de bonnes frontières qui permettent de poursuivre son chemin.

Discuter les choix de son supérieur sans qu'il le prenne comme une critique personnelle

Dans la vie de tous les jours, nous avons tendance à confondre nos comportements et nos compétences avec notre identité. Ainsi, des reproches qui ne s'adressent qu'à nos comportements, nos compétences ou nos décisions sont vécus comme une atteinte à qui nous sommes. Il est très possible que « je ne suis pas d'accord avec la décision que vous avez prise » soit entendu comme « il me remet en question ».

Inversement, nous ne sommes pas toujours assez attentifs à notre vocabulaire, alors que les mots signalent le niveau auquel on s'adresse. « Je ne suis pas d'accord avec vous » ou « cette décision n'est pas digne d'un professionnel ou d'un directeur » sont des phrases maladroites car elles s'adressent à la personne et pas à la seule décision. « Je ne suis pas d'accord avec votre décision » ou « cette décision ne répond pas aux critères d'action qui avaient été définis » sont des phrases qui pourront mieux contextualiser la critique.

Ce mécanisme de confusion est tellement ancré chez la plupart d'entre nous que nous n'en avons pas conscience. Il faut donc prendre soin, lorsque vous recevez une critique, de la regarder au bon niveau et, lorsque vous faites une critique, de la formuler avec le vocabulaire adapté et d'en vérifier l'impact, quand c'est possible : le feed-back verbal ou non verbal peut indiquer que le supérieur se sent personnellement visé, n'hésitez pas à réémettre le message pour rester aux niveaux choisis de l'échelle de Dilts.

Les outils PNL

- Établir le rapport pour créer l'atmosphère la plus propice à l'échange.
- Rester au niveau des décisions, des choix (ce sont des compétences à développer ou des stratégies à mettre en place) de l'échelle de Dilts.
- Prendre du feed-back et maintenir la communication dynamique (échange-retour).

Chapitre 11

Gérer les problématiques de groupe au quotidien

Les problèmes relationnels

Gérer le relationnel dans une équipe pluri-éthnique ou pluri-culturelle

Chaque civilisation, chaque peuple a sa propre vision du monde. Leurs différences se situent au niveau des valeurs et se manifestent à travers des comportements verbaux et non verbaux. Les notions de respect, de temps, ou encore de politesse, ne sont pas les mêmes, ce qui génère des problèmes et rend la relation à l'autre parfois difficile.

Au fur et à mesure que se mettent en place les relations, le manager devra, pour avoir l'attitude la mieux adaptée et la plus cohérente possible, être attentif au feed-back émis. Quelles que soient ses connaissances il ne peut pas tout savoir d'une culture et il devra mettre de côté ses idées préconçues. Ce n'est donc que par le feed-back, et en particulier si des symptômes de mécontentement, de ressentiment apparaissent, qu'il pourra éclaircir ce qui se passe en identifiant tout d'abord à quel niveau de l'échelle de Dilts cela se passe. S'il s'agit de comportements ou de compétences, il devra rechercher quelles sont les valeurs qui les sous-tendent et travailler à trouver une solution commune à travers des changements d'équivalence concrète. S'il s'agit de valeurs différentes, il faudra monter dans la hiérarchie des valeurs. En ce qui concerne les relations entre collègues, la même démarche doit être faite par chacun.

La question qu'il convient de se poser est : « Qui a réellement un problème ici ? » car évidemment elle conditionne les actions et réactions. Par exemple, dans une équipe, quelqu'un de culture différente range ses dossiers différemment. Si ce rangement est gênant parce que les informations doivent être disponibles pour tout le monde, il est clair que le problème est créé par celui qui ne range pas ses dossiers de manière cohérente avec les choix de l'équipe. Si ce rangement n'a aucune incidence sur le travail commun mais que c'est l'aspect du bureau qui irrite les autres, on peut considérer que ce comportement est un problème pour les autres. Les règles et règlements intérieurs ont pour but de donner un cadre de référence à la lumière duquel les conflits de comportement peuvent être évalués. Mais aucun règlement intérieur ne peut tout prendre en compte.

Au niveau des valeurs, il faut se poser la même question. Les habitudes, comportementales (alimentaires, sportives, relationnelles…) sont différentes suivant les valeurs personnelles du collaborateur, alors qu'elles semblent peu importantes aux yeux de ses collègues. Les uns ou les autres peuvent céder à leurs préjugés qui entachent les relations. Si un collaborateur ne veut pas travailler avec une femme de l'équipe parce que, dans sa culture, la femme ne saurait avoir un poste équivalent à celui d'un homme, on peut considérer que son attitude pose problème, vient de lui, et qu'il va falloir négocier pour trouver une solution qui permette à chacun de travailler ensemble.

Le port du voile par les femmes musulmanes, par exemple, est un sujet délicat pour lequel il faut vraiment faire la part des choses avant de prendre une décision. Une directrice des ressources humaines qui était mal à l'aise dans cette situation s'est rendue compte qu'une part du problème venait du fait que le port de ce voile symbolisait pour elle la soumission de la femme et que, dans ses valeurs personnelles, c'était quelque chose d'insupportable. Dans cet exemple, c'est elle qui avait un problème avec le port du voile. Inversement, une entreprise qui enverrait une femme dans un pays où son rôle ne sera pas reconnu, devrait comprendre que son choix n'est pas approprié.

À ce niveau des valeurs, il n'y a aucune raison de vouloir changer l'autre dans ses convictions. Il faut travailler sur les équivalences concrètes et trouver une solution satisfaisante.

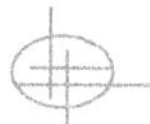

Les outils PNL

- Prendre conscience de son propre modèle du monde et explorer celui de l'autre.
- Détecter le niveau de problèmes liés à la culture ou l'ethnie en se servant de l'échelle de Dilts.
- Trouver des critères communs, dans le cadre de la vie professionnelle par exemple.
- Définir des comportements adaptés satisfaisant les critères communs.

Optimiser les relations avec les syndicats, constituer une relation de confiance et un dialogue constructif avec les représentants du personnel ou les représentants syndicaux

On définira tout d'abord ce que veut dire concrètement « optimiser », « avoir une relation de confiance » (sur quoi, dans quel contexte précisément ?), « avoir un dialogue constructif ». On rejoint les exemples précédents : prendre conscience de ses besoins. Quel est le besoin qui sera rempli lorsque la relation sera optimisée : le besoin de pouvoir être entendu ? D'échanger dans le calme ? De rester dans un cadre défini ? Il est indispensable d'apprécier les besoins en question. De même lorsqu'un dialogue constructif est souhaité... On entrera alors dans une communication claire dans le cadre de ce qui doit être échangé.

Les outils PNL

- Établir le rapport.
- Être clair sur les besoins de chaque protagoniste.
- Mettre en œuvre une stratégie d'objectif : une communication efficace ne l'est qu'en fonction d'un objectif.
- Rester dans le contexte, c'est-à-dire définir le cadre dans lequel ces relations seront optimisées.

Défendre les intérêts des actionnaires auprès des représentants du personnel ou des délégués syndicaux

Les intérêts des actionnaires correspondent à leurs besoins. Là encore, il faut faire la différence entre le besoin et son équivalence concrète car si les délégués ou représentants syndicaux peuvent être d'accord pour reconnaître les besoins, ils peuvent ne pas l'être sur la façon de les remplir. En créant les possibilités d'élargissement du champ des solutions, qui tiendront compte aussi des besoins des partenaires sociaux, on se donne plus de chances de parvenir à un accord.

Pour défendre les intérêts des actionnaires, il faut parler au niveau des critères, valeurs et besoins. C'est à la lumière des besoins propres de ceux qu'ils représentent que les délégués ou représentants seront d'accord ou non. Ce qui ouvrira la voie à une négociation.

Les outils PNL

- Utiliser l'échelle de Dilts pour trouver les besoins (niveau valeurs) de chacune des parties.
- Découper les critères de chacune des parties pour trouver le PPDC ou retourner aux critères plus hauts.
- Négocier éventuellement si l'accord n'est pas trouvé de suite.

Détecter les meneurs dans un groupe

Un manager doit être conscient de l'intérêt de repérer les meneurs et de préciser ce qui est potentiellement attendu ou redouté d'eux. Il s'agit de déterminer quel est le besoin qui le pousse à repérer le meneur.

Être un meneur est un verbe non spécifique. Le manager doit prendre conscience de la signification concrète qu'il donne lui-même à ce terme. Considère-t-il qu'un meneur est celui qui influence les autres, en particulier en contestant les propositions ? Celui qui sait comment faire pour mobiliser ses collègues ? Celui qui monopolise la parole et ne laisse pas de place aux autres ? Celui qui prend les initiatives ? Celui auquel les gens s'adressent et vers lequel ils se tournent pour trouver une solution ? Tous ces éléments ne sont que le fruit de la représentation du manager. Celle-ci peut conduire à des interprétations erronées mais c'est un point de départ indispensable : « Voilà ce qui me ferait penser qu'une personne est un meneur. » L'important pour le manager est de repérer les comportements attachés au rôle du meneur quand ils ne sont pas explicitement affirmés. C'est en effet sur le verbal et le non-verbal que l'on peut le détecter. Encore faut-il que notre cerveau en ait une représentation.

L'important est aussi de clarifier les rôles de chacun en limitant les possibilités d'interprétation sauvage et les présupposés potentiellement limitants : « Il faut que je voie les personnes une par une ou en petits groupes sans le meneur, sinon il va casser ma baraque... Il faut que je présente ce projet au meneur d'abord parce que, s'il est d'accord, tout le monde le sera. »

Les outils PNL

- Prendre conscience de sa représentation personnelle du rôle de meneur. Se faire une représentation mentale sensorielle.
- Étudier le verbal et le non-verbal de ses interlocuteurs pour tenter d'y trouver les éléments désignant éventuellement un meneur.

Annoncer et gérer son départ face à ses équipes

La séparation d'avec une équipe n'est jamais anodine. Des liens se sont créés, y compris lors de conflits. Les sentiments au moment d'un départ reflètent les critères et les valeurs de celui qui part comme de ceux qui restent. Qu'avez-vous réellement envie de faire passer comme message ? Qu'êtes-vous prêt à dire ? Sur quoi ne voulez-vous pas communiquer ?

Le manager doit être en cadre de référence interne et aligné, c'est-à-dire qu'il choisit de ne faire passer que les messages avec lesquels il est réellement en accord. S'il pense que son équipe attend un message mais qu'il n'est pas d'accord avec celui-ci, il ne doit pas accepter de jouer un rôle qui ne lui convient pas. Ses paroles sonneraient faux. Il faut résoudre ou au moins apaiser les conflits intérieurs, et, si ce n'est pas possible, savoir mettre des frontières suffisamment claires pour que la situation soit nette.

Prenons un exemple : un manager a choisi de partir parce qu'on lui propose ailleurs un poste plus intéressant. Quel message sincère veut-il faire passer à son équipe ? Ils sont variés et le manager va choisir ce qu'il souhaite exprimer :

- Il a été heureux avec eux ;
- Les valeurs partagées sont importantes (et il les rappelle) ;
- Ce qui ne lui a pas convenu dans le travail de l'équipe : pourquoi pas, mais à condition de faire en sorte de le présenter comme un tremplin de changement et une ouverture basée sur la confiance dans le potentiel de l'équipe ;
- Les raisons et les besoins qui l'ont conduit à faire ce choix ;

- Il est obligé de partir parce qu'il a trop de conflits avec ses supérieurs, ou il a été licencié dans de mauvaises conditions.

Le manager peut être en proie à un conflit intérieur : le désir de partager son ressentiment et son désaccord profond (il ne serait pas juste de ne pas être reconnu dans ses convictions ou de laisser la place à une interprétation défavorable de son départ) et le nécessaire devoir de réserve (semer dans une équipe les graines du conflit avec la hiérarchie ne profite à personne). C'est une situation qui demande à être soigneusement préparée, une négociation intérieure : rechercher quels sont le besoin et l'émotion de la partie qui est contre les supérieurs et ceux de la partie qui souhaite communiquer avec l'équipe. Comme dans la négociation, on traduira les équivalences concrètes, on en trouvera plusieurs et on recherchera la solution commune.

Par exemple, le président d'une société licencie son directeur commercial d'une manière qui lui paraît injuste et témoigner d'un manque de respect flagrant. Ce dernier doit explorer finement la situation. Il tient à remercier ses équipes de leur collaboration mais a aussi besoin de communiquer à propos des conditions de son licenciement. Une partie A a besoin que justice lui soit rendue : « Je sais que le personnel m'apprécie, je vais leur dire que les conditions de mon licenciement sont injustes. » « Oui, mais tu n'as pas le droit de le faire », dit la partie B qui a besoin de respecter une certaine éthique. Sa solution ? « Pas un mot là-dessus. » La partie A rétorque : « La direction s'en sortira la tête haute quand je suis pénalisé alors que j'ai rempli complètement mon contrat ! » Cette partie A a besoin que soient reconnues sa compétence et la valeur de son travail. Elle peut aussi avoir besoin de soutien de la part de ses collaborateurs, peut-être aussi de leur faire savoir qu'une valeur importante à ses yeux – le respect ou la justice – a été trahie. La solution qui lui vient à l'esprit est : « J'exprime mon ressentiment, je dis que la direction s'est mal comportée envers moi. Et j'espère que mes collaborateurs seront de mon côté. »

Cela peut prendre du temps mais il faut vraiment trouver une solution qui prenne en compte tous ces besoins à travers une formulation authentique, ressentie comme juste par le manager. Cela pourrait être (mais ce n'est qu'une possibilité et chacun trouvera ce qui lui convient) :

- « Je ne mettrai pas la direction en cause devant mes collaborateurs, je réglerai mes comptes de mon côté. » Soulignons au passage que régler ses comptes peut vouloir dire de nombreuses choses, et entre autres renoncer fermement à une idée de réparation et rompre le lien psychologique avec ceux qui ont été blessants. C'est une façon de se remettre, de « guérir » ;

- « Je vais dire aux collaborateurs le plaisir que j'ai eu à travailler avec eux et que de mon côté j'ai mis dans cette mission le meilleur de mes compétences et de mon implication et que j'ai atteint mes objectifs. Que j'espère qu'ils me manifesteront leur soutien. » Rien n'est moins sûr, donc il ne faut pas s'accrocher à cet espoir outre mesure mais savoir l'apprécier si cela se produit. Garder à l'esprit que l'expression concrète de ce que le manager attend comme soutien ne sera pas forcément celle que donneront les collaborateurs. Le manager peut espérer que les collaborateurs manifesteront leur désaccord sur ce licenciement auprès de la direction alors que, pour des raisons très diverses, ceux-ci se contenteront de lui envoyer, à lui et à personne d'autre, un petit mot de soutien.

Dans tous les cas, la paix sera faite en soi. Chaque partie aura accepté de laisser de côté certains aspects tout en préservant ceux qui sont importants. Les conséquences de ce travail préalable sont un alignement avec soi-même et donc témoignent d'une très grande congruence. C'est celle-ci qui marque les esprits.

Les outils PNL

- Définir le message que le manager veut faire passer et au nom de quels besoins – valeurs.
- Être conscient des parties qui sont en jeu en lui-même et résoudre d'abord les conflits intérieurs s'il y en a.
- Mettre des frontières pour, en particulier, identifier et différencier les critères : parler à ses collaborateurs s'inscrit dans un contexte différent de celui du règlement de compte avec la hiérarchie.

Obtenir l'adhésion d'équipes nouvellement constituées ou hostiles

Les équipes nouvellement constituées ont besoin de se rassembler autour de critères et de valeurs communes (c'est le ciment du groupe). Les équipes hostiles le sont sur des critères et des valeurs. Dans les deux cas, il faudra mettre à jour ces critères et ces valeurs et communiquer à leur propos pour que tout le monde soit d'accord :

- Définir les objectifs et leur méta-objectif (valeur) ;
- Puis, à travers tous les niveaux de l'échelle de Dilts, définir :
  - l'identité (le rôle de chacun et le rôle de l'équipe),
  - les valeurs communes et individuelles,
  - les compétences communes et individuelles,
  - les comportements communs et individuels ;
- Définir, enfin, les stratégies en lien avec les objectifs.

Les outils PNL

- Définir les objectifs : ce sont les points de ralliement dans le contexte professionnel.
- Penser et échanger à tous les niveaux : comportement, rôle, valeur, compétences.

Gérer des collaborateurs qui respectent des décisions collectives en surface pour les détourner *in fine*

Situation complexe, sans aucun doute. Les décisions auront été (et il faut s'en assurer) traduites en actions, c'est-à-dire en comportements concrets, observables et vérifiables. Le détournement des décisions sera repéré grâce à des comportements en inadéquation avec ceux attendus. Même si le manager est irrité d'une telle attitude, il devra prendre la peine et le temps de mettre ses impressions de côté et de questionner son collaborateur en partant de ce qui est observé. « Nous avions décidé, lors de la dernière réunion, que chaque semaine vous me remettriez un rapport de votre activité. Cela fait deux fois que je ne trouve pas ce rapport sur mon bureau le vendredi soir. Or j'en ai besoin pour organiser les plannings et les commandes du lundi. Que se passe-t-il ? » Il devra ensuite écouter et évaluer les explications fournies.

Tous les arguments que pourra donner le collaborateur concerné sont vrais pour lui (dans tous les cas, vous devez décider de le croire) mais tous ne sont pas acceptables dans le cadre de l'entreprise. C'est alors qu'il faut mettre de bonnes frontières qui permettent de rester humain mais centré sur le cadre, le contexte dans lequel se situe cet événement. Il s'agit aussi de proposer de bonnes frontières au collaborateur qui a peut-être tendance à trop mêler vie professionnelle et vie privée : « Il y avait des embouteillages et voyant que j'arriverais trop tard, j'ai décidé de rentrer directement chez moi. » Or, vous n'avez pas entendu parler du moindre embouteillage, vous n'y croyez pas trop et pourtant il serait inutile d'essayer de vérifier et de contester : « Donc ces embouteillages ne vous ont pas permis d'apporter ces rapports. Or c'est indispensable que je les ai au plus tard à 18 heures. Comment pourriez-vous, la prochaine fois, faire en sorte que ce soit possible ? »

Une autre difficulté se présente lorsqu'on soupçonne un collaborateur de détourner des décisions sans qu'il y ait moyen de vérifier les comportements : ce sont les résultats qui attirent l'attention (les symptômes dans le modèle SCORE). Il faut alors discuter avec le collaborateur en partant des résultats mais en revenant très vite sur les causes de ce problème : ce qui revient à l'environnement, aux comportements des uns et des autres, dont ceux du collaborateur. Et retravailler les objectifs et les ressources, si nécessaire.

Lorsqu'une règle est explicite ou qu'il y a accord concret sur des comportements, il devrait y avoir des « sanctions » (positives ou négatives) explicites et adaptées, applicables aux manquements. Et ce sur les véritables objectifs, et pas seulement sur les résultats.

Les outils PNL

- Concrétiser les résultats des actions qui découlent de la décision afin d'évaluer ces seuls résultats.
- Appliquer le modèle SCORE pour se donner des repères de l'inapplication des décisions.

Améliorer son aisance pour s'exprimer en public

Plusieurs niveaux interviennent dans l'aisance à s'exprimer en public : le niveau émotionnel (se sentir mal à l'aise, avoir peur des regards, peur d'être jugé si le public est plus compétent, peur de bafouiller, de ne pas trouver ses mots), le niveau technique (la posture, les gestes, le débit et les nuances de la voix) et le niveau du contenu (le discours) :

- Au niveau émotionnel : avoir une attitude d'estime de soi solide, comprendre les croyances sous-jacentes dont résulte la peur est important. Avec de l'estime de soi, on pourra recevoir les critiques à un niveau pertinent – comportements et compétences.

  Des croyances comme celles-ci sont très limitantes et inadaptées : « Je ne suis pas à la hauteur et les autres en savent bien plus que moi... Je vais passer pour un idiot en émettant une idée que les autres vont trouver inintéressante... Si personne n'a émis l'idée à laquelle je pense, c'est qu'elle est nulle. »

Rappelons que le trac n'a pas que des inconvénients. Certes il peut être complètement paralysant (c'est une des déclinaisons de la peur, et l'immobilisme qu'il engendre est censé nous protéger en nous empêchant de nous mettre dans une situation difficilement gérable), mais (tout comme le stress dont on parle tant) il est, à un certain niveau, une source de mobilisation de notre attention, de notre énergie et perspicacité. Il peut être tout à fait utile pour rester concentré sur ce qui se passe et maintenir une forme de contrôle.

- Au niveau technique de la posture : il y a de nombreux moyens pour acquérir l'aisance corporelle nécessaire (la respiration, l'aisance vestimentaire, l'équilibre avec le centre de gravité du corps...). Nous ne nous étendrons pas sur ce sujet qui est bien développé dans de nombreux ouvrages.
- Au niveau du contenu : lorsqu'il s'agit de parler en public sur un thème dont le contenu nous appartient, il faut être bien préparé. La PNL nous apprend l'importance des images mentales :
  - Avoir préparé le contenu de son intervention à l'aide de schémas heuristiques et de symboles est une excellente façon de mémoriser ce qu'il y a à dire ;
  - Avoir dans la tête, sous forme d'un plan visuel, les grands chapitres à développer permettra de se référer en permanence à ce plan et de garder le fil, même s'il y a des interruptions ou digressions ;
  - Ce film se déroulant dans la tête, il nous laisse alors libre de parler de manière vivante et non de réciter. Très souvent les orateurs se raccrochent à leurs notes ou au tableau où sont inscrites toutes ces informations. Leur discours est alors monocorde, haché et souvent ennuyeux. C'est dans la tête, en images, que tout doit se trouver. « Ce qui se conçoit bien s'énonce clairement. »

Les outils PNL

- Une conception visuelle de ce dont on va parler : cela demande un travail de préparation.
- Une stratégie de mémorisation performante : elle permet d'avoir le plan en tête et de dérouler la présentation ou le discours.

– La gestion des émotions : elle permet d'en limiter l'intensité et de ne choisir que celles qui sont adaptées.

Donner de la reconnaissance à ses collaborateurs

La reconnaissance devra porter spécifiquement sur son objet en termes d'échelle de Dilts : rappelez-vous que la seule chose dont vous pouvez être sûr, c'est ce qui est observable et que le reste n'est que supposition tant que votre interlocuteur ne vous l'a pas confirmé :

- « Vous avez fait un travail remarquable sur ce dossier, j'apprécie votre collaboration » et pas seulement : « Vous êtes un collaborateur formidable. »
- « Vous participez très régulièrement aux réunions et vous émettez souvent des idées, j'ai l'impression que vous êtes motivé par votre travail. »
- « Vous avez défendu mes idées au CA et je me suis senti soutenu, je vous en remercie. »
- « Je trouve que les résultats que vous obtenez sont excellents, pourriez-vous m'en dire un peu plus sur votre façon de faire ? »

Les outils PNL

- Adosser la reconnaissance à son objet (échelle de Dilts).
- Faire la différence entre ce qui est observable et ce qui sera interprété.

Faire accepter des personnalités souvent opposées au sein d'un comité de direction

Qu'est-ce que la personnalité ? Ce qui nous fait différencier les individus, ce sont leurs comportements et leurs compétences exprimées. Nous en déduisons les valeurs qui les animent à moins qu'elles soient ouvertement communiquées. À défaut de pouvoir explorer l'identité d'une personne (y compris, en fait, la nôtre), nous devons nous en contenter.

La collaboration entre deux ou plusieurs personnes devient difficile lorsque leurs principales valeurs sont différentes, voire incompatibles. Un accord doit être trouvé, dans le contexte du sujet du jour ou celui de l'entreprise en général, sur des valeurs communes. Cela peut faire l'objet de négociation. Mais on peut lâcher prise sur des sujets moins importants dans la hiérarchie de critères pour que les désirs d'un autre soient pris en compte. C'est ce que l'on appelle communément des concessions ; elles ne doivent pas avoir un prix trop élevé pour celui qui y consent.

 *Les outils PNL*

- Ne pas confondre ce que l'on observe et la réalité plus profonde du monde de l'autre.
- Trouver des critères communs sur lesquels tout le monde est d'accord (compétences, critères, comportements).

Expliquer le quotidien à des actionnaires qui ne le vivent pas

Quel est l'objectif ou le résultat espéré en expliquant ce quotidien aux actionnaires ? Quels sont, autrement dit, leurs besoins ? Ces données permettront d'expliquer exactement ce qui est nécessaire pour remplir les besoins des actionnaires sans les noyer sous des éléments qui ne les concernent pas.

 *Les outils PNL*

- Questionner sur la vraie raison de l'interrogation (le besoin qui est derrière ce désir ou cette demande).

Changer des têtes au sein d'une équipe

Qu'est-ce qui motive le changement : modifications de l'environnement, comportements inadaptés des têtes actuelles, compétences remises en cause, valeurs non respectées... Être clair à ce sujet et capable d'expliquer concrètement les raisons du changement, si c'est nécessaire, permet déjà au manager de tenir solidement sur ses pieds.

Travailler sur l'échelle de Dilts permet de déterminer en quoi et où le changement poserait problème :

- Sur l'environnement ?
- Sur les comportements (de qui) ?
- Sur les compétences (de qui) ?
- Sur la remise en question des valeurs (de qui) ?

Il est fondamental de ne jamais toucher à l'identité de ceux qui vont partir et de rester dans le cadre de ce qui motive les changements : « Monsieur X. prendra le poste de DRH parce que la gestion des plans de carrière demande maintenant des compétences qu'il a, alors que Mme Y. va développer désormais... » Si le changement est en réalité une sanction pour incompétence ou pour incompatibilité d'humeur (ce qui est, en réalité, un conflit de valeurs qui n'a pas été résolu), le manager doit savoir ce qu'il estime utile de communiquer et en quoi ce choix apportera quelque chose et à qui.

Les outils PNL

- Rechercher ce qui est important pour l'équipe dans la relation avec les partants.
- Définir clairement à quel niveau de l'échelle de Dilts se situent les raisons du changement.

Les tâches et résultats

Améliorer les performances d'une équipe

Le modèle SCORE a toute sa place ici : quels sont les symptômes qui font dire que la performance est insuffisante, les causes, les objectifs, les ressources, etc. ? Une des tâches les plus délicates pour un manager est de pas se focaliser sur la performance au détriment de l'être humain. Comme nous l'avons dit, c'est un grand défi que de trouver cet équilibre entre performance et alignement.

Bien entendu les changements nécessaires pourront engendrer des résistances qu'il faudra gérer en les situant sur l'échelle de Dilts.

Les outils PNL

- Utiliser le modèle SCORE pour explorer les situations de moindre performance.
- Repérer les résistances sur l'échelle de Dilts.
- Mettre en adéquation les compétences et les valeurs : les compétences non reliées à des valeurs qui comptent pour la personne deviennent rapidement stériles et inefficaces.

Déterminer et fixer les objectifs d'une équipe

Tout d'abord il est essentiel de définir le besoin que remplira l'objectif (méta-objectif ou séquitor), d'obtenir l'accord de l'équipe sur ce méta-objectif, de déclencher la créativité pour définir les étapes de la stratégie d'objectif, de faire la synthèse et mettre en place les moyens de contrôle.

La stratégie de créativité de Walt Disney est intéressante à ce titre (on en trouvera la description dans l'ouvrage de Robert Dilts, *Aristote et Einstein. Stratégies du génie* [1]). Le principe, succinctement expliqué ici, se décline en quatre grandes parties :

- On définit les critères auxquels devra répondre le projet (le séquitor et les qualités du projet). Par exemple, une équipe aura pour mission de créer un nouveau type de bois pour la construction parce que la demande de maisons en bois augmente de jour en jour. Le besoin de l'entreprise est donc de prendre une place sur le marché. Le produit devra être solide, facile à travailler, fabriqué rapidement, etc. ;
- Lorsque ceci est défini, chaque membre de l'équipe et/ou l'équipe dans son ensemble va laisser son imagination travailler, sans aucun frein, mais à la lumière de ces critères ou qualités choisis. Toutes les idées sont bonnes (c'est le brainstorming, et Walt Disney parle du « rêveur ») ;
- Puis un ou plusieurs projets sont choisis et, cette fois-ci, ils sont mis en forme. On les concrétise sur papier ou en maquettes. C'est la partie réalisation ;
- Enfin, tous les membres de l'équipe se placent devant la maquette ou le projet et on entre dans la phase de « critique » (au bon sens du terme) qui évalue le projet à la lumière des critères définis : cette maquette est-elle assez solide, assez facile à travailler, etc. ? Si la réponse est oui, on passe à la mise en test réel. Si la réponse est non, on redemande au « rêveur » d'imaginer des modifications et le circuit recommence.

  La partie critique a donc pour rôle non pas de démolir le projet (et encore moins ses auteurs) mais d'en vérifier l'adéquation avec les points préalablement définis. Par la suite, le « critique » aura

1. *Op. cit.*

aussi pour mission de vérifier toutes les étapes de la mise en œuvre afin d'être sûr qu'elles sont conformes aux qualités et objectifs du projet.

Les outils PNL

- Stratégie d'objectif et différence objectif/résultat avec des étapes et des alternatives.
- Stratégies de créativité dont il existe de nombreux modèles.

Mener une négociation syndicale

Voir le chapitre 9 sur la négociation.

Les outils PNL

- Être clair avec ses propres objectifs et ses besoins.
- S'informer des besoins des syndicats et de ceux qu'ils représentent.
- Définir les attentes des deux parties.
- User des critères et de la hiérarchie des critères de la négociation.

Faire accepter des systèmes de contrôle par une équipe de vendeurs

La confiance doit porter sur des éléments réalistes. Un manager va faire confiance à une secrétaire sur ses compétences à bien écrire une lettre, à un collaborateur pour mener à bien une négociation difficile avec un client. Il faut laisser à toute personne de l'entreprise l'espace pour donner ce qu'elle a à donner, expérimenter ses propres stratégies. Cependant, il est indispensable de mettre en place les moyens, par étapes, de vérifier que l'objectif est réalisé dans de bonnes conditions, que le cap est maintenu vers le méta-objectif et que les résultats obtenus sont ceux qui étaient espérés.

Pour ce faire, le manager doit avoir pris conscience de ce qui motive réellement les contrôles, leur véritable intention. Si cette intention n'est pas claire, qu'il s'agisse de suspicion, de désir de pouvoir, d'empêcher l'autonomie, de ne pas accepter les différences ou de méfiance non justifiée, il sera difficile de les faire accepter et on peut se poser la question de l'éthique. Mais si ces contrôles répondent à des besoins légitimes, leur mise en place doit être explicite et cadrée sur des faits observables.

Accepter ces contrôles doit être considéré, de la part du collaborateur comme une opportunité de feed-back sur des événements concrets. Si le collaborateur dit : « Vous vérifiez mes notes de frais, donc vous ne me faites pas confiance ou vous mettez mon honnêteté en doute », le manager doit pouvoir répondre que l'entreprise a besoin d'une gestion claire des dépenses pour pouvoir les anticiper et améliorer les budgets, et que ce n'est pas l'honnêteté du collaborateur qui est mise en cause mais l'obtention de données précises qui est recherchée. S'il s'agit au contraire d'un contrôle pour suspicion de malversations, le reproche sera fait sur des données elles aussi concrètes et on expliquera qu'il doit y avoir une période probatoire de contrôle remis en place.

Les outils PNL

- Définir les équivalences du résultat de l'objectif, ce qui donnera les éléments concrets sur lesquels porteront les contrôles.
- Définir au nom de quoi le manager veut un contrôle, c'est-à-dire quel est le besoin ou le critère que va remplir ce contrôle.

Dynamiser la discussion d'un comité de direction passif

Comment savoir si une discussion est dynamique ? Les gens parlent facilement, les idées et les avis sont émis, les critiques aussi... Celui qui anime la réunion doit pouvoir créer un espace dans lequel chacun se sente libre de parler et d'intervenir dans des conditions correctes. Il doit également vérifier l'intérêt de la discussion et le mettre en valeur.

Les outils PNL

- Se centrer sur l'autre c'est-à-dire orienter la discussion vers ce qui est bénéfique pour chaque participant.
- Questionner le modèle du monde de chaque participant, de sorte que chacun se sente important et reconnu.

Gérer une équipe où la motivation n'est pas uniforme et où toute concession peut choquer les éléments les plus engagés

L'implication de chaque membre d'une équipe est variable. Ce qui traduit la motivation, ce sont bien entendu les actes, c'est-à-dire, une fois de plus, l'équivalence concrète de la nominalisation.

Lorsqu'un objectif est mis en place, une grille d'actions à réaliser devrait être établie qui corresponde aux éléments nécessaires et théoriquement suffisants pour que l'objectif soit atteint. Certains membres de l'équipe se contenteront de remplir ce contrat, d'autres chercheront à aller au-delà pour différentes raisons. À quelle aune sera évaluée la motivation ? Ce qui serait de l'ordre de la concession viserait à diminuer certains termes du contrat de base sans qu'il y ait uniformité. Devant les difficultés de leurs collègues, on s'aperçoit que souvent les autres membres de l'équipe non seulement acceptent mais proposent que soient modifiées les attentes et les exigences, par solidarité ou respect des compétences moindres – ou pour toute autre raison.

Cependant, si ce n'est pas le cas, plusieurs choses peuvent être envisagées :

- Discuter avec les éléments les moins motivés pour leur permettre d'exprimer leurs objections, leurs réticences. Et voir s'il y a quelque chose à faire qui les remotiverait ;
- Garder les termes du contrat si aucune objection n'est assez sérieuse pour les remettre en question (on peut s'apercevoir au fur et à mesure de la réalisation d'un objectif que l'une d'elle est réellement inadaptée ou difficile, il serait dommage de s'obstiner au risque de décourager même les meilleures volontés) ;
- Appliquer les règles qui ont été définies en cas de manquement à la réalisation des objectifs (une fois de plus, les résultats ne doivent être pris en compte qu'avec de grandes précautions car à stratégies identiques, les conditions externes, l'environnement peuvent avoir un effet différent et modifier sensiblement les résultats sans que les compétences du collaborateur soient en cause) ;
- Valoriser d'une manière ou d'une autre ceux qui s'impliquent davantage, et ce, ouvertement.

Les outils PNL

- Faire un travail individuel avec les moins motivés en recherchant les intentions positives de ce manquement.
- Prendre conscience des valeurs et des besoins de l'entreprise pour être en mesure de les exprimer clairement.
- Définir et rester dans le contexte de l'objectif sans généraliser la non-motivation.

Faire accepter une mesure du type « travailler plus et gagner moins »

Il faut définir avec précision les critères et besoins qui justifient une telle proposition pour avoir une communication claire sur cette démarche et espérer obtenir l'adhésion. Celle-ci aura des chances d'être obtenue si la proposition est ressentie comme nécessaire au nom de critères et valeurs respectées par ceux qu'elle concerne.

Ainsi, le chef d'une petite entreprise a présenté à ses collaborateurs une demande de suppression momentanée de leur prime annuelle. Faute de commandes, indépendamment de l'action de l'entreprise, le bilan penchait dangereusement vers le déficit. La transparence a été d'une aide précieuse dans cette démarche, acceptée par tout le monde, sans enthousiasme bien sûr. Des critères plus importants ont été mis en jeu : conserver des emplois, permettre un redressement dont ils pourraient profiter plus tard, solidarité et confiance envers un patron qui a toujours tenu ses engagements.

La congruence personnelle des dirigeants et managers est un atout majeur dans ces situations : s'ils ne montrent aucune participation effective à l'effort demandé, celui-ci sera très mal vécu et les conflits couveront.

Les outils PNL

- Remonter à un niveau de critères et de valeurs plus élevé que celui de la rémunération (par exemple, la survie de l'entreprise).
- Respecter l'éthique car on ne manipule pas impunément les gens.
- Rester congruent jusqu'au bout, ce qui fait ressentir l'authenticité et l'éthique.

Gérer le temps face à un conflit et lors d'une négociation

Un objectif doit être inscrit dans l'espace-temps. Lorsqu'une situation demande une négociation, il faut tenter de donner une limite temporelle à cette situation. C'est souvent difficile car les enjeux pour réussir la négociation peuvent être très importants, voire vitaux. En tout cas, établir un échéancier permet de baliser le parcours et de donner des repères et limites. Comment limiter le temps de négociation ? La situation et les caractéristiques de l'entreprise donneront des indications sur ce qu'il est possible de faire ou pas.

Les outils PNL

- Effectuer un travail sur la ligne du temps donnera de bonnes indications sur la *dead line* et la structuration du temps des étapes envisagées.
- Prendre conscience des conséquences pour l'entreprise.
- Évaluer, autant que faire se peut, les inconvénients et les avantages de chaque solution évoquée.

Obtenir un effort supplémentaire d'une équipe de ventes

Un effort supplémentaire doit être demandé au nom de critères explicitement formulés. C'est l'adhésion à ces critères et la certitude de ne pas renoncer à des critères individuels ou collectifs importants qui entraîneront l'accord. Là encore, les besoins de chaque partie devront être clairement mis à jour et hiérarchisés pour que soit élaborée et acceptée une solution juste. La recherche intelligente d'une adhésion et le refus de l'emploi de la menace ou du pouvoir autoritaire sont la meilleure stratégie de motivation et de dynamisme d'une équipe.

Les outils PNL

- C'est encore un travail de recherche des critères de motivation et leur développement qui aidera à motiver les équipes.
- Il faudra faire émerger les besoins des équipes pour anticiper et gérer des ressources potentielles.

Mettre en place des procédures sans que les cadres les plus entreprenants se sentent démotivés

Une part d'autonomie est nécessaire pour que ceux qui participent à l'accomplissement d'un objectif se sentent réellement impliqués. Mais dans de multiples domaines des procédures doivent être mises en place. L'assurance qualité en est un exemple : lorsqu'un qualiticien commence à recueillir les informations auprès de l'ensemble du personnel pour établir non seulement le manuel assurance qualité mais toutes les procédures de référence, il y a très souvent des résistances énormes. La transmission orale, les habitudes, la façon de faire de chacun semblent être mises sous projecteur et passées au crible.

Relever des défis est un moteur puissant pour les entreprenants. Cela veut dire faire des essais et prendre des risques. Se sentir enfermé dans des procédures rigides par définition, puisqu'« opposables », est un facteur de découragement et de démotivation. Il est donc nécessaire de décrypter les motifs profonds et l'utilité des procédures. Être conscient et clair sur leurs limites : elles peuvent, par exemple, servir à une transmission sans ambiguïté (la transmission orale, on l'aura compris souffre quelquefois de quiproquos). Elles sont une sorte de référence à laquelle on peut avoir recours. Elles permettent aussi de valider valablement les résultats puisque les étapes sont identiques.

Les outils PNL

- Faire le point pour obtenir une définition claire de l'intérêt des procédures, donc de leur objectif.
- Respecter le modèle du monde et les besoins des collaborateurs.

Faire collaborer des individus à un projet sans aucune contrepartie financière

Se reporter à la problématique « Faire accepter une mesure du type “travailler plus et gagner moins” ».

Les outils PNL

Rechercher les critères qui pourraient être hiérarchiquement plus forts pour les collaborateurs concernés et tenter d'entraîner leur adhésion à ces critères.

Faire prendre conscience à des collaborateurs salariés ayant une expérience professionnelle unique qu'ils bénéficient d'une situation privilégiée

Dans quelle situation se pose cette question : des collaborateurs se plaignent ou expriment une demande ? Il est prévu de leur demander un effort ? Il n'y aura ni prime ni augmentation ? Il s'agit en fait de situations dans lesquelles ils perdent la notion des avantages qui sont les leurs.

Parmi les modes de fonctionnement répertoriés par la PNL, il en est un important et qui s'applique dans de très nombreux contexte : c'est la comparaison. Celle-ci se fait sur de multiples supports dont ceux qui concernent le soi :

- La comparaison « soi-soi idéal ». Elle est utile car elle permet de se situer sur un chemin qui tend vers un idéal (dont on sait qu'on ne l'atteindra jamais par définition) mais peut conduire à rêver et à être perpétuellement insatisfait ;
- La comparaison « soi-soi ». Elle consiste à se comparer à un moment donné à soi-même dans un autre temps, présent ou futur. C'est elle qui nous fait voir notre progression, les changements qui se sont réalisés et ce vers quoi nous souhaitons aller. Par rapport à notre évolution dans l'entreprise, elle peut nous faire prendre conscience des différences entre nos espoirs et la réalité mais aussi nous faire apprécier le chemin parcouru ;
- La comparaison « soi-autre(s) ». Elle nous permet de nous situer par rapport à des personnes en situation proche. Le résultat de ce bilan va dans un sens positif ou négatif.

Le manager est concerné ici par ces trois modes de comparaisons, même s'il semble au premier abord que seule la troisième intervienne. Il devra vérifier le contexte dans lequel il est amené à expliquer les privilèges. Il est nécessaire qu'il ait déjà défini pour lui-même le sens qu'il donne à l'adjectif « privilégié ».

Les outils PNL

- Utiliser le métamodèle qui va permettre de vérifier que le mot « privilégié » a bien la même signification de part et d'autre. Si ce n'est pas le cas, il faut ajuster : « Qu'est ce que serait pour vous une situation privilégiée ? »
- Il faut situer sur l'échelle de Dilts le niveau de l'insatisfaction.

Chapitre 12

Gérer les problématiques individuelles en situation de crise

Les problèmes relationnels

Gérer un conflit avec l'actionnaire sur un différent stratégique

Voir le chapitre 9 sur la négociation.

Les outils PNL

Mettre en place la stratégie de négociation.

Réagir à une prise à parti en public

Il faut établir le mieux possible le rapport et laisser la personne dire ce qu'elle a à dire. Prendre conscience de l'émotion que vous ressentez et la nommer pour vous-même. Vous pourrez alors choisir ce qui est adapté : « Je suis en colère, je suis énervé… je vais choisir de rester calme dans l'expression de ces émotions ou je me mets en état de curiosité pour comprendre ce qui se passe. » Puis identifier rapidement le niveau de l'échelle de Dilts sur lequel se situe la critique. Si la critique vous paraît justifiée, il est utile de le reconnaître, à condition que ce soit le bon moment pour vous (en particulier, ramenez les critiques générales sur vos valeurs ou votre identité au niveau des comportements) et éventuellement argumentez en étant attentif à matcher : « C'est vrai que je me suis opposé à la fermeture du département X et je vois que, de votre point de vue, mon attitude n'était pas justifiée. Je vais expliquer clairement le mien. »

Si vous n'êtes pas d'accord :

- Restez en conscience externe et dans un premier temps en tri sur l'autre ;
- Reformulez : « Donc vous dites que… » ;
- Veillez à préciser ou à faire préciser le contexte concerné par la critique ou la prise à parti : « Vous dites qu'à tel moment ou dans telle situation… » ;
- Faites préciser les verbes non spécifiques et les nominalisations : « Vous dites que je ne tiens jamais mes engagements, dites-moi dans quelle situation cela s'est produit selon vous, de quels engagements il s'agit et de quelle façon ils n'ont pas été tenus. »

S'il s'agit de comportements et de compétences, argumentez à ce niveau ou demandez, par exemple, un temps de réflexion, que la discussion soit reprise plus tard ou toute autre réponse qui vous paraît adaptée. Si la critique porte sur des critères, des valeurs ou votre identité, questionnez pour ramener la critique au niveau des comportements : « Donc, vous dites que lors du dernier CA, j'ai manqué de franchise, je vous demande de me faire part de ce qui vous fait dire cela. » Plus vous serez solide en termes d'estime de soi et plus vous pourrez répondre ou ne rien dire avec calme et sérénité.

Les outils PNL

- Le métamodèle et la conscience des différences de modèle du monde : ils permettront d'exposer les éléments de critique chez l'interlocuteur.
- La gestion du feed-back (échelle de Dilts, mettre des frontières et établir le rapport) : elle remet les critiques à un niveau pertinent (observable, à différencier de l'interprétation).
- Une estime de soi solide : on peut regarder ses comportements et ses compétences, éventuellement les remettre en cause, sans pour autant se sentir blessé dans son identité.

Gérer les relations avec un subordonné ou un supérieur hiérarchique dans un conflit ouvert ou larvé

Le conflit ne peut pas porter sur l'ensemble des activités des deux personnes. Ou alors il n'y a de relations possibles qu'après une négociation ou une médiation, si toutefois les protagonistes sont d'accord. Ramener le conflit dans ses justes limites, sur un point ou un ensemble de points limités est un premier pas vers une attitude plus souple. Un désaccord important peut être la source d'un conflit. Ne jetons pas le bébé avec l'eau du bain : ce n'est pas pour autant qu'il faut rompre toute relation avec l'autre, c'est-à-dire rejeter ou être en conflit avec la personne. Il y a certainement des domaines sur lesquels on peut continuer à communiquer.

Rappelons que, dans un système, c'est l'élément le plus flexible qui entraîne le système. Si l'une des deux personnes tient à garder des relations avec l'autre, elle peut choisir de clarifier la situation : « Nous ne sommes pas du tout d'accord sur la façon de décider des augmentations du personnel. Je trouve que n'est pas assez pris en considération le fait que ce sont des personnes qui travaillent ici et non des machines. Pour moi, c'est un sujet extrêmement important et grave. Vous refusez de changer votre point de vue et je suis en colère pour cela. Tant que nous n'avons pas trouvé d'accord satisfaisant, je ne veux plus aborder ce sujet avec vous mais, en attendant que nous trouvions un moyen de résoudre cette mésentente, il y a d'autres sujets sur lesquels nous avons une vision commune et il n'y a pas de raison d'y renoncer. »

Mettre ainsi des frontières entre ce qui peut encore être le support de relations et ce qui est de la rupture peut donner l'opportunité de garder des relations justes. Elles seront authentiques, congruentes. Les comportements de façade ne sont qu'un pis-aller dont personne n'est dupe, ce qui, en général, ne contribue pas à créer une atmosphère de confiance et de respect au sein du reste de l'équipe.

Les outils PNL

- Identifier le contexte du problème, ce qui va permettre de cadrer le conflit. Ce n'est qu'une partie de la relation qui est concernée par le conflit.
- Être en cadre de référence interne et centré sur ses propres besoins pour être en mesure d'entendre les arguments de l'autre qui entrent dans le conflit.
- Proposer des alternatives de relations.

Réagir à des lettres insultantes ou à des tracts syndicaux diffamatoires

L'espace-temps qui est donné là, contrairement à ce qui se passe « en direct » (en public), permet de prendre encore plus de recul pour analyser la situation avec les outils cités. Les insultes portent atteinte aux valeurs et à l'identité. La diffamation aussi, mais elle peut concerner tous les niveaux de l'échelle de Dilts.

Si le jeu en vaut la chandelle, il est important de mettre la situation au clair en ayant un entretien en présence d'autres personnes avec les auteurs des lettres ou les représentants syndicaux. Le manager devra se mettre en situation de ressources : bien centré, bien campé sur ses pieds et au clair avec ses demandes. « Vous avez écrit ça et ça me concernant. Je suis choqué et je suis en colère car je trouve ces propos insultants. Je vous demande de m'en expliquer les raisons. »

- Si les raisons ont quelque fondement, le manager peut dire très clairement que cette façon de faire n'est pas admissible et que la discussion est un meilleur moyen d'arriver à un résultat satisfaisant ;
- Si les raisons n'ont aucune validité, le manager devrait pouvoir demander réparation : « Comment comptez-vous réparer cette injustice ? » Ce n'est pas toujours possible de l'obtenir. Éventuellement il exprimera lui-même comment il obtiendrait réparation.

Quelquefois, ces insultes ou diffamations entachent gravement la réputation de celui qui les subit. Les choix stratégiques pour arrêter les colportages ou ne rien faire seront pris cas par cas.

Les outils PNL

- Établir solidement le rapport pour ouvrir une communication efficace avec les auteurs.
- Être soi-même congruent en étant dans une attitude respectueuse vis-à-vis de ceux-ci (la colère n'empêche pas le respect). C'est être aligné dans les différents niveaux de l'échelle de Dilts.
- Avoir conscience de ses besoins et de ses émotions en permet une meilleure gestion. Utiliser l'échelle de Dilts pour remettre en cause les critiques sur l'identité et les valeurs et questionner celles concernant les compétences et les comportements.

Réagir à des dénonciations faites par les représentants du personnel

Les dénonciations portent sur différents niveaux de l'échelle de Dilts. Il faut donc les situer et utiliser les mêmes outils que devant les critiques ou les prises à parti.

Rappelons aussi que lorsqu'un manager a fait une erreur et que celle-ci est dénoncée, ce n'est jamais agréable, mais il faut savoir assumer ses limites et le reconnaître. Une erreur, même grave, est toujours source d'apprentissage. Un manager qui sait reconnaître ses torts ne sera peut-être pas immédiatement gagnant, il pourra même y perdre beaucoup en termes professionnels mais sera au clair avec lui-même et, sans aucun doute, un authentique exemple pour ses collaborateurs. En effet sur les conflits et questions concernant les critères, le seul moyen de convaincre est d'incarner réellement le critère dont on veut démontrer l'importance. Le résultat n'est jamais sûr mais il y a une certaine valeur d'exemple qui n'est pas négligeable.

Les outils PNL

- La prise d'informations et le métamodèle : qu'est ce qui est dénoncé ? Sur quels faits observables ?
- L'échelle de Dilts : la dénonciation doit porter exclusivement sur les compétences et les comportements. Si elle porte sur des niveaux plus élevés, elle doit être fermement combattue dans le principe.
- La congruence : en particulier si de la culpabilité apparaît, c'est qu'il y a quelque chose avec quoi on est d'accord dans la dénonciation.

Faire adopter des décisions qui ne sont pas les siennes

La question est de savoir si on est d'accord ou pas avec ces décisions que l'on a pour mission de faire passer. Si le manager est tout à fait d'accord, il s'agit plutôt d'avoir une bonne stratégie de transmission. Si, au contraire, il n'est pas d'accord, il y a un autre niveau de difficulté. Il n'y a aucune congruence à transmettre et faire exécuter quelque chose que l'on n'a pas intégré. Le manager devra donc se poser un certain nombre de questions :

- « Y a-t-il un niveau sur lequel je suis d'accord avec cette décision ? » Par exemple : « La direction a décidé de ne pas donner de gratification aux collaborateurs de tel service. Je ne suis pas d'accord, mais je ne suis pas assez impliqué dans la gestion et donc je leur fais confiance sur les motifs de leur décision. » Ou bien : « Je ne suis pas assez impliqué dans la gestion mais le non-respect des engagements pris préalablement me choque tellement que même si je sais qu'il faut faire confiance, car ils ont sûrement de bonnes raisons, je n'accepte pas cette décision. »
- « Quelle valeur est-ce que cela touche chez moi de faire passer cette décision à mon corps défendant ? » Si c'est une valeur qui est relativement basse dans le niveau de sa propre hiérarchie, le manager pourra accepter la décision. Par exemple : « Si je fais passer cette décision, j'apporterai un peu de déception à une équipe qui, par ailleurs, a d'autres avantages. » Si c'est une valeur très forte qui n'est pas remplie, il aura plus de difficultés à le faire. Par exemple : « En acceptant de passer cette décision, je cautionne une direction malhonnête. »

En fait le manager doit réfléchir pour savoir jusqu'où il va mettre en jeu son « âme ». Va-t-il la vendre ou pas ? On ne peut pas faire porter aux autres ses propres choix. Quelle que soit la pression psychologique, il y a possibilité de ne pas la subir, y compris en trouvant de l'aide. Les critères qui interviennent dans une décision nous sont propres. Un choix est toujours fait à un moment donné avec ce que nous savons et selon l'importance que nous donnons à tel ou tel critère. Si nous sommes amenés à le regretter, c'est toujours plus tard lorsque nous en avons vu les conséquences. Et, bien entendu, il faut les assumer et apprendre pour agir autrement dans le futur. Le manager qui, pour sa sécurité financière, choisira de mener un plan de restructuration qu'il réprouve aura pris cette décision en fonction de ce qui est le plus important selon lui à ce moment-là. Ce sont souvent des choix cornéliens qui demandent d'être en cadre de référence interne, dans l'estime de soi et l'alignement. Là est la vraie responsabilité du manager.

Un outil PNL très puissant permet de prendre une décision : c'est le recadrage ou négociation entre parties. Il n'est pas facile à mettre en œuvre tout seul. Dans le cadre d'un coaching par exemple, c'est un excellent modèle.

Les outils PNL

- Développer la hiérarchie des critères qui est un enjeu dans cette situation.
- Résoudre, s'il y en a un, le conflit intérieur par une négociation avec soi-même.

S'opposer à une décision qui ne convient pas

Il est nécessaire de vérifier les niveaux sur l'échelle de Dilts qui font que cette décision ne convient pas, puis évaluer les risques de cette opposition :

- Celui qui la propose se vexera-t-il ? Se mettra-t-il en colère ? Sera-t-il gêné ? Réagira-t-il violemment ? Perdra-t-il la face ?
- Les collaborateurs ne respecteront-ils plus leur supérieur ?
- Les clients perdront-ils confiance ?
- Que va remettre en jeu, pour moi, mon opposition ?

On peut imaginer toutes sortes de conséquences de ce type. Là encore, il faut travailler sur l'écologie de la décision comme sur celle d'un objectif : que gagne-t-on à maintenir la décision et qu'y perd-on ? Que gagne-t-on à l'annuler et qu'y perd-t-on ? Ceci pour l'entreprise et pour soi.

Ensuite la balance penchera d'un côté ou de l'autre. S'il est nécessaire d'annuler la décision, il sera utile de mettre en œuvre toutes les techniques de communication pour faire passer ce message de la manière la plus souple et respectueuse possible afin de se donner les chances que cette opposition soit entendue comme un feed-back intéressant et non comme une critique violente. Les arguments deviendront alors clairs et pourront être présentés de manière objective.

Les outils PNL

Comparer l'objectif de la décision et celui de l'opposition, en particulier en termes de métamodèle, ce qui permettra de trouver éventuellement des critères communs sur lesquels bâtir une nouvelle décision. Sinon proposer des décisions alternatives.

Exprimer ses ressentis sans casser la relation

Nos ressentis nous appartiennent. Nous en sommes les créateurs et les gestionnaires. Personne n'a le pouvoir de créer en nous une émotion. C'est nous qui réagissons. On risque de casser une relation quand on fait porter à l'autre ses propres sentiments. Il y a une énorme différence entre : « Tu me mets en colère quand tu dis ça et tu m'énerves » et « Quand tu dis ça, je ressens de la colère et je m'énerve. » Ou : « Vous m'humiliez avec vos remarques en public » et « Je me sens humilié lorsque vous me faites ces remarques en public. » Dans les secondes formulations, nous assumons nos émotions.

Certes, il y a un risque que la personne en face se sente accusée malgré tout. Et cela lui appartient aussi. Cela n'empêche pas de suivre ce qui se passe, de rectifier éventuellement le message pour que notre interlocuteur comprenne bien le sens de ce que nous disons. Il est difficile, en effet, de partager au niveau des émotions. L'idée est tellement répandue que c'est nous qui créons les sentiments chez les autres que c'est une sorte de jeu qui ne rend pas la communication très directe :

- « Je ne vais pas lui dire que je suis gêné par ses propos parce que je vais lui faire de la peine. »
- « Quand il me dérange pour un oui ou un non, je n'ose pas lui dire que je suis mécontent car il va se vexer. » Et ainsi de suite.

Cela nous demande aussi de savoir accepter d'entendre que quelqu'un est en colère contre nous :

« Tu as effacé le fichier que j'avais mis trois jours à écrire. Je suis vraiment furieux contre toi !

— Oui, est-ce que je peux faire quelque chose pour réparer ma maladresse ? »

Il n'est pas toujours possible de réparer une erreur. Essayer de convaincre l'autre qu'il ne devrait pas être furieux, qu'il devrait comprendre… est une erreur supplémentaire.

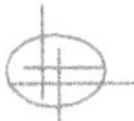

Les outils PNL

- Être conscient, précis et assumer ses propres émotions.
- Parler du cadre précis dans lequel cette émotion est ressentie.
- Utiliser l'échelle de Dilts pour cibler l'objet (comportement ou compétence) sur lequel elle se manifeste.

Se mettre dans la logique de l'actionnaire afin d'obtenir de lui un accord correspondant à ses propres choix

La démarche efficace consiste à rechercher les besoins de l'actionnaire et d'argumenter honnêtement à la lumière de ces besoins et de ceux de l'entreprise. Donc, c'est une forme de négociation.

Les outils PNL

Travailler sur le modèle du monde : questionner pour comprendre les besoins de l'actionnaire et leur traduction concrète.

Réagir à des accusations de racisme, de harcèlement ou de discrimination à l'embauche

Il faut clarifier ce qui se passe : le but est d'obtenir les éléments concrets sur lesquels ces accusations reposent. Les mots, les gestes... tout ce sur quoi s'appuie l'accusateur pour poser ses affirmations. Donc, sur l'échelle de Dilts, ramenez et restez strictement sur le niveau des comportements en termes sensoriels : « Qu'avez-vous vu, entendu qui vous a amené à tenir ces propos accusateurs ? »

Il est nécessaire de rester centré sur soi, trier sur l'autre en mettant de côté tous les préjugés pour faire un recueil d'informations aussi spécifiques que possible. Il se peut qu'il y ait un désaccord important au niveau des intentions, c'est-à-dire sur l'interprétation des faits observables. Matchez cette interprétation, puis argumentez en donnant votre propre point de vue. La suite à donner sera alors décidée selon le contexte et les possibilités.

Les outils PNL

- Se servir de l'échelle de Dilts et du métamodèle pour préciser l'objet des accusations et argumenter à ce niveau.
- Rester aligner avec soi-même afin de ne pas remettre en question ses valeurs.

Réagir face à un gros client qui annonce son intention de changer de fournisseur

En créant un solide rapport, et surtout en montrant bien que vous ne porterez pas de jugement, questionnez soigneusement ce client pour comprendre quel est le besoin qu'il cherche à remplir en changeant de fournisseur et le besoin que votre entreprise n'a pas rempli. Ces besoins peuvent être identiques mais pas toujours : par exemple, le besoin d'obtenir un produit moins cher a motivé le changement parce que votre entreprise ne répondait plus assez rapidement aux commandes depuis quelque temps. Le prix plus élevé qui restait acceptable devient un facteur supplémentaire de mécontentement lorsque le besoin de réactivité n'est plus suffisant.

En restant ensuite au niveau de ces besoins, tentez une négociation ayant pour but de trouver des solutions satisfaisantes pour le client et compatibles avec les possibilités de l'entreprise.

Les outils PNL

- Identifier les besoins de l'interlocuteur car c'est à ce niveau que se situe le problème.
- Négocier pour proposer des solutions qui rempliront ce besoin et seront acceptables pour le client.

Réagir face à un journaliste qui veut faire un article sur les défauts d'un produit ayant entraîné un accident

Questionnez le journaliste sur ses intentions et l'objectif de l'article : à quel besoin répond l'article ? Si l'entreprise le rejoint sur les objectifs en termes de critères ou de valeurs (l'entreprise peut, par exemple, être d'accord sur le droit du public d'être informé), il peut être utile cependant de décrypter avec lui, selon le modèle SCORE. En ce qui concerne le défaut du produit : quels sont les symptômes du défaut en lui-même et ceux produits sur l'environnement, ses causes, les objectifs pour résoudre, les ressources et les effets ? En ce qui concerne l'article, le contenu représente les symptômes, les causes ce qui motive l'article : l'objectif de l'article, les ressources et les moyens que va utiliser le journaliste pour faire passer son message (critique, rappel d'antécédents, levier des réactions de l'environnement) et ses effets sur le public et sur la vie de l'entreprise ? La difficulté majeure est souvent le refus des journalistes de soumettre l'article à l'approbation de ceux qu'il concerne. Si bien que la déformation des propos et la distorsion importante entre la source et la production peut devenir un gros problème.

Le manager ou l'entreprise doivent être clairs sur leurs propres besoins et leur hiérarchie de critères, et la décision d'accepter la rédaction d'un article sera fonction de ces évaluations.

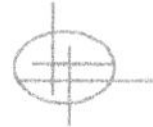

Les outils PNL

- Identifier l'objectif du journaliste et le besoin possiblement rempli par l'article.
- Mettre au clair les objectifs de l'entreprise et identifier ses propres besoins.
- Utiliser l'échelle de Dilts : elle permet aussi d'identifier quel est le besoin du lecteur auquel l'article répond.

Réagir face à un cadre qui sort de ses gonds pour une remontrance jugée bénigne par son patron

C'est une situation similaire à la prise à parti en public. Essayer de démontrer à quelqu'un qu'une remarque qu'il vit comme insultante est bénigne est peine perdue ! On ne peut pas contester le ressenti de quelqu'un. Donc accepter que l'interlocuteur ait mal vécu la remarque est un préalable fondamental (accepter cela ne veut pas dire que l'on est d'accord).

Il peut être judicieux de ne pas intervenir tant que la personne parle ou crie, sauf si cela dure trop longtemps. Si c'est le cas, se synchroniser le plus possible sur le volume de la voix et dire fermement, sans agressivité et fort : « OK ! vous vous êtes senti insulté par ma remarque, je suis prêt à en discuter avec vous. » Ensuite, il faudra permettre à la personne d'exprimer à quel niveau de l'échelle de Dilts elle a pris la remarque, recadrer éventuellement, explorer les points de désaccords, explorer les besoins non remplis…

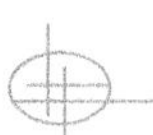

Les outils PNL

- Définir pour qui le comportement est un problème dans la situation donnée et utiliser l'échelle de Dilts pour identifier le niveau auquel se situait la remarque et auquel la personne a vécu celle-ci.
- Matcher le modèle du monde de l'autre.

Les tâches et résultats

Améliorer les performances d'un vendeur

Deux niveaux doivent être examinés précisément, la performance et la motivation du vendeur :

- En ce qui concerne la performance, définissez quelles sont vos attentes et ce que veut dire concrètement le mot « performance » pour vous, et voyez avec le vendeur quelle est sa propre représentation concrète de ce mot. Travaillez sur les objectifs définis par l'entreprise (les vrais objectifs, et pas seulement les résultats du vendeur). Mettez-vous d'accord de manière très spécifique sur les compétences et les comportements à mettre en œuvre et vérifiez qu'ils sont réalistes ;
- En ce qui concerne la motivation, mettez à jour les objectifs personnels du vendeur et ses besoins pour vérifier qu'il peut avoir une certaine satisfaction à faire son travail. Argumentez sur ce que cela lui permettra d'apprendre, comment il pourra évoluer. S'il y a des objections, cherchez à quel niveau de l'échelle de Dilts elles existent et traitez-les.

Les outils PNL

- Utiliser le métamodèle : il permettra de définir le mot « performance ».
- Être clair sur les objectifs de l'entreprise permettra de vérifier l'adéquation de ceux-ci avec les objectifs personnels du vendeur.
- Utiliser l'échelle de Dilts pour motiver et détecter les résistances et leur niveau.

Imposer à un vendeur performant de nouvelles règles sans risquer de le perdre

Les nouvelles règles ont très certainement une raison d'être. C'est sur cet aspect que doit porter la toute première étude :

- Quel objectif ces règles sont-elles censées remplir ?
- À quel besoin répondent-elles ?
- Quels niveaux de l'échelle de Dilts concernent-elles ?
- À quels symptômes et à quelles causes veulent-elles remédier ?
- Quels sont les effets prévus de leur application ?
- Sont-elles réalistes, tiennent-elles compte du terrain ? Il est utile d'en vérifier ainsi la pertinence.

Si le mot employé est « imposer », serait-ce parce qu'il y a au moins une réticence, voire un refus de la part du vendeur à suivre ces nouvelles règles ? Serait-ce parce que le manager présuppose que ces règles ne vont pas lui convenir ? Serait-ce aussi que le manager, n'étant pas lui-même en plein accord avec ces règles voudrait les imposer faute de pouvoir réellement les défendre ? Il faut laisser à chacun sa part de responsabilité.

Le manager doit pouvoir influencer son vendeur dans une relation d'adulte à adulte. Dans ce cas il est nécessaire de prendre le temps d'explorer ce qui se passe chez le vendeur : quels sont ses besoins, ses objections ? En quoi ces nouvelles règles lui posent-elles problème ? Là encore l'échelle de Dilts sera d'un grand secours pour ajuster la discussion sur le même niveau logique. Supposons que soit demandé au vendeur de modifier ses trajets. Si la discussion est : « Vous devez obéir à votre hiérarchie » tandis que le vendeur dit : « Je ne peux pas modifier mes trajets » ou : « Vous aurez désormais à nous remettre toutes les semaines vos notes de frais » et le vendeur répond : « Donc vous ne me faites plus confiance », les niveaux sont différents et il sera difficile d'entamer un dialogue fructueux. En restant attentif à ne pas dévaluer la vision du vendeur, en gardant le rapport, le manager explorera, avec flexibilité, la représentation que se fait ce denier de ces nouvelles règles. Dans cette situation le relationnel est fondamental. Un principe ou présupposé est judicieux : toute personne est capable d'adhérer à un changement si celui-ci reste écologique pour elle et s'il répond à des critères et des valeurs avec lesquels elle est en accord. C'est à travers le dialogue que se construit l'adhésion à un projet.

Un élément important intervient souvent : le temps. On ne peut pas toujours prolonger les discussions. Alors, plutôt que d'« imposer », on peut dire simplement : « Nous n'arrivons pas pour l'instant à trouver un accord sur ces nouvelles règles. Comme elles ont été déjà élaborées, je vous propose de les mettre en place telles quelles pendant un mois et nous ferons le point à ce moment-là. Vous pourrez alors nous faire part de vos commentaires et nous suggérer des aménagements si c'est nécessaire. » Il faut bien entendu tenir son engagement et trouver le temps de faire le point comme promis.

Il est possible qu'aucun accord ne puisse être trouvé : les nouvelles règles ne sont pas acceptables pour le vendeur, et pourtant c'est la seule solution envisageable pour remplir les besoins de l'entreprise. Le risque existe de voir partir le vendeur. Ce départ, cependant, aura peut-être moins de conséquences négatives que le maintien en place d'un vendeur très récalcitrant. Le manager aura à peser le pour et le contre : imposer et voir partir, ou revoir et même renoncer aux nouvelles règles pour garder le vendeur.

Les outils PNL

- Utiliser le modèle SCORE qui doit permettre d'élaborer les nouvelles règles.
- Mettre en évidence les objections et les traiter : celles-ci reposent souvent sur des présupposés qu'il sera utile de mettre en évidence.

Initier et mettre en œuvre une politique du changement, faire accepter un plan de changement en cas de crise à l'un de ses collaborateurs

Comme nous l'avons déjà dit, nous sommes tous confrontés à un défi majeur : un certain besoin de sécurité qui est rempli dans une forme de continuité (il n'y a pas de changement) et la nécessité permanente de changement, ne serait-ce que parce que le monde change autour de nous et que nous changeons nous-mêmes tout le temps. Cette situation est génératrice d'appréhension et d'anxiété, voire plus. Le stress présente de l'intérêt quand il reste à un niveau gérable car son rôle est de nous aider à « rassembler notre énergie ». C'est un facteur de mobilisation et de vigilance qui sous-tend l'adaptabilité de l'être humain au changement. Lorsque ce stress devient envahissant, en particulier parce qu'il signale qu'il y a un risque de ne pas pouvoir s'adapter ou lorsque le changement passe par une suradaptation, ses effets sont inverses.

Pour initier un changement il faut :

- Définir l'objectif du changement ;
- Définir ses résultats attendus ;
- Définir les moyens à mettre en œuvre sur tous les niveaux de l'échelle de Dilts ;
- Chercher ce que le changement pourra apporter à ceux qui le vivront et le mettront en œuvre.

Pour faire accepter le changement, et donc pouvoir le mettre en œuvre, il faut :

- Expliquer clairement les données ci-dessus ;

- Questionner pour mettre à jour les objections potentielles. Celles-ci peuvent concerner l'adhésion personnelle des collaborateurs à l'objectif et/ou aux moyens de changement. Mais aussi signaler un désaccord sur l'objectif lui-même ;
- Suivre l'évolution du changement afin d'en vérifier l'adéquation avec ce qui était prévu et relever les objections qui peuvent apparaître alors même qu'elles n'avaient pas été soulevées avant.

Les outils PNL

- La stratégie d'objectif qui définit celui du changement.
- L'échelle de Dilts pour élaborer et présenter le ou les niveaux du changement proposé, le ou les niveaux des changements à mettre en place par les personnes, le ou les niveaux des résistances au changement.
- Le traitement de ces résistances sera alors fonction du niveau en se rappelant que le traitement se fera le plus souvent au niveau supérieur.

« Sauver sa tête » lors de l'arrivée d'un nouvel actionnaire

Malheureusement, la PNL n'est que de peu d'utilité lorsqu'un nouvel actionnaire a pour stratégie de se séparer systématiquement des équipes des sociétés reprises, quelles que soient leurs compétences – nous ne parlerons pas de la prise en compte des compétences et des valeurs qui sont, dans la plupart des cas, ignorées.

Il est cependant intéressant d'explorer, dès que possible, le modèle du monde du nouvel actionnaire afin de connaître ses attentes sur les différents niveaux de l'échelle de Dilts. Le manager qui souhaite alors rester au sein des nouvelles équipes devra s'efforcer de démontrer son adéquation avec les compétences, les comportements et les valeurs réclamés par le nouvel actionnaire. Il pourra, de la même façon, chercher les objectifs de ce dernier et prouver qu'il est en mesure de les atteindre.

Les outils PNL

- Une prise d'information sur les objectifs du nouvel actionnaire.
- L'échelle de Dilts pour explorer les différents niveaux d'attentes de celui-ci.

Faire le bilan des capacités d'un collaborateur en cas d'échec

Évaluer les compétences ou capacités de quelqu'un n'est pas toujours chose facile. Dans tous les cas, les compétences doivent pouvoir être exprimées en termes d'actes concrets. Le manager doit reconnaître si une personne a ou non certaines compétences. C'est en quelque sorte la « fiche de poste ». En cas d'échec, il peut être amené à vérifier avec le collaborateur le savoir-faire de celui-ci et c'est à travers ces éléments concrets que le bilan peut être fait.

Si c'est « le savoir être » qui est concerné (les valeurs mises en œuvre), il en est de même. Le manager qui demande à un vendeur d'être aimable avec ses clients doit avoir une représentation concrète (qu'il peut donc communiquer) de ce qu'est, selon lui, « l'amabilité ». Là encore le modèle SCORE est utile pour éclairer le problème. En particulier pour clarifier les causes : ce qui relève du collaborateur et ce qui est indépendant de lui.

Par exemple, lorsqu'un collaborateur est chargé de négocier avec un client :

- Vérifier que la procédure de négociation a bien été mise en œuvre ;
- Le feed-back donné par le client doit aussi être pris en compte, pas nécessairement comme argent comptant mais ayant son importance pour percevoir comment le message a été reçu (n'oublions pas que le sens du message émis pas quelqu'un qui veut communiquer, est la réponse donnée par son interlocuteur) ;
- Les objections ou résistances montrées par le client et qui lui appartiennent, et la façon dont elles ont été traitées, etc.

Les outils PNL

- Utiliser le modèle SCORE pour définir les symptômes et les causes de l'échec du collaborateur et chercher des solutions.
- Se servir des équivalences concrètes des critères et valeurs mises en jeu pour donner des commentaires et des directives spécifiques.

Annoncer le licenciement d'un collaborateur à une équipe

Lorsqu'on doit annoncer le licenciement d'un collaborateur à une équipe, il est primordial de définir l'objectif de cette annonce et le message supplémentaire que l'on veut faire passer, s'il y en a un.

Une question est importante : « Est-ce que je suis en accord avec ce licenciement ? » parce qu'elle conditionne la congruence de la communication. Chaque fois qu'un manager ne sera pas lui-même clair avec la justesse du licenciement, il sera mal à l'aise pour l'annoncer. Deux possibilités alors :

- Travailler avec des niveaux de critères variables afin de trouver une raison d'être d'accord à un niveau ou un autre avec les causes de ce licenciement ;
- Accepter de ne pas être d'accord et le dire si le contexte s'y prête, ou être conscient que des messages non verbaux porteront ce désaccord.

Dans tous les cas, donner les faits concrets, répondre aux éventuelles questions en étant attentif à faire la différence entre ce qui est observable et ce qui est de l'interprétation. Marquer éventuellement cette différence si on souhaite partager son sens de la situation.

Les outils PNL

- Définir l'objectif de cette annonce pour le cadrer convenablement et ne pas « déborder ».
- Rester dans l'observable et gérer éthiquement l'interprétation.
- Être conscient des messages et méta-messages en jeu.

Négocier les conditions de départ d'un collaborateur

Voir le chapitre sur la négociation.

Les outils PNL

Stratégie de négociation.

Réagir à un DG qui veut corriger (à la hausse) les résultats estimés de fin année

Voir la question sur le mensonge.

Les outils PNL

Prise d'information sur les objectifs.

Chapitre 13

Gérer les problématiques de groupe en situation de crise

Les problèmes relationnels

Sortir d'une grève

Une grève est une manifestation de communication rompue ou inexistante. Il faut donc d'abord rétablir la communication pour mettre à jour les besoins au nom desquels elle s'est déclenchée. Il faut également prendre conscience des besoins de l'entreprise, puis entreprendre une négociation (voir le chapitre 9 sur ce thème), si les protagonistes de la grève sont d'accord (tant qu'il n'y a pas d'accord pour une négociation, on peut seulement tenter de négocier pour obtenir cet accord).

La sortie de la grève se fera naturellement lorsqu'une solution commune sera trouvée. Ce sera une sortie gagnant-gagnant puisque chaque partie aura satisfaction sur au moins les points les plus importants. S'il n'y a pas de solution commune, il sera difficile de sortir de la grève. Mais si celle-ci s'arrête, parce que continuer devient trop dur pour les employés, sans qu'ils aient obtenu au moins quelque chose sur un critère important, le ressentiment et l'amertume risquent de parasiter leur participation et leur motivation ultérieures.

Les outils PNL

- Vérifier l'objectif réel de la grève. Déterminer les motifs, les besoins exprimés à travers la grève (échelle de Dilts).
- Établir le rapport.

- Savoir questionner (trier sur les interlocuteurs, le métamodèle).
- Définir les besoins de l'entreprise et clarifier les solutions proposées et les solutions possibles en vue de la négociation.
- Négocier.

Fédérer une équipe en période de plan social

Une équipe est soudée au niveau des critères que ses membres partagent. Il est d'ailleurs sain qu'« appartenance » ne soit pas synonyme d'accord sur tout, de fusion. L'individualité de chacun doit coexister avec le sentiment d'appartenance. Ce que souhaite probablement l'entreprise, de manière générale c'est fédérer une équipe *pour* quelque chose (un objectif, un projet, etc.). En période de plan social, il peut y avoir un problème au niveau d'un ou plusieurs critères qui fédèrent l'équipe, ou il peut émerger de nouveaux critères en raison même de ce contexte. Cela veut dire qu'il peut y avoir fédération de l'équipe mais *contre* l'entreprise. Il s'y ajoute souvent des craintes sur un avenir incertain, une recherche de ce qui n'est pas dit et qui pourrait constituer une menace.

Pour rassurer autant que faire se peut et créer une atmosphère de confiance, la communication doit être claire et directe. Toutes les questions doivent être entendues et recevoir une réponse honnête : se décharger de manière désinvolte et avec une pointe de critique sur une hiérarchie absente est rarement satisfaisant. Mieux vaut exprimer clairement que vous n'avez pas toutes les données et que, peut-être, vous ne pourrez pas les avoir, c'est un message qui peut être pris en compte s'il y a congruence. Pour fédérer l'équipe, il faudra, comme dans une négociation, trouver le ou les critères qui dépassent en importance ceux impliqués dans le problème posé par le plan social et les développer, ainsi que leur traduction concrète, pour espérer entraîner l'adhésion de nouveau *pour* quelque chose.

Les outils PNL

- Identifier les critères de motivation ou de démotivation qui soustendent le problème.
- Savoir utiliser la hiérarchie de critères pour trouver un accord sur un critère plus important.
- Communiquer clairement et le plus concrètement possible avec congruence (le manager a besoin d'être clair avec lui-même).

Éviter en cas de fusion l'impression que la culture de l'absorbant s'impose à l'absorbé

L'objectif est de donner des informations qui induiront l'impression ou la certitude que des choses importantes seront gardées. La culture d'une entreprise est faite des croyances collectives des membres de l'entreprise. Elles tournent autour de critères et de valeurs et se traduisent bien évidemment par une façon de faire les choses. Il peut arriver que les méthodes et moyens d'action de l'absorbant soient différentes de celles de l'absorbé. Si le changement demandé à ce niveau est considéré comme remettant en cause un niveau plus haut (compétences mais surtout valeurs et, encore plus, identité de l'entreprise absorbée et de ses membres), il est pratiquement sûr que cela va poser problème. La fusion sera alors vécue comme une relation de pouvoir ou de force et pas comme une intégration. Il faudra que les dirigeants et leurs collaborateurs fassent le relevé de ces éléments dans l'une et l'autre de ces entreprises, puis trouvent le point commun.

Très souvent, comme nous l'avons dit au chapitre 3 à propos de l'estime de soi, les gens s'identifient à leur comportement. Si en acceptant de changer un comportement, une personne a le sentiment de changer qui elle est, elle ne pourra l'accepter qu'au prix d'un mal-être ou, pire, d'un réel désinvestissement. Le manager doit donc vérifier s'il y a possibilité de garder ou non les valeurs fortes de l'entreprise absorbée :

- Si c'est possible, expliquer qu'un changement de comportement, d'organisation, bref de façon de travailler, n'affecte pas ces valeurs et que celles-ci étant conservées et partagées par les deux entreprises, la nouvelle identité sera commune. Lorsque ceci est établi, les modifications de comportements et d'organisation, la répartition des compétences seront nettement plus faciles et pourront constituer un défi motivant ;
- Quelquefois ce n'est pas possible. Par exemple, on peut voir dans certaines fusions de sociétés de service que les valeurs de l'une, comme « proximité avec le client et aspect relationnel individualisé prépondérant », n'ont plus cours car des machines sont mises à la disposition de la clientèle pour beaucoup d'opérations. Le manager devra alors chercher et proposer des valeurs plus importantes pour rassembler les énergies sur de nouvelles motivations. Cette recherche gagne à se faire en recueillant les messages des

collaborateurs de l'entreprise. Bien entendu, il serait judicieux qu'il y ait des possibilités de négociation pour que la société absorbante montre qu'elle peut être influencée par l'entreprise absorbée et prendre une partie de ses savoir-faire. C'est une façon de reconnaître la valeur de cette dernière et cet aspect est loin d'être négligeable.

Les outils PNL

- Chercher les critères et valeurs des cultures des deux entreprises par un questionnement du modèle du monde de l'entreprise absorbée (métamodèle) et remonter au niveau des critères à partir de ce qui est dit.
- Utiliser la technique de négociation pour trouver un accord satisfaisant.

Gérer un désaccord profond, une crise face à une équipe

En ce qui concerne les termes, un désaccord profond se situe très souvent à un niveau élevé de l'échelle de Dilts, chacun restant fermement campé sur ses positions à propos d'un comportement ou de l'équivalence concrète d'un critère ou d'une valeur. Rappelons que s'articulent ici les croyances ou convictions des gens. De même une crise signale un point de rupture. C'est un signal de demande de changements. Le modèle SCORE s'avère alors très utile, il s'applique à la fois au conflit et à la crise :

- Quels en sont les symptômes ?
- Comment se manifeste le conflit ou la crise (l'équipe freine-t-elle des quatre fers ? Y a-t-il de la grogne ? Y a-t-il des demandes un peu fortes ?) ?
- Quelles en sont les causes ? Pourquoi la situation est-elle conflictuelle (la communication ne s'établit-elle pas ? La confiance est-elle remise en cause ?) ?
- Quel est l'objectif de « gérer » et quels sont les résultats attendus ? Au nom de quoi cela vaut-il la peine de résoudre le conflit ?
- Quelles seraient les ressources que le manager pourrait proposer pour le gérer (organiser une réunion de rencontre, préparer des documents liés à l'objet du conflit, faire intervenir un médiateur ?) et quels seraient les effets si le conflit était géré (l'équipe retrouverait-elle la sérénité, la motivation, le manager serait-il tranquillisé… ?) ?

En ce qui concerne les causes du conflit ou de la crise, rechercher les informations auprès de l'équipe pour explorer le problème :

- Quels sont les symptômes qui déclenchent son désaccord ou la crise ?
- À quel niveau se situent-elles sur l'échelle de Dilts ?
- Quelles en sont les causes ?
- Quel est leur objectif ?

De même, les managers devront explorer l'objet de leur désaccord avec l'équipe concernant ce modèle.

Les outils PNL

– Identifier le niveau de désaccord sur l'échelle de Dilts.
– Appliquer le modèle SCORE à différents niveaux de la situation.
– Utiliser la technique de négociation pour trouver une solution commune.

Créer des sous-groupes de pouvoir pour infléchir une position de force lors d'un conflit

Pour pouvoir créer des sous-groupes afin d'infléchir une position de force, il est d'abord nécessaire d'être particulièrement clair sur l'objectif et les résultats poursuivis. Une des grandes forces de l'entreprise est d'avoir des équipes. Les vraies équipes développent des caractéristiques (la confiance et le respect mutuel, la coopération aux objectifs communs, la reconnaissance des talents particuliers de chacun et la solidarité…). Le monde moderne ne facilite pas vraiment la création de ces équipes car un turnover important se manifeste dans beaucoup d'entreprises. Donc le manager doit être attentif à préserver le plus possible une équipe existante et fonctionnant bien.

S'il s'agit d'une équipe en situation de « pouvoir », chercher à attirer quelques-uns de ses membres pour affaiblir le groupe peut s'avérer extrêmement maladroit. Il vaut mieux réunir l'équipe et mettre cartes sur table en faisant le maximum pour que s'instaure un climat de dialogue dans lequel chacun, manager et membres de l'équipe, puisse exprimer ses besoins et les causes du conflit, ainsi que les solutions proposées. Toute l'équipe peut parler d'une même voix mais, bien souvent, lorsque le manager exprime les besoins de l'entreprise tout en respectant ceux que l'équipe a exprimé, des nuances apparaissent, les positions individuelles s'assouplissent. Le manager doit alors faire en sorte de ne pas dresser les individus les uns contre les autres si des divergences de point de vue se manifestent. Pour cela, il doit rester focalisé sur la décision, ne pas arguer d'intentions prêtées aux opposants ou aux défenseurs de la décision qu'il ne pourra d'ailleurs jamais prouver, ne pas porter de jugement sur les personnes.

Si la position de force provient d'un groupe de l'entreprise, il peut être pertinent de récolter des points de vue divergents auprès d'autres groupes, en espérant avoir d'autres éléments pour infléchir une décision. Le manager doit concentrer sa demande d'opinion sur l'objet du problème : la décision. Et surtout pas sur les hommes qui la défendent et veulent la faire passer. Comme dans l'évaluation et la demande d'avis sur un projet, c'est le projet que l'on « critique » (au sens fructueux du terme) et pas ses créateurs.

Les outils PNL

- Explorer les composants de la position de force (quels sont les griefs ?) et restituer au niveau des comportements et compétences ce qui permet de séparer l'observable de l'interprétation.
- Réunir des individus partageant des critères communs par rapport au problème.
- Faire la différence entre évaluation ou opinion à propos d'une décision et jugement sur les personnes qui veulent la faire passer.
- Garder une attitude éthique basée sur la reconnaissance des différents modèles du monde tout en étant congruent avec soi-même.

Réagir face à une décision que l'on n'approuve pas

Voir la question déjà traitée sur ce sujet, pages 188, 203 et 233.

Les outils PNL

- Mettre à jour les raisons de la non-acceptation (critères, compétences, comportement).
- Décider d'exprimer ou non son désaccord. Si oui, le faire en établissant le rapport.
- Adopter une attitude de négociation.

Réagir face à une association de consommateurs qui veut boycotter les produits de l'entreprise

Voir la question sur le client qui veut changer de fournisseur, p. 235.

Les outils PNL

- Explorer les raisons du boycottage des consommateurs à travers les métamodèles et les recherches de besoins.
- Négocier ou changer le produit suivant les critères détectés.

Identifier les signes précurseurs de violence dans un conflit

Violence est un terme abstrait en soi et demande quelquefois une clarification car c'est à partir de ses manifestations qu'on la qualifie : quand parle-t-on de violence verbale, par exemple ? La violence physique est évidemment plus facile à définir, encore que tout le monde peut ne pas s'accorder sur sa réalité. Nous n'entrerons pas ici dans la réflexion à ce sujet mais c'est tout de même un point sur lequel un manager pourrait se pencher.

La violence est très souvent le fruit de la parole non exprimée et/ou non entendue. C'est le désir, la volonté de qui ne tient pas compte de l'autre. L'émotion derrière la violence est la colère, avec toutes ses déclinaisons. Quand on montre à un très grand nombre de personnes à travers le monde des photos des visages de personnes exprimant les émotions de base, sans leur donner aucune information (voir le chapitre 4 sur les émotions), pratiquement toutes reconnaissent l'émotion exprimée. Ceci veut dire que le non-verbal attaché à certaines émotions est relativement standard. Certes, il peut y avoir des variations individuelles significatives, mais une observation fine du visage mais aussi des gestes et mouvements peut donner déjà des indications précieuses qu'il faudra tenter de valider : la personne part en claquant la porte, une autre blêmit, une autre serre les dents, d'autres se renfrognent ou se détournent plus ou moins ostensiblement à l'arrivée du manager. La liste est longue et chacun a ses propres références mais il faut être attentif à des comportements inhabituels, semblant traduire un refus ou une impossibilité de communication. On se donne ainsi de bonnes chances de repérer les manifestations de la colère qui gronde.

Il faut tenter de mettre en place ce qui pourrait permettre de rétablir une communication en utilisant de manière très congruente les outils du rapport. Le but est de rétablir une situation dans laquelle cette colère pourra être exprimée de manière canalisée et sera entendue. Ouvrir ces canaux est un des meilleurs moyens d'éviter l'explosion. Prêtez une attention particulière à ne jamais dire à quelqu'un : « Vous êtes violent », mais dites-lui plutôt : « Vous vous comportez de manière violente » ou « Je ressens vos mots comme violents. »

 *Les outils PNL*

- Développer très précisément la capacité de calibrer (observer le non-verbal et en repérer les changements qui pourraient traduire un mécontentement). Vérifier ce qui se passe.
- Créer les conditions de communication et, en particulier, insister pour mettre en place les outils du rapport.
- Écouter sans évaluer ni juger : explorer le modèle du monde de l'interlocuteur est souvent un des meilleurs moyens de prévenir la violence.

Les tâches et résultats

Accepter des propositions syndicales sans paraître dépendant

Lorsque des idées ou des propositions sont intéressantes, en adéquation avec les besoins de l'entreprise et de ses membres, il n'y a aucun problème à les accueillir et à les accepter, même si elles ne viennent pas de vous et que vous n'y aviez même pas pensé.

La dépendance se traduit par l'incapacité de faire ses choix de manière autonome, par la croyance que le besoin d'être rassuré, d'être conforté sur ses décisions est aux mains d'un autre. C'est aussi considérer que l'autre a du pouvoir et pas nous, qu'il sait mieux que nous d'une manière générale. Lorsqu'on a une solide estime de soi, on accepte de ne pas être compétent partout et tout le temps. On accepte ses limites et on reconnaît les talents ou les bonnes idées des autres. Ce n'est pas se remettre entre les mains, sous le pouvoir des autres que de valoriser leur créativité, leur perspicacité et autres qualités qui se manifestent dans leurs propositions.

Personne ne peut nous rendre dépendants si nous décidons de ne pas l'être. Si un interlocuteur se gausse d'avoir été meilleur que vous et tente d'en profiter pour jouer de son pouvoir, ne vous laissez pas influencer. Celui qui a besoin du pouvoir au sens asservissant du terme n'a pas de véritable pouvoir (puissance) intérieur. Restez aligné avec vous-même, dans votre juste pouvoir et mettez de bonnes frontières. C'est vous mettre en position +/+ (ce terme est une référence aux « positions de vie » de l'analyse transactionnelle). Motivez votre acceptation, si nécessaire, afin de contextualiser votre accord sur cette ou ces seules propositions.

 *Les outils PNL*

- Avoir une réelle estime de soi.
- Pouvoir évaluer si la proposition est intéressante et digne d'être prise en considération : pour cela, en décortiquer les différents niveaux sur l'échelle de Dilts : concerne-t-elle seulement le comportement, les compétences, les valeurs ? À quel niveau la trouvez-vous intéressante ?

Mobiliser une équipe quand la survie de la société dépend de ses résultats

Voir les questions sur la motivation, au chapitre 7.

 *Les outils PNL*

- Travailler sur les trois supports de la motivation.

Estimer le bien-fondé des revendications liées à une grève

Il s'agira de rechercher, à partir de ce qui est communiqué des motifs de la grève, les besoins qui sont derrière. Pour ce faire, il faut établir la différence entre besoins et solutions. Les revendications sont en fait souvent des solutions. C'est le besoin qu'elles tentent de remplir qu'il faut mettre à jour.

Un besoin, quel qu'il soit, est toujours fondé pour celui qui l'exprime. Il n'en est pas de même des solutions, et c'est sur ces dernières qu'il faut faire porter l'évaluation en fonction de critères variés et variables selon le contexte et en fonction des besoins et possibilités de l'entreprise. C'est une négociation.

Les outils PNL

- Explorer les besoins des grévistes et ceux de l'entreprise.
- Différencier besoins et solutions.
- Évaluer les solutions.

Trouver la vraie raison d'un conflit

Nous ne pouvons avoir accès au monde de l'autre que par ce qu'il nous transmet à travers les mots et le non-verbal. Nous pouvons avoir des doutes sur sa sincérité, et même ne pas le croire, et pourtant, à un moment donné, il faut savoir décider de croire ce qu'il nous dit et nous montre. Nous chercherons, alors, à questionner (dans le rapport), à affiner, à faire dire à l'autre ce qu'il n'ose pas, ne veut pas dire (et pourquoi, au fait, ne « veut-il » pas dire ? C'est une bonne question à se poser).

La conviction doit reposer sur ce qui est observable et tangible (d'où l'importance des preuves en justice, par exemple). Nous pouvons décider de croire ce que dit quelqu'un et pourtant mettre en place des garde-fous : à condition d'avoir donné au préalable l'assurance que nous croyons ce qui est dit. Si un manager met en place un changement appuyé sur des motifs de conflits auxquels il a cru et qui s'avèrent ne pas être les bons, il a le droit de penser que ce n'est pas lui qui a un problème mais l'autre. Chaque personne doit assumer les conséquences de ses choix.

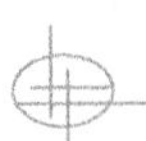

Les outils PNL

- Utiliser le métamodèle : il servira à définir les données du problème.
- Explorer l'état présent (déclencheur, critère violé...) : il donnera les moyens de cerner les raisons du conflit et d'aller vers des solutions.

Motiver une équipe sans l'alarmer en cas de situation économique difficile ou dans le cadre de la gestion des menaces

Il faut définir des objectifs réalistes en fonction de l'environnement incertain ou menaçant. Évaluer les risques et faire la différence entre ceux qui sont réels et peut-être inévitables et ceux qui ne sont que potentiels. Être attentif aux demandes et aux manifestations d'anxiété ou de crainte. Y répondre avec les possibilités existantes et de manière authentique : avoir une communication claire et directe.

Anticiper les demandes apporte quelquefois plus de perturbations et de questionnements anxieux que des réponses ciblées et en adéquation avec les demandes exprimées. Ne pas tout dire peut être tout à fait éthique et respectueux de l'interlocuteur. Ce n'est pas la même chose que de mentir, de dire quelque chose qu'on sait ne pas être vrai.

Rappelons-nous que l'être humain sait prendre ou accepter des risques et relever des défis, à condition de pouvoir en évaluer au mieux les conséquences et que ces risques soient courus au nom d'un ou plusieurs critères ou valeurs fortes.

 ***Les outils PNL***

- Trier sur l'autre pour explorer les besoins qu'expriment les revendications.
- Développer les critères de motivation.

Arbitrer le conflit entre deux équipes s'accusant mutuellement d'avoir enfreint les règles de l'entreprise

Les règles d'une entreprise sont ou devraient être des éléments très concrets, essentiellement descriptifs de comportements. L'arbitrage est une forme de médiation dans laquelle l'arbitre prend les décisions. Il évalue le degré de transgression de chaque équipe, sur des éléments observables et tangibles fournis par les deux parties. Il le fait donc à la lumière de ces règles concrètes. Cependant, il faut d'abord créer l'espace pour que chaque équipe puisse exprimer ses griefs sans être interrompue. Les recadrer chaque fois qu'ils seront de l'ordre de l'interprétation. Chercher quel est le critère, la valeur, le besoin qui sont en jeu derrière ce paravent de « la règle n'est pas respectée », et ce pour chaque équipe. Puis proposer la recherche de solutions communes par négociation (l'arbitre se retire) ou une autre forme de médiation (qui pourrait avoir comme objectif d'amener les deux parties à trouver cet accord) ou arbitrer.

 ***Les outils PNL***

- Ouvrir l'espace au modèle du monde de chaque équipe afin d'éclaircir la situation de manière la plus concrète possible.

- Identifier les besoins bafoués pour chaque équipe, c'est-à-dire trouver en quoi c'est suffisamment grave au niveau des critères et des valeurs pour qu'il y ait conflit.
- Négocier ou pratiquer la médiation.

Conclusion

Nous avons voulu, dans cet ouvrage, vous faire partager notre passion pour la programmation neuro-linguistique et vous montrer comment ses outils pouvaient servir au quotidien au manager en lui permettant d'améliorer ses performances dans ses relations avec ceux dont il dépend ou dont il a la charge.

Nous avons choisi de ne présenter et développer que quelques outils. La PNL en propose d'autres tout aussi utiles dont nous n'avons pas ou peu parlé. Mais l'essence même de la PNL implique qu'on ne peut pas réellement intégrer ses « techniques » par la seule théorie. L'apprentissage demande une pratique et toutes les formations dans ce domaine comprennent un travail d'exercices pratiques. Certains modèles comme les positions perceptuelles, le recadrage, le décodage des stratégies, l'intégration de la hiérarchie des critères... ne peuvent être compris et validés qu'après les avoir concrètement vécus dans un cadre de formation.

La PNL répond parfaitement aux impératifs que rencontre chaque manager :

- Elle propose avant tout des outils simples issus de l'observation des personnes les plus en vue aux États-Unis, non seulement pour leur réussite professionnelle mais également pour leurs qualités humaines ;
- Elle propose également des outils performants, tant en termes de résultats qu'en termes de temps de mise en œuvre.

Mais la PNL n'est pas pour autant un outil magique, et c'est là que réside la valeur de la méthode : pour être efficace dans les rapports au quotidien, elle demande un long apprentissage. C'est en effet un nouveau regard qu'elle propose et nous osons dire qu'elle conduit vers une nouvelle philosophie de vie. Plus encore, elle nous rappelle que la liberté de l'homme dans toute communication reste totale et qu'aucun outil, aussi efficace soit-il, ne peut l'aliéner.

Nous avons développé les arguments qui montrent comment la PNL offre une nouvelle façon d'analyser les situations afin d'éviter les crises. Elle propose des pistes de résolutions des états problèmes, et ce toujours dans le respect de l'autre. Les problématiques que nous avons rencontrées en tant que managers, ainsi que celles vécues par d'autres sont à l'origine de cet ouvrage.

Nous avons, bien entendu, le choix de communiquer ou de ne pas le faire. Cependant, la mondialisation et le développement des nouveaux moyens informatiques nous ouvrent chaque jour des portes dans ce domaine tout en nous demandant une ouverture d'esprit toujours plus grande pour tenir compte des différences culturelles, ethniques, voire religieuses. La communication est la clé des relations commerciales, sociales et politiques.

Gardons donc en tête les éléments fondamentaux à toute communication :

- Avoir un objectif ;
- Développer son acuité sensorielle pour être attentif à l'autre ;
- Avoir de la flexibilité afin de s'adapter, à tout moment, au ressenti et au feed-back de son interlocuteur.

Si, de plus, nous voulons établir et maintenir une communication efficace, rappelons-nous qu'il est nécessaire de :

- Savoir prendre une psychologie personnelle « d'excellence » ;
- Définir, en terme PNL, un objectif clair et explicite ;
- Prendre de l'information utilement et savoir s'en servir pour développer sa communication ;
- Respecter l'autre et ne jamais oublier que chaque modèle du monde est unique et, par définition, différent du sien.

Objectif, efficacité, excellence, information… ne sont-ce pas là les termes les plus usités dans la vie de nos entreprises et le monde économique en général ? Si, à cet important savoir-faire, il souhaite ajouter le savoir être, alors, oui, la PNL est un outil indispensable au manager d'aujourd'hui.

Corrigé de l'exercice pratique de l'usage du métamodèle de la page 118

« *La vieille prit les mains du jeune homme qu'elle étudia attentivement.[...]*

Cette vieille bonne femme devait être vraiment une gitane. ***Les gitans sont bêtes !***

"Eh bien comment interprétez-vous ce rêve ? demanda le jeune homme.

— Avant il faut jurer. Jure-moi que tu me donneras la dixième partie de ton ***trésor*** *en échange de ce que je te dirai."*

Il jura.

"C'est un songe du ***Langage du Monde****, dit-elle alors. Je peux l'interpréter mais c'est une* ***interprétation très difficile. Il me semble donc*** *que je mérite bien ma part sur ce que tu trouveras.*

[...] tu dois aller jusqu'aux pyramides d'Égypte. Je n'en ai jamais entendu parler, mais ***si c'est un enfant qui te les a montrées, c'est qu'elles existent*** *en effet. Là-bas, tu trouveras un* ***trésor*** *qui fera de toi* ***un homme riche****."*

[...] Si c'était pour ***ça****, je n'avais pas besoin de* ***perdre mon temps !*** »

[...]

« ***On arrive toujours*** *à se faire de nouveaux amis sans avoir besoin de rester avec eux jour après jour. Lorsqu'on voit* ***toujours les mêmes personnes****, on en vient à considérer qu'elles font partie de notre vie. Et alors,* ***puisqu'elles font partie de notre vie, elles finissent par vouloir transformer notre vie****.[...]* ***Car tout le monde croit savoir exactement comment nous devrions vivre****.* »

		Exemple	Questions	Intérêt des questions
Catégorie	Nominalisation	*Trésor*	De quelle sorte de trésor s'agit-il ?	Si l'on prend le mot « trésor » au sens réel, on pense à de l'argent ou des choses précieuses. Le jeune homme ne découvrira peut-être pas ce qu'il cherche s'il reste fixé sur ce seul sens.
		Un homme riche	De quelle richesse s'agit-il ?	Cela peut lui être utile de définir ce qui lui ferait dire qu'il est un homme riche et de comparer avec ce qu'a voulu dire la vieille femme.
		Le Langage du Monde	Qu'est ce que cela veut dire concrètement ?	Pour comprendre les métaphores comme celles-ci, il suffit souvent de simplement l'interpréter à sa manière, mais on peut quelquefois avoir besoin de précisions pour mieux comprendre.
	Cause-effet	*C'est une interprétation difficile, donc…*	En quoi le mérite de la vieille femme est-il lié au fait que ce soit difficile ?	Un élément peut être la conséquence d'un autre pour quelqu'un et pas pour une autre personne. Il est utile de vérifier les évidences.
		Si c'est un enfant qui te les a montrées, c'est qu'elles existent	Pourquoi est-on sûr que les pyramides existent si c'est un enfant qui en parle ?	Quelles sont, par exemple, les qualités que l'on prête à un enfant qui créent cette certitude ?
		Puisqu'elles font partie de notre vie, elles finissent	Quel est le lien entre le fait qu'elles fassent partie de notre vie et qu'elles finissent par vouloir transformer notre vie ?	Cette conviction peut avoir un grand impact sur nos relations amicales. Ce lien n'existe peut-être pas pour tout le monde.

Catégorie				
	Lecture de pensée	*Elles finissent par vouloir transformer notre vie*	Êtes-vous sûr que c'est bien leur volonté ?	En prêtant ainsi des intentions aux autres, on interfère sur nos relations.
		Croit savoir exactement comment nous devrions vivre.	Comment précisément savez-vous ce que croient les gens ?	
	Généralisation	*Les gitans sont bêtes*	*Tous* les gitans sont-ils bêtes ?	C'est ainsi que l'on fait des généralisations qui méritent d'être remises en question.
		On arrive toujours à se faire de nouveaux amis	Est-ce aussi systématique ?	Les certitudes liées aux généralisations peuvent conduire à des déconvenues.
		Toujours les mêmes personnes	Ne fait-t-on pas la même chose avec des personnes différentes ?	
		Tout le monde croit	Tout le monde ?	
	Manque d'index de référence	*Ça*	À quoi précisément fait référence le « ça » ?	Dans ce texte, on peut assez facilement repérer que c'est le contenu de l'interprétation qui correspond au ça, mais quelquefois il peut y avoir ambiguïté.
	Mots non spécifiques	*Interpréter* *Perdre mon temps*		Ce sont en soi des verbes non spécifiques qui quelquefois méritent d'être précisés.

Bibliographie

BANDLER, Richard, *Un cerveau pour changer. La PNL*, InterÉditions, 1990.

BANDLER, Richard, & GRINDER, John, *Structure of magic*, t. I et II, Palo Alto, Science and Behavior Books, 1975 et 1976.

BANDLER, Richard, & GRINDER, John, *Frogs into Princes*, Ohab, Real People Press, 1979.

BANDLER, Richard, & GRINDER, John, *Reframing : N.L.P and the Transformation of Meaning*, Mohab Real People Press, 1982.

BANDLER, Richard, et GRINDER, John, *Les secrets de la communication*, Éditions de l'Homme, 2005.

BANDLER, Richard, GRINDER, John, & SATIR, V., *Changing with Families*, Palo Alto, Science and Behavior Books, 1976.

BATESON, Gregory, *Vers une écologie de l'esprit*, tome I, Le Seuil, 1980.

CAMERON-BANDLER, Leslie, LEBEAU, Michael, *The Emotional Hostage*, San Rafael, Future Pace, 1986.

CAYROL Alain, et SAINT-PAUL (DE), Josiane, *Derrière la magie. La PNL*, InterÉditions 1984.

DELOZIER, Judith, & GRINDER, John, *Turtles all the Way down, Prerequisites to Personal Genius*, Boony Doon, Grinder, De Lozier & associates, 1995.

DILTS, Robert, *Roots of Neuro-Linguistic Programming*, Meta Publications, 1983.

DILTS, Robert, *Applications of Neuro-Linguistic Programming*, Meta Publications, 1983.

DILTS, Robert, *Changing Belief Systems with NLP*, Cupertino, Meta Publications, 1990.

DILTS, Robert, *Strategies of Genius*, volume 2, Meta Publications, 1994.

DILTS, Robert, *Aristote et Einstein. Stratégies du génie,* La Méridienne, Desclée de Brouwer, 1996.

DILTS, Robert, *Stratégies de créativité de génies (Mozart, Disney, De Vinci, Tesla, Freud)*, La Méridienne, Desclée de Brouwer, 1999.

DILTS, Robert, BONNISSONE, Gino, *Des outils pour l'avenir*, La Méridienne, Desclée de Brouwer, 1995.

DILTS, Robert, GRINDER, John, BANDLER, Richard, CAMERON-BANDLER, Leslie, & DELOZIER, Judith, *NLP*, vol I, Cupertino, Metapublications, 1981.

ESSER, Monique, *La PNL en perspective*, Labor, 1993.

FINN, Édouard, *Stratégies de communication*, Mortagne, 1989.

GARIBAL-BENICHOU, Danièle, *Recruter et être recruté par la PNL*, Édition d'Organisation, 1993.

GOLEMAN, Daniel, *L'intelligence émotionnelle*, Village mondial, 2002.

LABORDE, Génie, *Influencer avec intégrité. La PNL dans l'entreprise*, InterÉditions, 1987.

LEWIS, Byron & PUCELIK, Franck, *Magic of NLP Demystified*, Metamorphous Press, 1990.

O'CONNOR, Joseph, & MCDERMOTT, Ian, *Principles of NLP*, Thorsons Publications, 1996.

SAINT-PAUL (DE), Josiane, *Choisir sa vie, découvrir et réaliser ses valeurs et ses buts de vie avec la programmation neuro-linguistique*, InterÉditions, 1993.

SAINT-PAUL (DE), Josiane, *Estime de soi, confiance en soi,* InterÉditions, 2004.

SATIR, Virginia, *The New Peoplemaking*, Sciences and Behavior, Books, 1988.

SERVA, Chantal, *Négocier avec la PNL*, ESF, 1991.

Index des problématiques

A

Accusations de racisme, de harcèlement ou de discrimination à l'embauche, 235

Action contraire à l'éthique ou à la déontologie de la profession, 188

Adhésion d'équipes, 211

Association de consommateurs, 251

Augmentation de salaire, 191

B

Bilan des capacités d'un collaborateur, 242

C

Changer de fournisseur, 235

Choix de son supérieur, 203

Comité de direction, 215, 220

Confiance en soi, 185, 187

Conflit, 206, 209–211, 217, 222, 227–229, 231, 233, 248–249

Corriger des résultats estimés, 243

Crise, 227, 240, 245, 248–249

Culture d'entreprise, 247–248

D

Dénonciation, 231

Départ, 202, 209–210, 239, 243

Désaccord, 196, 210–211, 229, 235, 237, 241, 243, 248–250

Deuil professionnel, 201

Distance émotionnelle, 178

E

Embauche d'un pistonné, 179–180

Entretien d'embauche, 192–193

F

Faire adopter des décisions qui ne sont pas les siennes, 231

Faire adopter des idées nouvelles, 184

Faire adopter par les autres ses propres choix stratégiques, 190

Faire collaborer des gens à un projet sans récompense financière, 224

Fédérer une équipe en période de plan social, 246

G

Gérer le temps, 200–201, 222

H

Hiérarchiser des objectifs, 197

I

Imposer de nouvelles règles, 238, 240

Injustice concernant un collaborateur, 183

Injustice subie personnellement, 181

Intérêts des actionnaires, 207–208

L

Lettres insultantes et tracts syndicaux, 230

Licenciement, 180–181, 201–202, 210–211, 242–243

M

Manque d'hygiène, 177

Meneurs, 208–209

Mensonge, 187–188, 243

Mettre son personnel en confiance, 179
Mobiliser une équipe, 253
Moral de collaborateurs cyclothymiques, 187
Motivation, 185, 187, 191–193, 195, 199–200, 220–221, 223, 237–238

N

Négociation syndicale, 219
Négocier des conditions de départ, 243

P

Performances d'un vendeur, 237
Performances d'une équipe, 217
Politique de changement, 240
Prise à parti en public, 227, 237
Procédures, 183, 223–224, 242
Propositions syndicales, 252

R

Réagir face à une décision que l'on n'approuve pas, 250
Reconnaissance, 195, 215, 249–250
Relations avec les actionnaires, 22–23, 76, 91, 95, 108–110, 135, 139–140, 155, 179, 187, 207–208, 216, 227, 235, 241
Relations avec les collaborateurs, 176–177, 183, 185, 187, 196, 200, 210–212, 215, 222, 224, 231–233, 240–241, 247–248
Relations avec son supérieur hiérarchique, 175, 228
Relations avec un subordonné, 175, 228
Remise en cause d'un objectif, 196
Reproches, 181–182, 195, 203, 220
Respect mutuel, 185, 198, 249
Ressentis, 199, 234, 237
Rôle de leader, 176

S

S'exprimer en public, 213
S'opposer à une décision, 233
Sanction, 179, 196–197, 213, 217
Sauver sa tête, 241
Situation privilégiée de salariés, 224–225
Sortir d'une grève, 245
Sous-groupes de pouvoir, 249
Supérieur ingérable, 186, 188
Syndicats, 207, 219
Systèmes de contrôle, 219

V

Violence, 251–252

Index courant

A

Abandon, 127, 133

Alignement, 63–64, 186, 189, 196, 211, 217, 232

Alternative, 56, 132–133, 139, 149, 193, 196, 201, 219, 229, 233

Argument, 47, 50, 52, 68, 88, 128–129, 131, 133, 136, 147, 170, 180–182, 189–191, 198, 212, 227–229, 233, 235, 238, 257

Attente, 81, 154, 163, 186, 219, 221, 238, 241

C

Cadre, 16, 18, 20, 23–24, 34–35
- d'évidence, 131
- de pertinence, 135
- de référence interne, 35–36, 183, 186, 189, 199, 209, 229, 232

Calibrer, 252

Canaux sensoriels, 102

Caractère, 18, 21, 86

Carte, 29, 45, 193, 249

Cause, 20, 25, 32, 41, 46, 53, 80–81, 92, 109–110, 123, 130, 133, 136, 141–144, 146–149, 151, 155, 157, 167–168, 176–177, 181, 189, 195–196, 210, 213, 216–217, 220–221, 228, 230, 236, 238, 242–243, 247–249

Cause-effet, 38, 115–118, 260

Centrer sur l'autre, 220

Changement, 17, 19–20, 41, 50, 55–56, 61–62, 77, 86, 88, 91, 121–122, 124, 133–134, 137, 145–146, 155, 167, 184–185, 187, 189, 195–196, 198, 202, 205, 209, 216–217, 225, 236, 239–241, 247–248, 252, 254

Compétence, 14–15, 17, 35–36, 41, 49–50, 56, 58–60, 62–63, 65–67, 76, 78, 81, 91, 97, 121, 129, 141, 144, 148–149, 175–177, 181, 184–185, 193–197, 202–205, 210–213, 215–217, 219, 221, 228, 230–231, 234, 238, 241–242, 247, 250, 253

Conception visuelle, 214

Confiance en soi, 19, 64–67, 93, 185, 187, 264

Conflit, 17, 23, 32, 34, 37, 40, 44, 51, 59, 62, 81, 96, 119, 145, 160, 162, 165–166, 179, 206, 209–211, 217, 222, 227–229, 231, 233, 248–249, 251, 254–256

Congruence, 18, 43, 48, 64, 92, 94, 175, 184–185, 190, 211, 222, 231, 243, 246

Conscience, 21, 34, 59–60, 63, 65, 78, 83, 89, 91, 100–101, 114, 126–127, 137, 146, 157, 159–161, 166, 183, 196, 203, 207–209, 219, 221, 223–225, 227–228, 230, 245

Contexte, 17, 34, 36–37, 39, 48, 50, 53, 58, 63, 72, 76, 93–94, 113, 115, 141, 145, 155, 161, 169, 176, 178, 182, 191, 197, 207, 211–212, 215, 221, 224–225, 228–229, 235, 243, 246, 253

Contrôle, 44, 51, 78–79, 116, 124, 128, 130, 132–133, 140, 170, 184, 191–193, 199–200, 214, 218–220

Conviction, 13, 17, 19, 38–41, 61, 77, 85, 120, 146–147, 178, 188–189, 196, 206, 210, 248, 254, 260

Créer le rapport, 184

Critères, 32–38, 41, 53, 56, 59–60, 62, 69–70, 85, 89, 102, 104, 122–125, 130, 132–133, 140, 146, 148, 159, 161, 163, 165, 168, 176, 180, 182, 185, 187, 189–193, 198–201, 203,

207–209, 211, 216, 218–219, 222–224, 228, 231–233, 236, 239, 242–243, 246–248, 250–251, 253, 255–257
hiérarchie des -, 34, 53, 163, 180, 201, 219, 233, 257
Croyance, 16, 38–41, 61–63, 77, 170, 197, 213, 247–248, 252

D

Déclencheur, 121, 187, 191, 254
Démission, 198
Deuil, 91–92, 201–202
Dialogue interne, 39, 94, 116, 125
Dilts (échelle de), 14, 41, 55–57, 60–62, 67, 78, 96, 121, 143–144, 148–149, 176–181, 183–185, 190, 195–197, 203–217, 225, 227–228, 230–231, 233–235, 237–241, 245, 248–249, 253

E

Écologie, 56, 122–123, 132, 134, 142, 171, 233, 263
Effet, 38, 49, 92, 103, 115–118, 143–144, 149, 152, 154, 157, 180, 221, 236, 238, 240, 248, 260
Émotions, 33, 39, 62, 74, 85–94, 96–97, 102, 104, 116, 120, 175, 178, 202, 210, 215, 227, 230, 234, 251
Environnement, 30–31, 41, 50, 56, 58–59, 61, 66, 74, 99, 121–122, 146, 148–149, 154, 168, 178, 213, 216, 221, 236, 254
Équilibre, 16, 24, 35, 70, 134–135, 155, 168, 202, 214, 217
Espace
- problème, 123, 144, 163
- solution, 70, 123, 163
Estime de soi, 19, 60, 64–67, 70, 73–75, 78, 91, 175, 182–185, 187, 189, 197, 213, 228, 232, 247, 252–253, 264
Étapes, 42, 48, 89, 132–133, 166, 201, 218–219, 223–224
État
- désiré, 121, 123
- présent, 121–123, 126, 187, 254
Éthique, 16, 18, 20–22, 25, 53, 77, 80, 97, 120, 128, 165, 168, 175, 185–186, 188–189, 192, 210, 219, 222, 243, 250, 255

F

Feed-back, 35, 43–44, 64, 66, 68, 77, 94, 110, 130, 132, 140, 155–156, 177–179, 184–185, 189, 194–196, 199, 203–205, 220, 228, 233, 242, 258
Filtre, 29, 31, 33, 85
Formulation, 124–129, 143, 199, 210, 234
Frontière, 40, 63, 67, 71–73, 78, 83, 163, 176–178, 182–184, 186, 189, 203, 209, 211–212, 228–229, 253

G

Généralisation, 39–40, 114–115, 118, 261

I

Identité, 32, 41, 56, 59–60, 63, 67, 71–72, 78, 80–81, 88, 91, 144, 148, 176, 180–182, 191, 195, 203, 212, 215, 217, 227–228, 230, 247
Individualité, 35, 56, 71–72, 246
Intention, 15, 21, 39, 44–45, 50, 83–84, 98, 116–117, 120, 122, 130, 141, 147, 156, 173, 182, 187–188, 219, 235–236, 250, 261
- positive, 187–188, 221
Interprétation, 30, 39, 103, 111, 117, 119–120, 143, 146–147, 182, 191, 208, 210, 228, 235, 243, 250, 255, 259–261
Intuition, 44–45, 118, 147

J

Journaliste, 236–237

Jugement, 96–97, 104, 147, 179, 196–197, 235, 250

L

Langage, 21, 30, 42, 102–104, 111, 119, 125, 131, 259–260
- non verbal, 13, 42, 111
- verbal, 13, 42, 111

Lecture de pensée, 116

Licenciement, 50, 53, 91, 139, 141, 180–181, 201–202, 210–211, 242–243

Ligne du temps, 201, 223

M

Médiation, 93, 162, 228, 255–256

Message, 17, 21, 42–45, 88–89, 94, 98, 102–103, 117, 140, 184, 188, 203, 209, 211, 233–234, 236, 242–243, 246–247

Métamodèle, 42, 111–112, 118, 146, 182, 192, 195, 225, 228, 231, 233, 235, 238, 246, 248, 251, 254, 259

Méta-programme, 33–34

Méthode SCORE, 143

Mission, 18–19, 49, 60, 79–80, 108, 139–140, 155, 167, 196, 211, 218–219, 231

Modèle du monde, 20–21, 29, 32, 35, 42–43, 48, 50, 55, 68, 80, 97, 111, 120, 155, 170, 183, 198, 203, 207, 220, 224, 228, 235, 237, 241, 248, 252, 255, 258

Modélisation, 15

Motivation, 17, 19, 50, 59, 63, 65–66, 108, 125–126, 128, 185, 187, 191–193, 195, 199–200, 220–221, 223, 237–238, 245–248, 253, 255

N

Négociation, 23, 46, 92–93, 96, 141, 148, 152–153, 159–163, 165–166, 168, 170–171, 191, 200, 208, 210, 215, 219, 222, 227–228, 232–233, 235–236, 242–243, 245–246, 248–250, 253, 255

Niveau émotionnel, 91, 213

Nominalisation, 59, 113–114, 118, 123, 159–160, 186, 200, 220, 228, 260

O

Objectif, 14, 17–18, 29, 31, 39, 65, 71, 74, 80, 86, 118, 121–138, 140, 142–143, 146, 148–149, 152, 155, 157, 171, 176, 184–187, 189–199, 201, 207, 211–213, 216–224, 233, 236–238, 240–243, 245–249, 254–255, 258

Objection, 117, 132, 154–155, 184–185, 190, 221, 238–242

Objectivité, 39

Observable, 31, 39–40, 58, 131, 145–147, 177–178, 181, 191, 199, 212, 215, 219, 228, 231, 235, 243, 250, 254–255

Omission, 112

P

Pensée non polaire, 67, 70

Permission, 58, 179

Peur, 69, 77, 85–90, 92–93, 96–98, 169, 202, 213–214

Pont sur le futur, 135

Position perceptuelle, 183, 257

Posture, 101, 213–214

Pouvoir, 15–16, 20, 22, 47, 53, 77–79, 82, 90, 96, 110, 128–130, 140, 155, 170, 176–177, 179–180, 196–197, 219, 223, 234, 247, 249, 252–253

Présupposé, 44–45, 68, 97–98, 116–117, 146, 156, 176–177, 208, 239–240
Problématique de communication, 16, 23, 25
Processus, 14–15, 29, 31, 33, 39, 64, 67–69, 76, 91, 105–106, 117, 130, 149, 162, 183, 201–202
- interne, 58

R

Rapport, 18, 24–25, 34, 64–65, 79–80, 87, 95, 97, 106–107, 117, 161, 167, 175, 177, 184, 186, 188–189, 193, 195, 199, 204, 207, 212–213, 227–228, 230, 235, 239, 245, 250, 252, 254, 257
Reformulation, 87, 103, 129
Relation de confiance, 96, 184, 207
Renoncement, 63, 89, 91–92, 127, 201
Représentation concrète, 131, 200, 238, 242
Résistance, 17, 44, 51, 71, 88, 122–123, 137, 145–146, 148, 185, 217, 223, 238, 241–242
Ressemblance, 32, 74
Ressenti, 30, 80, 87, 90–91, 102, 116, 125, 128, 199, 234, 237, 258
Ressource, 17, 23, 51, 77, 89, 93, 143–144, 149, 157, 163, 180, 206, 213, 217, 223, 230, 236, 248
Résultat, 16, 19–20, 23–24, 34, 36, 50–52, 69, 81, 83, 91, 96, 98, 106–110, 113, 123, 127–131, 135, 140, 145, 152–155, 161, 167–168, 173, 184, 186–187, 189, 193–194, 199, 213, 215–217, 219–221, 224–225, 230–231, 237–238, 240, 243, 248–249, 252–253, 257
Revendication, 253, 255

S

Segmentation, 24
Sentiment, 33, 59–60, 66–68, 71, 77, 86–87, 89, 92, 94, 101, 107, 124, 133, 160, 166, 183, 199, 209, 234, 246–247
Séquitor, 137, 197, 218
Situation conflictuelle, 96, 107, 248
Sous-objectif, 133
Stimulus, 86
Stratégie de mémorisation, 214
Stress, 93, 214, 240
Subjectivité, 31, 39
Symptôme, 143–146, 148–149, 156–157, 205, 213, 217, 236, 238, 242, 248–249
Synchronisation, 101, 157

T

Territoire, 45, 101
Trier sur l'autre, 193
Tunnel, 74

V

Valeur, 22–23, 34–36, 41, 44–45, 53, 56, 59–60, 63, 65–68, 74, 76, 78, 81, 91, 129, 137, 140, 144, 146, 148, 162, 165, 175–177, 179, 182–185, 188–189, 191–193, 195, 197, 199, 205–206, 208–212, 215–217, 220–222, 227–228, 230–232, 235–236, 239, 241–242, 247–248, 253, 255–257, 264
Verbe non spécifique, 195, 208
Vérité, 21, 23, 39–40, 70, 140–141, 147
Vision, 18, 25, 32, 35, 43, 47, 55, 61, 73, 78, 83, 86, 96–97, 102, 106, 111, 120, 131, 136, 196, 205, 229, 239
- périphérique, 74

www.ingramcontent.com/pod-product-compliance
Lightning Source LLC
Chambersburg PA
CBHW061146220326
41599CB00025B/4374